MANUEL PRATIQUE

DU

FABRICANT DE SUCRE

ANGERS, IMPRIMERIE BURDIN ET Cie

4, RUE GARNIER, 4

MANUEL PRATIQUE

DU

FABRICANT DE SUCRE.

SUCRE DE BETTERAVES ET SUCRE DE CANNES

PAR

P. BOULIN

CHIMISTE-INDUSTRIEL
LICENCIÉ ÈS-SCIENCES PHYSIQUES

AVEC 30 FIGURES DANS LE TEXTE

PARIS

BERNARD TIGNOL, ÉDITEUR

45, QUAI DES GRANDS-AUGUSTINS, 45

1889

A M. JACQUES

PRÉSIDENT DU CONSEIL GÉNÉRAL DE LA SEINE
PRÉSIDENT DE L'ASSOCIATION PHILOTECHNIQUE

Hommage de l'Auteur.

PRÉFACE

En présentant au public le guide du fabricant de sucre, notre but n'a pas été de remplacer les ouvrages existant déjà en la matière. Certains d'entre eux sont signés de noms dont l'autorité est connue, et je n'ai pas l'intention d'en diminuer le mérite. Notre modeste travail s'adresse au contremaitre, à l'agriculteur, à l'ouvrier, à tous ceux auxquels le temps ou l'instruction première ne permet pas de consulter avec fruit les œuvres trop étendues ou trop purement scientifiques de nos prédécesseurs.

Autant que la chose a été possible nous nous sommes tenus à la pratique, ne parlant de la théorie que pour la mettre à la portée de tous les lecteurs.

Par son éducation première, l'ingénieur est apte à s'assimiler immédiatement les discussions savantes des chimistes distingués qui se sont occupés de la fabrication du sucre; mais il n'en est pas de même de l'ouvrier; rebuté par l'aridité des théories et des formules, il se contente des leçons de l'expérience; or, à l'heure actuelle, l'expérience est quelquefois coûteuse à acquérir.

Il ne faut pas attendre le progrès, mais lui aller au devant. Aujourd'hui plus que jamais la lutte est engagée sur la production et la victoire appartiendra certainement au pays qui le premier aura su faire pénétrer parmi la grande masse des travailleurs, l'instruction professionnelle.

Nous avons l'espoir d'avoir fait une œuvre utile et nous nous trouverons suffisamment recompensés si le succès répond à notre attente.

MANUEL PRATIQUE

DU

FABRICANT DE SUCRE

CHAPITRE I

LES MATIÈRES SUCRÉES

Hydrates de carbone. — Propriétés des hydrates de carbone — Action
des ferments figurés — Fermentation alcoolique. — Les matières
sucrées dans les végétaux. — Sucre de canne ou saccharose. —
Glucose. — Fabrication industrielle. — Levulose.

Il existe parmi les substances que fournit le règne végétal
une série de corps qui ont des propriétés presque semblables
et dont la composition chimique représente des polymères
de l'eau unies à du carbone : cette raison a fait donner à ces
matières le nom d'*hydrates de carbone*.

Quelques-unes de ces matières ont une importance de premier ordre et abondent dans la nature : tels sont la cellulose,
l'amidon, l'inuline, le sucre de canne, le glucose, etc. Les
unes et les autres jouent dans la vie des plantes un rôle que,
malgré de patientes recherches, les savants n'ont pu encore
déterminer bien exactement.

Dans cette étude succincte des hydrates de carbone nous laisserons de côté la cellulose qui forme la majeure partie du ligneux.

L'amidon et en général les matières amylacées sont nombreuses, leur composition chimique est la même, elles ne diffèrent entre elles que par le volume des grains, par la configuration et la condensation de la matière. On trouve l'amidon dans le froment, l'orge, le riz, le maïs, dans le marron d'Inde, la châtaigne, les fèves, le gland. Ce groupe de substances comprend encore la fécule de pomme de terre, le tapioca, le sagou, l'arrow-root, etc. C'est en un mot un hydrate de carbone très abondant. Quel est son rôle ?

On a remarqué que l'amidon se détruisait souvent pour céder la place à des sucres divers : sucre de canne ou glucose, c'est-à-dire se transformait en un corps cristallisable, soluble et par cela même pouvant servir au transport des aliments de la plante là où le besoin s'en faisait sentir.

Cette transformation d'un corps insoluble en une matière soluble, de l'amidon en sucre, qui s'accomplit lentement dans les cellules des plantes, s'opère très facilement à l'aide de procédés chimiques.

Quand on fait bouillir de l'eau tenant en suspension des granules amylacées avec quelques gouttes d'un acide, l'amidon entre peu à peu en dissolution ; il se produit d'abord une modification isomérique que l'on nomme dextrine, laquelle se transforme en glucose. Ce résultat peut s'obtenir au moyen d'une quantité très minime de certaines substances fournies pendant la vie végétale elle-même, et qu'on appelle ferments solubles. Ces substances sont azotées et se trouvent particulièrement là où existent des masses anormales de matières amylacées : à un moment donné, ces ferments agissant à la faveur de l'humidité, opèrent la modification produite artificiellement par l'acide.

Ce phénomène a lieu pendant la germination.

En présence d'un de ces ferments, la diastase, qui se trouve dans la semence d'orge, l'amidon accumulé dans cette semence se transforme en une autre matière sucrée, analogue au glucose, que l'on a nommée maltose. Ce sucre est soluble et peut par conséquent traverser les membranes qui forment la jeune plante pour la nourrir.

Ce phénomène a été mis en application pour la fabrication de la bière ; le maltage consiste à faire germer artificiellement l'orge en se rapprochant autant que possible des conditions naturelles, c'est-à-dire en humectant les semences et en les maintenant à une température un peu élevée. Il se forme de la maltose et les grains ainsi modifiés et séchés prennent le nom de malt ; ce malt est mis à infuser, le sucre se dissout et on obtient une liqueur que les hommes du métier appellent moût.

Ainsi les hydrates de carbone se partagent en deux classes, l'une comprenant des substances insolubles, adoptant des formes caractéristiques d'une fonction physiologique, formant le tissu des plantes ; l'autre composée de divers corps plus ou moins solubles, cristallisables, possédant une saveur spéciale, agréable au palais ; saveur qui a fait donner à ces corps le nom de matières sucrées.

Les matières sucrées sont elles-mêmes nombreuses ; quelques-unes sont très répandues comme le sucre cristalisé, le glucose et le levulose, les autres sont plus rares, tels sont la mannite, extraite de la manne qui elle même, est le produit d'une variété de frêne originaire de l'Asie mineure et que l'on cultive particulièrement en Sicile.

La mélézitose extraite de la manne de Briançon qui exsude du mélèze, la lactose ou sucre de lait, la melitose provenant de la manne d'Australie qui est fournie par une espèce d'eucalyptus, la trehalose, etc.

Les acides et les ferments qui agissent sur l'amidon pour le transformer en glucose produisent sur le sucre de canne

une action analogue. Après une ébullition de quelques
minutes, en présence d'un acide la solution de sucre cristallisé donne un sucre dit interverti, nous verrons plus tard
le sens de cette dénomination. Ce sucre interverti est un
mélange de glucose et de levulose à équivalents égaux.

Les ferments n'ont pas une action directe sur le sucre de
canne, avant de lui communiquer la propriété de fermenter
ils l'intervertissent, ils le transforment en un mélange de
glucose et de levulose.

On sait que la fermentation est une action exercée sur la
composition chimique de certains corps, par la croissance,
par la vie d'organismes microscopiques se développant au
sein de ces corps.

Pendant la fermentation des matières sucrées, il se forme
de l'acide carbonique et de l'alcool; mais avant de fermenter, un certain nombre de ces matières doivent, comme le
sucre de canne, subir une première transformation.

Ce que nous venons de voir, nous indique que les matières
sucrées peuvent se partager en principes fermentescibles et
en principes non fermentescibles directement. De plus que
la transformation des sucres non fermentescibles en sucres
susceptibles de subir immédiatement l'action des ferments
est très facile, au moins pour le sucre de canne le seul dont
nous eussions à nous occuper ici. Le contraire est encore
impossible, on peut bien provoquer la formation du glucose
au moyen de la saccharose, mais on ne connait pas de procédé pour accomplir la réaction inverse.

Ces quelques notions étaient indispensables pour comprendre le rôle des matières sucrées dans la nature.

On croit à l'heure actuelle que le sucre de canne et le
glucose sont des produits de la modification de l'amidon, de
la cellulose, de l'inuline, etc. On cite d'autre part des
exemples d'après lesquels les matières sucrées reproduisent
l'amidon dans les végétaux. On peut donc supposer que les

hydrates de carbone constituent une sorte d'approvisionnement dans la plante et que leur présence doit se trouver en quantités relativement considérables, dans quelques organes et à des époques physiologiques déterminées. Ces organes constituent donc des sortes de greniers d'abondance où reste accumulée la matière de réserve qui, à un moment donné, sera employée à la vie de la plante.

Les parties des végétaux servant ainsi de dépôt aux aliments de réserve sont diverse : c'est quelquefois la racine : ainsi, pendant la première année de culture, la betterave élabore du sucre dans les feuilles transformées en laboratoire pour la circonstance. Ce sucre descend dans la racine, s'y emmagasine peu à peu, y forme un approvisionnement vraiment remarquable, et l'année suivante, pour produire des semences, cette betterave tirera peu à peu de sa réserve les aliments nécessaires au cycle de son existence. Elle emploiera ainsi le sucre formé pendant la végétation de la première année.

D'autrefois c'est la tige qui sert de magasin : c'est ce qui a lieu pour un grand nombre de végétaux comme la canne à sucre, le sorgho, l'érable, divers palmiers; ces plantes sont riches en matières amylacées avant l'apparition du sucre.

Beaucoup de fruits contiennent des matières sucrées à l'époque de la maturation : les bananes, les pommes, les pêches, les prunes, les framboises, les melons, les citrons, les oranges, les dattes, les raisins etc.; ces matières peuvent être du sucre cristallisable, du glucose ou du levulose. Ceci est chose facile à concevoir si l'on se souvient que les acides ont la propriété de transformer la saccharose en sucre incristallisable, un grand nombre de fruits renferment en effet des acides, comme l'acide citrique du citron, l'acide tartrique du raisin.

D'après les recherches de deux savants, MM. Berthelot

et Buignet, le sucre qui se forme pendant la maturation des fruits est toujours de la saccharose ; un ferment particulier l'intervertit en totalité ou en partie, de sorte que les fruits renferment tantôt un mélange de saccharose et de glucose, tantôt du sucre complètement interverti. Certains contiennent du sucre cristallisable pur, comme les noisettes, les amandes douces, etc.

Le sucre du miel est un mélange de glucose et de levulose.

Quoiqu'il en soit, il arrive un moment où les plantes saccharifères renferment le maximun de leur provision en sucre cristallisable, on peut alors l'extraire par des procédés divers. Cette opération exécutée en grand constitue l'industrie du sucre ; mais avant d'étudier cette fabrication industrielle, il convient d'indiquer les propriétés physiques et chimiques les plus importantes du sucre cristallisé, du glucose et du levulose. Certaines parties de cette fabrication demeureraient incompréhensibles sans la connaissance de ces propriétés.

SUCRE DE CANNE. — On nomme quelquefois le sucre ordinaire, sucre de canne bien qu'en réalité il ne provienne pas uniquement de la canne à sucre ; celui qui est fourni par la betterave en quantités si considérables ayant absolument les mêmes propriétés et une composition chimique identique. Il y a quelques années, pour faire abstraction de tout nom d'origine on proposa de l'appeler saccharose ; mais ce nom trop scientifique n'a pas encore réussi à franchir les limites du laboratoire.

Ainsi, quelle que soit l'origine du sucre cristallisé, qu'il provienne de la canne à sucre, de l'érable ou des palmiers ou bien encore de la betterave, le sucre est une seule et même substance. Il est très soluble dans l'eau dans laquelle il forme une solution de plus en plus épaisse à mesure que s'élève la quantité dissoute. Une dissolution saturée de sucre abandonne des cristaux très nets, transparents, en forme de prismes, circonstance qui lui a fait donner quelquefois le nom de sucre *prismatique*.

L'alcool le dissout d'autant mieux qu'il est moins concentré, le sucre de canne est insoluble dans l'alcool absolu.

Les dissolutions aqueuses du sucre présentent une consistance sirupeuse et leur densité augmente avec le poids du sucre en solution, ce qui a permis d'établir des tables pour le dosage rapide des solutions sucrées.

Soumis à l'action de la chaleur le sucre fond avant la température de 200°, il devient translucide et prend le nom de sucre de pomme ; en vieillissant le sucre de pomme perd sa transparence par suite d'une recristallisation lente se produisant dans la masse, phénomène analogue à celui qui se passe dans les creusets de verrerie où dans une certaine partie de la masse vitreuse s'opère la cristallisation en rognons globulaires des matériaux du verre.

Vers 210° le sucre prend une coloration brune, il perd de l'eau et forme du caramel ; à une température supérieure il se décompose, dégage des principes volatils d'une odeur particulière et très connue et laisse une masse noire, poreuse qui est du carbone presque pur. La calcination du sucre est même un procédé fort recommandé pour la production du charbon pur nécessaire à certaines opérations chimiques.

Les acides agissent sur le sucre d'une façon différente suivant qu'ils sont faibles ou à l'état concentré. Nous avons vu qu'il subit une transformation particulière sous l'action des acides dilués, il est interverti et on ne retrouve plus dans la solution qu'un mélange à parties égales de glucose et de lévulose. Lorsque au contraire on verse sur un fragment de sucre un acide minéral concentré, l'acide sulfurique par exemple, le sucre est profondément altéré, il prend une coloration jaune, brune puis noire, pendant ce temps il se dégage des acides carbonique et sulfureux et finalement il ne reste qu'une masse charbonneuse.

Le sucre a une réaction neutre à la teinture de tournesol, cependant il est capable de se combiner avec les bases énergiques pour former des sucrates qui ont, eux, une réaction fortement alcaline ; ils agissent sur la teinture de tournesol rougie comme le feraient les bases elles-mêmes.

Le sucrate de chaux possède des propriétés singulières, il est plus soluble dans l'eau froide que dans l'eau chaude ; ainsi, en versant de l'hydrate de chaux dans une solution sucrée il s'en dissout davantage que dans l'eau distillée et cette dissolution mise à bouillir abandonne un précipité blanc qui trouble la liqueur. M. Peligot qui a fait l'étude de ces sels a trouvé que ce précipité était un sucrate renfermant trois équivalents de base.

Là ne se bornent pas les anomalies du sucrate de chaux, on a remarqué aussi que, contrairement à ce qui a lieu pour la plupart des combinaisons solubles, le même poids de sucre se combine avec des quantités variables de chaux suivant que la liqueur se trouve être plus ou moins étendue d'eau.

Le sucrate de baryte s'obtient en versant dans un sirop de sucre l'hydrate de baryte obtenu en traitant la baryte caustique par trois parties d'eau. Ce sucrate étant très peu soluble dans l'eau se prend en une masse cristallisée au bout de quelques instants d'ébullition.

On a préparé des sucrates de strontiane, de plomb. Pour faire ce dernier, il suffit de mettre en contact du sirop de sucre et de l'oxyde de plomb très divisé.

En présence de la levure de bière, le sucre de canne fermente, mais il subit auparavant une modification importante, et se transforme en glucose, c'est-à-dire en un sucre susceptible de fermenter directement en produisant de l'alcool et de l'acide carbonique. Ce fait est dû à un ferment spécial découvert par M. Berthelot, qui intervertit le sucre cristallisé.

Nous parlerons plus loin, dans un chapitre spécialement réservé à l'analyse des matières sucrées, d'une action particulière que les solutions de sucre, de glucose et de levulose exercent sur le plan de la lumière dite polarisée; le lecteur trouvera également dans le chapitre sus indiqué des détails sur la réduction que le sucre interverti produit dans certaines liqueurs.

Glucose. — Un certain nombre d'auteurs font ce mot féminin, d'autres écrivent le ou la glycose, nous avons suivi l'exemple de la plupart des écrivains en faisant glucose du masculin.

Le glucose est un corps répandu dans la nature, il existe dans beaucoup de plantes, particulièrement dans certains fruits; l'urine des diabétiques peut en renfermer jusqu'à 10 % en volume.

Le glucose s'obtient en grand par la saccharification de l'amidon ou de la fécule; cette opération qni est devenue une branche importante de l'industrie, particulièrement en Allemagne, se fait au moyen de la fécule de pomme de terre qui est la matière amylacée la moins chère, et dont la transformation en glucose s'opère le plus facilement.

Le traitement de la fécule se fait dans de grandes cuves en bois, de la contenance de 120 à 130 hectolitres, dans lesquelles circule un serpentin de cuivre chauffé à la vapeur.

On chauffe d'abord dans la cuve de l'eau seule acidulée par l'acide sulfurique, et quand le liquide a atteint la température nécessaire on y fait arriver, et par petites quantités à la fois, à l'aide d'un entonnoir qui surmonte la cuve, la fécule délayée dans suffisamment d'eau. On doit veiller qu' l'ébullition continuelle soit interrompue afin d'éviter la formation d'empois.

Par l'action de l'acide, l'amidon se transforme en dextrine et en glucose; si l'on remarque que la dextrine est insoluble dans l'alcool et que la coloration bleue très sensible produite par l'iode en présence de la plus faible quantité de matière amylacée, devient rouge brun quand celle-ci s'est modifiée en dextrine, ce sera chose aisée que de constater la fin du traitement. La réaction de l'alcool est plus facile; on prend le sirop de la cuve et on l'additionne de six parties d'alcool, si la liqueur ne renferme plus que du sucre de fécule elle restera limpide ou on n'apercevra qu'un léger trouble.

Pendant l'ébullition il se dégage des produits à odeur désagréable, les industriels s'en débarrassent en munissant les cuves d'un chapiteau prolongé par un tube qui amène les gaz dans le foyer où ils se rendent dans une cheminée d'appel à tirage énergique après avoir traversé une cuve où la chaleur atteinte par ces gaz opère un commencement de concentration des sirops; l'huile essentielle de la fécule, entraînée par la vapeur d'eau, se condense en majeure partie, le reste se diffuse dans l'atmosphère.

La quantité d'acide à employer varie avec la nature du produit à obtenir; si on fabrique simplement du sirop, on ajoute 2 kilog. d'acide sulfurique à 60° Baumé pour 100 kilog. de fécule et 300 ou 400 litres d'eau; mais si l'on prépare du glucose en masse il faut doubler le poids de l'acide.

Après avoir opéré la saccharification de la fécule il convient d'éliminer l'acide sulfurique. En effet, il semble que la matière amylacée n'ait simplement subie qu'une action de présence de la part de l'acide: pour se transformer en glucose elle a absorbé de l'eau, elle s'est hydratée; mais après la modification l'acide sulfurique n'a pas disparu, il faut l'enlever en l'engageant dans une combinaison insoluble. Pour cela on jette dans la cuve, avec quelque précaution, de la craie en poudre ou mieux du carbonate de baryte. Il est certainement préférable d'employer ce dernier, le sulfate de baryte étant complétement insoluble; mais il ne se trouve pas aussi abondamment que le carbonate de chaux qui est parfois lui-même remplacé par la chaux vive. On ajoute la craie aussi longtemps qu'a lieu l'effervescence produite par le dégagement de l'acide carbonique, le sulfate de chaux se précipite.

La clarification s'opère de deux façons, quelquefois dans la cuve elle-même; plus généralement le sirop neutralisé est conduit dans un bassin d'où, après deux heures de repos, il est extrait pour être passé sur un filtre à noir animal, analogue à celui qui est employé dans les fabriques de sucre cristallisé et dont il sera question dans la suite de cet ouvrage. Le fond du bassin contenant le sulfate de chaux est passé au filtre-presse et lavé. Les eaux de lavage sont envoyées dans la cuve à saturation.

Après avoir été filtré, le sirop est concentré jusqu'à 27 ou 30° Baumé; il abandonne une petite quantité de sulfate de chaux devenu insoluble. Il est ensuite livré au commerce.

Pour obtenir le glucose massé, le sirop est concentré jusqu'à 40° Baumé, à froid, et abandonné dans des rafraîchissoirs pendant trois ou quatre jours, jusqu'à ce qu'il se produise un commencement de cristallisation. Cristallisation qui peut être accélérée en projetant dans la masse quelques cristaux de sucre. Le liquide épaissi est ensuite mis dans des tonneaux où il ne tarde pas à se solidifier en une masse de couleur jaune miel.

Industriellement, il est possible d'obtenir un produit plus pur, il suffit d'enlever la mélasse mélangée au glucose; le sirop est mis à écouler dans des tonneaux munis d'un fond ayant de nombreuses ouvertures fermant à fausset. Ces tonneaux reposent sur des barres disposées à quelques centimètres au-dessus d'un bassin à fond plat. La solidification cristallise environ les deux tiers de la masse qui est enfermée dans les tonneaux, les faussets sont alors enlevés, le sirop non cristallisé s'écoule, entraînant les impuretés se composant principalement de dextrine, ce sirop est dirigé dans la cuve à saccharification. Les cristaux de glucose sont ensuite placés sur une plaque en plâtre où ils perdent une partie de leur eau et ensuite dans une étuve chauffée à 25°, que traverse un courant d'air sec. Après la dessication, le glucose est tamisé et pressé en pains de sucre.

Le glucose pur cristallise difficilement, il se présente sous forme de choux-fleurs, il est moins soluble dans l'eau que ne l'est le sucre de canne, donne des solutions plus épaisses, plus gommeuses, sa saveur est sucrée, mais sensiblement moins que celle du sucre cristallisé et avec un arrière-goût d'amertume.

Le glucose se conduit avec les acides et les bases d'une façon absolument opposée à ce qui a lieu pour la saccharose, l'acide sulfurique dissout le glucose sans donner naissance à des produits colorés et il se forme un acide sulfo-glucosique capable d'entrer en combinaison avec les bases pour former des sulfo-glucosates analogues aux sels ordinaires.

Les bases fortes, au contraire, détruisent le sucre de fécule, le colorent très rapidement, de sorte qu'on a là une réaction assez sensible pour dévoiler dans les sucres cristallisés du commerce et dans les sirops la présence du glucose.

Le sucre de fécule peut fermenter directement en présence de la levure de bière.

Son emploi est très répandu. On fabrique en France à peu près 10 millions de kilog. de glucose et en Allemagne cette fabrication livre au commerce plus de 15 millions de kilog. de marchandise.

On se sert du glucose pour la fabrication de l'alcool, dit

alcool de grains ou de pomme de terre, pour le vinage des
vins de qualités inférieures. par les procédés de Gall ou de
Petiot, pour la fabrication de la bière, pour la falsification
du miel, pour la préparation du tabac, etc.

Ses propriétés, sa saveur, sa composition chimique donnant pour le glucose un air de famille avec le sucre de
canne, on a pensé qu'il serait possible de le transformer
pour le plus grand bien de l'industrie. Le bruit a même
couru un instant que la synthèse du sucre cristallisé par le
glucose était un fait accompli. Ceci se passait, il y a quelques
années, dans un laboratoire de Lyon. Il a suffi de quelques
recherches et d'un peu de réflexion pour démontrer l'in-
vraisemblance d'une pareille découverte.

Levulose. — C'est à Dubrunfaut que l'on doit la démons-
tration de l'existence du levulose comme espèce chimique.
Ce savant l'obtenait en intervertissant le sucre au moyen de
l'acide oxalique qui était ensuite enlevé par la chaux. Le
sucre interverti traité par un lait de chaux fournissait du
levulosate de chaux qui était séparé du glucosate resté
liquide; le levulose était ensuite isolé. Préparé de la sorte,
c'est une substance incristallisable, déliquescente, soluble
dans l'eau et l'alcool faible, insoluble dans l'alcool absolu;
sa saveur est plus sucrée que celle du glucose. On a obtenu
depuis le levulose à l'état de pureté, il se présente alors en
cristaux soyeux et rayonnés, Jungfleisch l'a préparé ainsi au
moyen de l'inuline.

M.Ch.Girard est l'auteur d'un procédé donnant du levulose
pur. On prend une solution de sucre de canne au 10ᵉ,
additionnée de deux millièmes d'acide chlorhydrique que
l'on chauffe pendant plusieurs heures. La liqueur reste
incolore. On la refroidit ensuite à 5° en ayant soin d'y addi-
tionner, par dix grammes de sucre interverti, six grammes
de chaux éteinte bien pulvérisée. On agite, la masse se

prend bientôt en un magma solide de levulosate de chaux
que l'on essore. Ce levulosate est ensuite décomposé par
une solution très étendue d'acide oxalique. Pour extraire le
levulose de cette solution, on la refroidit à 10° en agitant
jusqu'à ce que le tiers environ de la solution soit devenu
solide, on exprime les cristaux et l'on soumet de nouveau
la masse au froid, cette opération est répétée plusieurs fois
et l'on obtient finalement un sirop épais qui est concentré
dans le vide où il se cristallise.

Le levulose existe dans le miel, dans certains fruits
acides, il est mélangé, à équivalents égaux, avec le glucose
dans le sucre interverti.

Quand ce dernier est soumis à l'action de la levure de
bière, c'est le glucose qui fermente tout d'abord, la proportion du levulose augmente, puis cette matière fermente à
son tour.

CHAPITRE II

LA CANNE A SUCRE

Histoire du sucre chez les anciens. — Introduction de la canne en
Europe, en Amérique. — Importance de la fabrication du sucre
de canne. — Variétés de cannes à sucre. — Culture. — Récolte.

Le sucre de canne était connu des Chinois dès la plus
haute antiquité, ils savaient, dit-on, l'exprimer des cannes et
l'obtenir à l'état solide ; mieux encore, ils connaissaient des
procédés d'épuration, ils produisaient du sucre ayant la
blancheur et l'éclat cristallin du sucre de nos raffineries.

Quoiqu'il en soit de ces assertions, on trouve que Diosco-
ride, faisant l'énumération des différentes espèces de miels
dit que l'un qu'il nomme *miel saccharon*, provient de la
moelle d'un roseau croissant dans l'Inde et l'Egypte. Parlant de cette substance, il dit que c'est un miel concret, bril-
lant, ayant l'apparence du sel et connu sous le nom de sel
de roseau ou sel indien. C'est aux Indiens que s'applique ce
vers de Lucain :

Quique bibunt tenere dulces arundine succos

Théophraste nomme cette substance « miel de roseau ».
Le nom même du sucre indique son origine orientale, il
vient du sanscrit *scharkana* qui veut dire suc doux.

A la suite des conquêtes d'Alexandre le Grand, la canne
à sucre se répandit dans l'Asie Mineure, elle vint en Judée,
les Romains l'y trouvèrent et apportèrent le sucre à Rome.

Pline en parle et l'appelle « saccharum », il ajoute que le
sucre provenant d'Arabie ne vaut pas celui de l'Inde, que
c'est un miel extrait d'un roseau friable sous la dent et réservé spécialement pour l'usage médical. Paul d'Egine, mé-
decin grec, qui vivait au VIIe siècle en fait également mention.

Cependant aucun des auteurs cités n'ayant fait remarquer
la blancheur du sucre, il est à supposer que le raffinage
était inconnu à cette époque. Il est certain toutefois que les
Arabes connurent le sucre raffiné avant les Européens et
qu'il ne fut guère apporté en Europe que vers la fin des croisades.

Albert d'Aix nous apprend dans son *Histoire des Croisades*, V[e] livre, chapitre XXXVI que les compagnons de
Godefroy de Bouillon furent les premiers Français qui connurent la canne à sucre. Albertius Agnesis rapporte que les
Croisés prirent onze chameaux chargés de sucre ; cette
substance leur parut une production merveilleuse digne de
cette terre qui avait vu naître le Christ ; ils en profitèrent sans
essayer de l'acclimater en Europe. Ils mâchaient les jeunes
pousses des cannes à sucre comme ils l'avaient vu faire aux
enfants arabes et comme le font encore les jeunes nègres dans
nos colonies. A cette époque, la canne était cultivée en Syrie.
A Tripoli, les habitants connaissaient le secret d'en extraire
le jus à l'aide de moulins. Le sucre, nous dit encore Albert
d'Aix, fut d'un grand secours aux assiégés de Marra et
d'Archas pendant la famine.

Ce ne fut cependant que vers la fin des croisades que la
canne à sucre fut transportée en Sicile, les Croisés revenant
dans leur patrie se contentaient d'en faire connaître les
vertus sans rechercher à l'acclimater.

De la Sicile la canne à sucre fut transportée dans l'Italie
méridionale ; déjà les Maures la cultivaient en Espagne,
particulièrement dans l'Andalousie et le royaume de Gre-
nade, mais comme une plante relativement rare, et ne don-

nant pas le sucre qu'ils connaissaient et employaient comme médicament.

La Sicile fut vraisemblablement le berceau de l'industrie sucrière en Europe ; on trouve dans les archives de Zeccha à Naples [1] un document très intéressant datant de 1230 dans lequel l'Empereur Frédéric II, maître de la Sicile à cette époque, ordonne au gouvernement de Palerme, Richard Filangieri de rechercher et d'amener à Palerme deux Juifs qui cultivaient en Sicile la canne et savaient en extraire le sucre. Ces juifs exploitaient aussi l'indigo, l'alkanna et d'autres plantes étrangères.

Les Espagnols ayant de fréquentes relations avec les Siciliens transportèrent l'industrie du sucre en Espagne. Henri de Portugal fit cultiver vers cette même époque, la canne à sucre à Madère où elle ne tarda pas à s'acclimater et à prospérer ; le sucre de Madère acquit rapidement une juste renommée. En présence de ce succès, les Espagnols dotèrent les Iles Canaries de la canne précieuse et la naturalisèrent jusqu'en Espagne où les essais des Arabes avaient montré que sa culture était possible.

D'après Ch. Etienne qui écrivait en 1550, les sucres les plus estimés étaient ceux que fournissaient l'Espagne, Alexandrie et les iles de la Méditerranée Chypre, Rhodes, Malte et Candie). Le sucre ayant ces dernières origines nous arrivait en gros pains, tandis que celui de Valence s'expédiait en pains plus petits. Le sucre de Malte était plus dur mais moins blanc ; le même auteur ajoute qu'on provoquait la cristallisation du sucre en le faisant cuire trois ou quatre fois, après quoi on le jetait dans des moules où il se durcissait.

On avait essayé de transporter la canne en Provence, mais sans succès. En France, il est fait mention du sucre de canne dans une ordonnance du roi Jean datant de 1353 et dans un

1. *Register Frederici*. fol. 36.

compte établi vers la même époque pour la maison de Humbert. Vers 1420, époque où vivait le poète Eustaphe Deschamps, le sucre était mis au nombre des plus coûteuses dépenses du ménage. Cependant jusqu'au règne d'Henri II il ne se trouvait que dans les pharmacies, on le vendait à l'once comme une substance rare et c'est de cette époque que date le proverbe : « Apothicaire sans sucre » pour désigner quelqu'un qui manque d'une chose essentielle à son commerce.

Les Vénitiens avaient eu pendant longtemps le monopole du commerce de la Méditerranée ; c'étaient eux les importateurs du sucre qui venait de l'Inde par la voie d'Alexandrie. Puis ce trafic passa aux mains des Portugais, quand Vasco de Gama découvrit le cap de Bonne-Espérance.

Plus tard Rhodes et Chypre cessèrent de fournir du sucre à la France : l'origine de celui qui était vendu dans notre pays fut Madère et les Canaries. Les Hollandais qui s'étaient emparés des possessions portugaises importèrent le sucre de l'Inde directement, mais ils furent eux-mêmes bien vite remplacés par l'Angleterre qui garda près de deux cents ans le monopole de ce trafic.

Selon toute vraisemblance la canne à sucre fut importée en Amérique quelque temps après la découverte de ce continent. En 1506 un nommé Pierre d'Arança en transporta plusieurs plants à Hispaniola, plus tard Saint-Domingue où il se multiplièrent et s'acclimatèrent avec une si grande rapidité qu'un peu plus de dix ans après il y avait à Saint-Domingue vingt-huit sucreries. Certains auteurs ont avancé que la canne était indigène de l'Amérique, ils citent à ce propos le voyageur Thomas qui, se rendant au Mexique vers la fin du XVIe siècle ou au commencement du siècle suivant, vit les Caraïbes de la Guadeloupe où il s'était arrêté pour faire de l'eau, lui offrir des cannes à sucre et divers fruits ; d'autres voyageurs assurent que la canne croissait sans culture

sur les bords de la Plata, de Janeiro, du Missisipi et y atteignait des dimensions peu ordinaires.

Quoiqu'il en soit, la canne à sucre prospéra en Amérique
au delà de toute espérance. Bryan Edwards prétend que
dès 1535 les Espagnols possédaient déjà plus de trente moulins dans leurs colonies. Les Français commencèrent, à faire
du sucre à la Guadeloupe en 1644, et quelques années plus
tard un juif Benjamin Dacosta introduisit cette industrie à
la Martinique.

Bientôt toute la région centrale de l'Amérique fut ouverte
à la culture des cannes, il y eut une baisse considérable des
prix du sucre qui fit alors son apparition dans les ménages
où il devint bientôt un objet de première nécessité.

Grâce à la transportation des noirs en Amérique, la main-
d'œuvre y était meilleur marché que partout ailleurs, la
plupart des fabriques de l'Europe, ne pouvant lutter contre
cette concurrence redoutable, disparurent peu à peu ; l'Espagne seule produisit encore du sucre et, au moment de la
Révolution française, il restait encore dans la province de
Murcie plus de vingt fabriques en activité.

Toutes les puissances européennes et la France en particulier, reconnaissant les avantages pour leurs colonies d'y
favoriser le développement de l'industrie sucrière, firent les
plus grands efforts dans ce sens.

Le 30 décembre 1670, Louis XIV ordonna aux gouver-
neurs d'encourager l'établissement de raffineries aux Iles ;
mais ces établissements par leur nombre et leur prospérité
portèrent un tel coup aux raffineries de la métropole qu'il
fallut, pour éviter l'émigration des ouvriers, rapporter la
circulaire et un arrêt du Conseil d'État en date de 1684
défendit d'établir de nouvelles raffineries aux Antilles, puis
pour tenir les colonies sous la dépendance complète de
la mère patrie les raffineries existantes y furent supprimées.

En 1745 la quantité de sucre exportée par l'Amérique fut de 125 millions de kilogrammes.

Mais la canne ne fut pas acclimatée partout sans difficultés; en Louisiane, il fallut de nombreuses tentatives avant de retirer des bénéfices de cette culture.

En 1751 un détachement de troupes à destination de la Nouvelle-Orléans, ayant touché à Port-au-Prince, les jésuites de Leogane demandèrent l'autorisation d'envoyer par l'intermédiaire du navire royal, à leurs collègues de la Louisiane, des cannes à sucre avec quelques nègres connaissant ce genre de culture et la fabrication du sucre, ce qu'il leur fut accordé.

Dans les premières années on ne s'occupa que de la multiplication des pieds, les premiers essais pour retirer le sucre furent infructueux. La canne importée était la variété malabar du Bengale. Après plusieurs tentatives du planteur Dubreuil et du chevalier de Mazan la culture de la canne fut abandonnée en Louisiane.

Quelques années plus tard un nommé Boré ayant eu une mauvaise récolte dans une plantation à quelques milles au-dessus de la Nouvelle-Orléans voulut s'adonner à la culture de la canne à sucre, et appela pour diriger son exploitation un sieur Morin qui avait vécu plusieurs années à Saint-Domingue. Au bout de quatre saisons, ce fut un véritable triomphe. Le sucre brun produit, était assez beau bien que ne valant pas celui des Antilles et des Indes orientales.

En 1738 les colonies françaises produisaient en sucre brut les quantités portées sur le tableau ci-après :

Saint-Domingue.	71.750	tonnes.
La Martinique.	13.800	»
La Guadeloupe	7.600	»
Tabago.	1.000	»
La Guyane	1.000	»

En 1816 grâce aux désastreuses campagnes maritimes de Napoléon Ier et surtout au blocus continental, cette production se réduisit à 17.000 tonnes pour les cinq colonies; en 1829 elle était remontée à 75.500 tonnes et en 1873 à 87.000 tonnes.

En se basant sur des données fort approximatives et qui varient beaucoup d'une année à l'autre, on peut dire qu'actuellement, la production totale du sucre de canne est de 3.500 millions de kilogrammes [1].

M. Ph. Boname, dans son ouvrage sur la canne à sucre, donne le tableau suivant, qui représenterait approximativement d'après les dernières statistiques, la production du sucre de canne.

Cuba	550.000	tonnes.
Puerto-Rico et Jamaïque .	82.000	»
Martinique et Guadeloupe.	102.000	»
Autres Antilles	145.000	»
Brésil	150.000	»
Pérou	30.000	»
Louisiane et Floride	110.000	»
Autres pays d'Amérique .	142.000	»
Indes orientales et Chine .	90.000	»
Réunion et Maurice	160.000	»
Égypte.	32.000	»
Java et Manille	145.000	»
Australie et divers.	120.000	»

Soit un total de 2.158.000 tonnes.

A cela il faut ajouter le sucre fabriqué et livré directement à la consommation dans les pays de production : Indes anglaises, Espagne, Japon, etc. ; d'autre part, il n'est pas commode d'évaluer même approximativement la con-

1. Peligot, *Analyse chimique*, p. 411.

sommation sur place, le sucre étant considéré comme un aliment proprement dit par les indigènes qui en consomment des quantités prodigieuses [1].

Malgré son importance le sucre de canne tend de plus en plus à devenir un produit exclusivement colonial, par suite de la concurrence redoutable que lui fait, sur les marchés européens le sucre de betterave. Beaucoup de planteurs même ont été dans l'obligation, pour continuer la lutte, de modifier leurs procédés de culture, et le mode d'extraction un peu primitif qu'ils employaient avant la découverte des méthodes perfectionnées qui sont aujourd'hui en usage pour la betterave.

Actuellement la canne à sucre est répandue un peu dans toute la région tropicale du globe, dans toutes les contrées où la température moyenne ne descend pas au-dessous de 20°. Chose digne d'être remarquée, et qui montre bien que cette plante appartient essentiellement à la flore équatoriale, c'est que plus la température est élevée, plus la canne renferme de sucre; ainsi en Algérie et en Espagne la densité du jus de canne varie de 6, 5 à 9° Baumé au maximum, tandis que dans les Indes, aux Antilles, au Brésil cette densité arrive à 10° et 13°.

La canne à sucre appartient à la famille des graminées, c'est une plante vivace qui peut végéter pendant une vingtaine d'années; mais que l'on remplace généralement tous les cinq ou six ans. Elle est formée de cinq à dix tiges, souvent davantage, partant d'une racine fibreuse genouillée et s'étendant dans tous les sens autour de la souche.

Ces tiges atteignent parfois des dimensions extraordinaires, on a vu des cannes de 6 mètres de hauteur avec une circonférence de 20 centimètres; le plus souvent les

1. *La canne à sucre à la Guadeloupe*, par Ph. Boname. p. 5.

tiges ont 3 mètres de haut sur 35 millimètres de diamètre. Elles sont diversement colorées, suivant les variétés, en vert, en jaune, en rouge foncé, en violet ou tachetées; au-dessous du point d'insertion de chaque feuille existe un anneau de 5 à 8 millimètres de largeur formé d'une matière résineuse blanc grisâtre. Le reste de la tige est luisant, garnie de nœuds peu saillants et d'autant moins rapprochés qu'on s'éloigne davantage du pied et que la croissance a été plus rapide. Les cannes à sucre contiennent une moelle blanchâtre, succulente, pleine d'un jus sucré et devenant à peine sapide au sommet.

Les feuilles sont opposées dans les jeunes tiges et deviennent alternes plus tard. Elles sont engaînantes à la base, la gaîne portant extérieurement de nombreux poils de 3 à 5 millimètres; longues de 60 centimètres à 1^m, 20 sur 5 à 6 centimètres de largeur.

Avant l'époque de la maturité, dès que la plante a terminé sa croissance, la fleur apparaît au sommet d'une tige sans nœud parfaitement cylindrique qui s'élance au-dessus des dernières feuilles et porte le nom de *flèche*. L'inflorescence est en forme de panicule conique blanchâtre assez semblable à celle de notre roseau ordinaire.

Les variétés de canne à sucre sont très nombreuses, quelques-unes sont parfois si peu différentes des autres, et la confusion est si grande dans les noms qui leur sont appliqués qu'une classification est assez difficile. Selon M. Delteil, la canne blanche prend différents noms suivant les contrées où elle est cultivée. Ainsi à la Réunion on l'appelle canne de Batavia; à Maurice, canne jaune; dans les Indes ou aux Antilles, canne de Bourbon, etc. Nous allons essayer toutefois de donner une liste des espèces les plus connues.

1° *Canne blanche d'Otaïti*. — Sa tige très haute est

munie de nœuds assez distancés, ses feuilles sont larges et d'un beau vert pâle devenant jaune orangé clair au moment de la maturité. Elle donne un produit de bonne qualité et abondamment, c'est une des variétés les plus estimées des planteurs.

2° *Canne de Batavia* dite *Bambou*. — Elle est cultivée dans les Indes orientales et en Amérique; les tiges sont vigoureuses, difficiles à broyer et ont une coloration pourpre violacée qui parfois s'étend à la canne entière. Les feuilles sont d'un vert plus sombre que dans la variété précédente. La canne de Batavia résiste très bien à la sécheresse, mais elle mûrit plus difficilement que la canne blanche et elle fournit un jus aussi abondant mais moins sucré.

3° *Canne violette de Taïti*. — Originaire de Taïti d'où elle fut portée aux Antilles par Bougainville puis par l'Anglais Bligh; c'est une variété très rapprochée de la précédente; quelquefois la tige prend une teinte très foncée sans rayures, elle est alors désignée sous le nom de canne noire.

4° *Canne rubanée*. — Cette canne est caractérisée par des bandes rouges ou pourpres de cinq millimètres à deux centimètres de largeur, placée sur la tige; elle est originaire de Java et de quelques autres contrées des Indes orientales. Les Hollandais l'avaient trouvée cultivée à Batavia et l'avaient introduite à Curaçao, à la Guyane et à Surinam dans le courant du siècle dernier.

5° *Canne créole de Malabar*. — La tige est rougeâtre, elle fournit un jus coloré et un suc très dur; c'est une canne petite, vigoureuse qui vraisemblablement fut la première connue en Europe; elle est cultivée au Bengale, les indigènes de Tahiti la nomment *Piavere*.

6° *Canne de la Chine*. — Est considérée par quelques

auteurs comme une espèce distincte, caractérisée par sa rusticité, par ses dimensions un peu petites et par la facilité qu'elle possède de résister aux attaques des fourmis blanches.

7° *Canne de Salangore.* — C'est une excellente variété de canne, ayant une végétation luxuriante, elle est plus grosse que la canne blanche d'Otaïti. Même quand elle est mûre, elle conserve la teinte verte qui la distingue. Les entre-nœuds ont un diamètre plus grand que celui des nœuds. Ses feuilles larges et retombantes sont ornées de nombreuses épines.

Les variétés cultivées sont évidemment plus nombreuses. Quelques-unes même de celles que nous venons de citer ne sont pas susceptibles d'être plantées partout. Ainsi, à la Réunion on a dû abandonner la canne d'Otaïti pourtant si estimée, à cause d'une maladie qui la décimait.

On a prétendu parfois que la canne se reproduisait de semis, il n'en est rien, c'est par bouture qu'a lieu la reproduction ; et, chose curieuse, même dans les pays où cette plante croît spontanément, en Chine ou dans l'Inde, on ne peut trouver une preuve de reproduction par graine, Nous avons là un singulier exemple de la dégénérescence d'un organe. Il est probable que l'habitude prise depuis long-temps de reproduire la canne par boutures a modifié profondément la faculté germinative de la graine, celle-ci ne peut plus remplir son rôle et demeure stérile.

Chaque bouture, pourvue de 3 ou 4 bourgeons, est placée dans un sol suffisamment humide ; au bout de quelques jours ces bourgeons s'épanouissent et donnent naissance à des feuilles, des racines croissent à la base de nouvelles tiges et deviennent rapidement plus vigoureuses que celles qui ont été fournies par le nœud enterré ; devenue inutile, la vieille souche meurt.

L'époque de la plantation est très variable, elle dépend évidemment de celle de la récolte et comme celle-ci n'est pas toujours régulière on ne peut fixer une limite précise. Cependant les planteurs préfèrent enterrer les boutures alors que la saison est humide.

M. Ph. Boname à qui nous avons fait de fréquents emprunts pour ce qui concerne la canne à sucre dit qu'aux Antilles et à la Guadeloupe en particulier, l'époque à laquelle on procède aux plantations peut se diviser en deux saisons principales : celle de la grande culture comprenant les plantations faites du mois de septembre au mois de février, et celle de petite culture qui peut aller jusqu'en mai et juin. Ces diverses plantations étagées pendant une durée de huit mois environ font partie de la même récolte et sont coupées sensiblement à la même époque, c'est-à-dire à des âges bien différents.

A Cuba on nomme plantation de *frio*, celles qui se font de septembre à décembre ; de *medio tempore*, de janvier à mi-avril ; de *primavera*, de la mi-avril à la mi-juin.

Lorsqu'il s'agit de mettre en valeur un terrain inculte, voici la façon dont procèdent les colons : ils abattent les arbres, laissent les racines avec une partie du tronc, l'arrachage devenant plus facile au bout de quelques années par suite de la décomposition du bois ; les arbustes, les broussailles sont enlevés et tous les débris réunis en tas et brûlés. Les cendres qui proviennent de ces foyers sont dispersés sur le sol que l'on soumet à un défrichement profond, cela permet aux racines de s'étendre à leur gré ; on laboure et on passe à la herse. On trace ensuite des raies parallèles distantes les unes des autres de 1^m,60 à 1^m,80 et destinées à recevoir les boutures.

Ces boutures sont prises sur des plants vigoureux pour exercer autant que possible une heureuse influence sur l'avenir de la plantation : on les obtient soit en partageant le corps des cannes en plusieurs tronçons, soit en employant les têtes, c'est-à-dire la partie supérieure des tiges entourées de quelques feuilles vertes.

Les cannes choisies pour la reproduction sont transportées sur le terrain, là on procède à un nouveau triage, on retranche avec un couteau les extrémités dont la coupe laisse à désirer et on supprime les feuilles. Des enfants et des femmes sont chargés de placer ces boutures, ils sont armés d'une barre ou du *piquois*, sorte d'outil à lame étroite qu'ils enfoncent dans le sillon avec un angle de 45°, un petit mouvement de bascule occasionne un vide dans lequel se place le tronçon de canne que l'on entoure immédiatement de terre en le tassant autour avec le manche du piquois.

Ces boutures prennent racine très facilement, leurs bourgeons s'ouvrent et donnent naissance à des tiges. Autour du nœud existe un anneau de points blanchâtres et de chacun de ces points part une radicelle qui nourrira la plante jusqu'à ce qu'elle soit capable de subvenir à sa propre existence. Il n'est pas rare de voir un seul bourgeon de canne fournir une touffe magnifique par le développement de ses propres bourgeons souterrains.

A la Guadeloupe on distance les boutures de façon qu'il existe de 7 à 8000 touffes à l'hectare.

Trois semaines ou un mois après la plantation et lorsque le *recourage*, c'est-à-dire le remplacement des boutures desséchées a été opéré, les planteurs font exécuter des sarclages dans les champs de cannes pour favoriser le développement des jeunes tiges ; le premier consiste à butter les pieds en plaçant de la terre autour du collet. Ce buttage a pour but de donner plus de solidité aux tiges et leur permet de résister plus aisément aux coups de vent si nombreux et si forts dans la plupart des régions tropicales. Les planteurs ont remarqué en outre que cette opération exerçait

une action avantageuse au point de vue de la richesse du
jus. Les autres sarclages sont simplement destinés à la pro-
preté et à l'enlèvement des plantes étrangères à la culture,
ils s'exécutent le plus souvent à la houe à cheval.

La canne à sucre préfère les terrains d'alluvion, substan-
tiels, faciles à diviser, préparés par de bons labours. En
Amérique et dans l'Indoustan les planteurs recherchent surtout les sols riches en sels de soude et de potasse. Dans les
terrains sablonneux la canne à sucre n'atteint pas une
grande hauteur mais elle fournit un jus très sucré. Si la
plantation n'est pas irrigable facilement, l'humidité naturelle du sol sera une qualité précieuse ; cependant quand le
sol est humide et la température élevée, la végétation est
luxuriante, mais le rendement en sucre est bien diminué
par une forte proportion de glucose. Il vaut mieux un sol
sec et bien disposé, le produit est de bonne qualité sans être
abondant. La canne à sucre comme la betterave sont des
plantes très rustiques quand on les cultive sans but déterminé, mais s'il s'agit d'en retirer spécialement du sucre,
leur culture est soumise à quelques règles qu'il importe de
ne pas omettre.

La canne fait partie des plantes dites épuisantes, c'est-à-
dire qu'elle appauvrit le sol de ses éléments les plus essen-
tiels. C'est ainsi que dans certaines colonies, à la Martinique, à la Guadeloupe, etc., la culture de la canne se
pratiquait autrefois sans intermitence et sans addition
d'engrais: on obtenait cependant un produit abondant et
riche. Mais on a vite remarqué qu'à l'exception de certaines
localités privilégiées, où la fertilité naturelle du sol permettait de cultiver sans engrais, il fallait, pour ne pas
éprouver de diminution dans le rendement, redonner à la
terre les éléments qui lui étaient enlevés à chaque récolte.
D'ailleurs il est plus commode de conserver à un sol sa
fertilité première que de la lui restituer quand il l'a perdue;

la fumure est donc une chose nécessaire même dans les pays les plus riches.

Deux systèmes sont en vigueur : celui de la culture intensive avec des engrais puissants, ou la fumure simple par l'addition d'engrais ordinaires. Dans le premier cas il faut éviter l'emploi d'un excès d'engrais azotés qui nuirait à la qualité du vesou et produirait un sucre pâteux, peu nerveux et contenant une forte proportion de mélasse.

Le chaulage est une opération excellente pour les terrains qui manquent de chaux.

On a tenté de faire des assolements, mais cette méthode n'est pas toujours facile dans des contrées où la seule plante véritablement industrielle est la canne à sucre ; cependant à Cuba on cultive quelquefois le riz sur les champs de cannes.

L'agriculture est un art qui doit tenir compte de beaucoup de circonstances pour l'emploi de ses méthodes; les habitudes, la nature du sol, le climat, les conditions économiques sont autant de raisons qui font pour ainsi dire, varier à l'infini les procédés en usage, et telle façon de cultiver un terrain bas et argileux ne produira dans les sols légers et secs que des résultats pitoyables. En ce qui concerne la canne à sucre les planteurs s'appliquent dans les contrées plates et humides, à donner à l'eau un facile écoulement par le drainage tel qu'il existe en Europe; car si la sécheresse est une chose nuisible, l'eau stagnante désorga ise les racines, décompose les tissus et ses effets sont d'autant plus pernicieux que la température est plus élevée. D'un autre côté si la sécheresse est trop forte, l'effet n'est pas moins mauvais, les entre nœuds au lieu d'être allongés et gorgés de suc, sont secs et petits, les feuilles se dessèchent rapidement, *cannent* de bonne heure et l'on ne récolte que des cannes rabougries et ligneuses. Les agronomes qui se sont occupés de la question, assurent que le rendement serait certainement doublé si l'on pouvait prévenir les inconvénients d'une sécheresse prolongée.

Quand la plantation se trouve à proximité d'un cours d'eau, on peut aisément pratiquer des irrigations pendant la saison sèche, mais lorsqu'il est difficile de se procurer l'eau nécessaire, il ne faut compter que sur les pluies qui tombent de temps à autre pendant cette période. Aussi est-ce dans les climats chauds et humides en même temps que la culture de la canne à sucre donne les meilleurs résultats; c'est sur les bords de la mer ou dans les îles que s'observent les plus belles plantations; c r là seulement elles possèdent la chaleur et l'eau nécessaires à leur complet développement.

Cependant il ne faudrait pas supposer que l'humidité constante de l'atmosphère et du sol soit la meilleure condition pour la culture de la canne ! Dans ces circonstances, l'arbuste atteint de grandes dimensions il est vrai, ses tiges sont vigoureuses et feuillues; mais le suc est d'une richesse médiocre et en somme, le but du planteur étant l'extraction du sucre, le climat le plus favorable sera celui qui, pendant une saison de sécheresse relative permettra l'élaboration des matériaux absorbés.

La position géographique des pays producteurs de 'a canne peut être bien différente, mais en général il n'existe que deux saisons marquées, l'une pluvieuse et chaude pendant laquelle les végétaux prennent de l'accroissement, l'autre sèche à température plus basse qui murit et permet la récolte.

Dans la Nouvelle-Calédonie la canne à sucre est ure plante religieuse, elle est offerte en présent aux mauvais Génies : elle se cultive en massifs près des habitations ou en lignes dans les champs de *taro* [1] ou d'ignames [2]. Après

1. Le taro est une sorte de calocasie qui fournit une racine suc-

un ou deux labours les Canaques plantent les sommités des vieilles tiges en les enfonçant perpendiculairement. Le climat néo-calédonien n'étant pas des plus chauds, exige dix-huit mois pour la maturité de la canne; mais comme l'industrie sucrière n'y est pas encore très répandue, les indigènes consomment les tiges encore jeunes alors qu'elles sont plus tendres e plus aqueuses.

Les recherches des chimistes les plus distingués qui se sont occupés de la canne, montrent qu'au commencement de sa croissance cette plante contient du glucose, puis à mesure que la végétation s'avance, il se forme du sucre cristallisable. Cette transformation a lieu dans les tissus les plus anciens, vers la base de la tige, au moment où elle se *canne*; puis elle continue dans la partie supérieure jusqu'à disparition presque complète du sucre incristallisable.

Pour faciliter ce travail interne; les planteurs pratiquent l'*épaillage*, c'est-à-dire l'enlèvement des feuilles inférieures qui, leur fonction ayant cessé, meurent et tombent sur le sol ou restent suspendues le long des tiges. De cette façon le corps de la canne est exposé à l'air et à la lumière.

Comme tous les végétaux qui ont été l'objet d'une culture longtemps poursuivie, la canne à sucre est sujette à plusieurs maladies et doit lutter contre de nombreux ennemis. M. Delteil parle d'un champignon qui s'attache sur les feuilles, entraîne la perte des tiges et fait pourrir les racines. Presque toutes les espèces de cannes cultivées à Maurice et à la Réunion ont eu à souffrir de cette maladie : on s'est vu obligé dans ces colonies de remplacer pour ce

culente donnant après cuisson un aliment mou, gélatineux, de saveur piquante, blanc ou légèrement violacé.

2. L'igname constitue un des principaux aliments des indigènes de Tahiti pendant les saisons sèches. Les botanistes le rattachent au genre *diocorea*.

motif la canne d'Otaïti par la canne de Batavia plus rustique mais moins riche.

Les animaux qui endommagent le plus les plantations sont les rats : on les combat dans les Antilles en entretenant un petit boa appelé *maja*, qui en détruit beaucoup et ne présente aucun danger, et aussi un mammifère du nom de *mungoose*. Les rats s'attaquent aux cannes depuis l'époque où apparaît le troisième nœud jusqu'à la récolte ; les tiges mordues entrent facilement en fermentation et sont perdues.

Le borer ou ver de la canne cause parfois des ravages très sérieux, il perce l'écorce de la canne, pénètre dans le parenchyme et dévore la moelle ; en peu de temps des champs entiers de cannes sont ruinés. Quand on laisse aller au moulin des cannes attaquées par cet insecte le jus obtenu est détestable, d'une odeur nauséabonde et, dit Avequin, ne fournit qu'un sucre de mauvaise qualité. Souvent même les cannes dessèchent sur pied.

Quelquefois les fourmis occasionnent beaucoup de dégâts dans les plantations de l'Inde et de la Guyane.

Lorsque la canne à sucre arrive à maturité, ce qui a toujours lieu pendant la saison sèche, elle ne peut p'us augmenter sa richesse saccharine, elle reste stationnaire et présente un aspect particulier bien connu des planteurs. La tige devient sonore, l'écorce est dure, luisante et prend une teinte jaune plus ou moins foncée. Toutes les feuilles sont tombées ou ont été enlevées par l'épaillage, seules, quelques feuilles vertes très petites et rassemblées en éventail, garnissent le sommet. Les grosses cannes se courbent, se *cabanent*.

M. Reynoso qui a publié une étude sur la canne à Cuba, dit qu' « il est impossible de pénétrer dans les champs de cannes vers la maturité, ni même de suivre la direction de lignes. Quelques cannes s'inclinent à terre, d'autres restent droites malgré leur grande dimension, les tiges se soutiennent mutuellement. Celui qui n'a pas vu ces plantations ne comprendra jamais ce que la nature peut réaliser dans ce climat. »

La floraison de la canne n'est pas un indice de maturité ; en effet, beaucoup de cannes ne flèchent pas : les fleurs sont généralement abondantes dans les champs qui ont un peu souffert, et manquent au contraire dans les bonnes années.

La récolte des cannes s'effectue manuellement par des ouvriers armés d'un coutelas bien affilé et terminé par une pointe recourbée. Les coupeurs opèrent la section des tiges au ras du sol et nettoient le corps de la canne, enlèvent les racines adventives s'il y en a et suppriment les parties qui auraient pu subir un commencement de fermentation. Les cannes desséchées ou celles qui sont trop avariées sont mises de côté afin de ne pas introduire dans le vesou des principes nuisibles. Les cannes coupées et nettoyées sont mises en ligne et des femmes viennent qui les chargent directement sur une charrette ou les lient en paquets pour être transportées à l'usine.

Un coupeur peut récolter à Cuba 5,000 k. de cannes par jour.

La récolte est une opération longue et coûteuse que l'on a essayé d'exécuter mécaniquement ; mais l'enchevêtrement plus que la grosseur et la résistance des tiges, a été jusqu'à ce jour un obstacle.

Autrefois, la fabrication du sucre durait presque toute l'année, mais aujourd'hui, grâce au perfectionnement de l'outillage, ce travail s'accomplit en quatre mois ; il convient donc d'organiser sa récolte et par conséquent la plantation de telle manière que les cannes viennent à l'usine régulièrement et parfaitement mûres. Il est très important que la canne récoltée passe immédiatement au moulin et que celui-ci ne chôme pas.

Le rendement de la récolte repose sur des conditions très variables. A Cuba, M. Reynoso affirme que dans les terrains nouvellement défrichés et lorsque les boutures ont été placées en terre de septembre à octobre on peut conduire au moulin 300,000 k. de cannes par hectare. Ce n'est là évidemment qu'une exception, la récolte moyenne est de 40,000 k. Les cannes plantées sont plus productives que les rejetons et au bout de la 5ᵉ ou 6ᵉ année il est nécessaire de renouveler la plantation pour en retirer des bénéfices.

Après la récolte, les champs de canne sont nettoyés et on opère un sarclage pour faciliter la reprise des bourgeons pour la saison des pluies.

On a préconisé aux Antilles la culture annuelle de la canne telle qu'elle se pratique dans l'Inde et les pays où les bras sont nombreux. Après la coupe, toutes les souches sont extraites du sol à l'aide de la charrue et lorsque le moment est venu on les replace. Ce système permet la méthode des assolements.

Sur la foi de chimistes éminents mais qui ont analysé des échantillons provenant d'une culture exceptionnelle on a admis que la canne avait une richesse de 18 %, mais il s'en faut que dans la pratique un pareil résultat soit atteint.

Les cannes contiennent toujours une quantité plus ou moins considérable de glucose, quelle que soit sa maturité et ce corps exerce la plus déplorable influence sur la qualité du vesou.

Composition de la canne industrielle de la Guadeloupe d'après M. Boname.

Sucre cristallisable	15, »
— incristallisable	0,70
Sels.	0,35
Ligneux	1,50
Matières organiques diverses . .	1, »
Eau.	71,45

Nous avons aussi succinctement que possible voulu donner
à nos lecteurs quelques détails sur la culture de la canne à
sucre, culture qui est d'une importance exceptionnelle pour
certaines contrées et qui est susceptible de beaucoup d'améliorations.

Depuis longtemps en effet on a coutume de dire que les
seuls progrès à chercher dans la fabrication du sucre de
canne concernent la manipulation du vesou, alors que celle-
ci a profité de toutes les inventions faites en Europe pour le
sucre de betterave. On a dit que la mécanique et la chimie
devaient donner le dernier mot dans cette lutte de production,
sans songer que dans beaucoup de localités la culture de la
canne était pratiquée avec la même routine que par le passé
et sans aucun souci des plantations à venir.

Certes il y avait beaucoup de modifications à faire aux
anciens procédés d'extraction par trop primitifs et qui pourtant avaient servi de point de départ pour le traitement du
jus de betterave. La plante européenne fournissant un produit plus difficile exigea plus d'efforts de la part des inventeurs, et il advint que ces tentatives couronnées de succès
firent du sucre indigène un adversaire victorieux du sucre
de canne. Celui-ci, pour résister à la concurrence dut adopter les nouvelles méthodes de sorte qu'à l'heure actuelle les
sucreries coloniales ressemblent beaucoup à nos établissements européens.

Cette raison nous a fait reporter à la fin du présent volume, avant le chapitre traitant du raffinage, ce qui concerne
le sucre de canne.

CHAPITRE III

LE SUCRE INDIGÈNE

Historique. — Margraff. — Achard et les Anglais. — Le sucre en
France. — Râpage. — Expression de la pulpe. — Diffusion. —
Défécation. — Emploi du noir animal. — Concentration, cuite et
cristallisation. — Progrès de l'industrie sucrière en Allemagne.
Désucrage des mélasses. — Progrès à réaliser. — Un peu de sta-
tistique. — L'impôt sur les sucres.

Olivier de Serres qui eut le mérite d'être un agronome
distingué à une époque ou l'agriculture empruntait ses méthodes à la routine la plus profonde, avait établi une liste
des végétaux dans l'organisme desquels se rencontrait le
sucre.

Cette étude fut reprise par Margraff qui, vers 1747, publia
une notice sur les recherches faites par lui pour constater la
présence du sucre dans diverses racines et en particulier
dans la betterave. Ces études n'eurent aucun résultat pratique.

Achard, élève de Margraff, reprenant les travaux de son
maître produisit le premier, à l'aide de la betterave et par
un procédé praticable industriellement, une matière sucrée
semblable à celle qui provenait des cannes à sucre. Assisté
du roi de Prusse qui soutint l'inventeur à l'aide de ressour-
ces puisées dans sa propre cassette, Achard construisit la
première fabrique de sucre de betterave sur l'Oder, à Con-
nern près de Steinau.

D'autres usines se montèrent rapidement ; à Krain près Strehlen par le chevalier de Koppy ; à Althaldensleben en Bohème. De là l'industrie nouvelle s'étendit rapidem ent dans le reste de l'Allemagne, en France et en Russie. Les nouveaux fabricants avaient pour se diriger un traité d'Achard où n'était oubliée aucune des parties de la fabrication du sucre.

En Russie le czar fit présent de 50,000 roubles au général Blankennagel qui avait introduit la culture de la betterave et son traitement industriel dans le gouvernement de Toula au village d'Akabel ; quelques années plus tard un Ukase impérial délivrait de toute redevance les terrains consacrés à la culture de la betterave à sucre.

Créée depuis peu, l'industrie sucrière menaçait déjà de faire le plus grand tort au commerce du sucre de canne dont les Anglais avaient pour ainsi dire le monopole absolu Leurs colonies en produisaient des quantités prodigieuses et leurs vaisseaux le transportaient en Europe où il trouvait un écoulement assuré. Aussi dès la création des premières usines de sucre de betterave, ils offrirent à Achard, s'il faut en croire le prince Napoléon, la somme de 150,000 francs s'il voulait dès le début étouffer l'industrie naissante. Achard eut le patriotisme de ne tenir aucun compte de cette offre. Là ne se bornèrent point les tentatives de corruption des Anglais ; en 1802, ils firent savoir au même Achard qu'il recevrait 600,000 francs s'il consentait à publier un ouvrage dans lequel il déclarerait que le nouveau sucre ne répondait pas aux espérances que l'on avait tout d'abord fondées sur lui. heureusement ils rencontrèrent le même dédain. Las de s'adresser aux étrangers, les Anglais firent dénigrer le sucre indigène par leurs propres savants, et l'on trouve, dans un traité de chimie agricole publié par un de leurs plus grands chimistes, Humphry Davy, cette assertion que le nouveau sucre était trop amer pour la consommation.

Cependant, après les premiers efforts tentés en Allemagne pour l'établissement de l'industrie sucrière, il y eut une sorte de ralentissement sans doute pour des raisons politiques diverses. Mais ces mêmes raisons firent sa fortune dans un autre pays, en France. A cette époque la continuité des guerres avec l'Angleterre avait mis le sucre de canne hors de prix. Napoléon Ier dont le but était la ruine du commerce de l'Angleterre, était peu disposé à enrayer cet état de choses. Aussi dés qu'il apprit le succès des fabricants de sucre en Allemagne, s'empressa-t-il de favoriser de tout son pouvoir l'introduction en France de la nouvelle industrie.

Le 29 mars 1811, par son ordre 32,000 hectares de terrain furent livrés à la culture de la betterave et un million de francs distribué à titre d'encouragement. L'année suivante il décorait de sa propre main, dans une usine de Passy, Benjamin Delessert, en récompense de ses travaux.

Une pléiade de savants et d'industriels se mirent à l'œuvre, de nombreuses publications parurent : Delessert, Descotil, Chaptal, Dubrunfant, Bazy, Payen, Kuhlmann, Dombasle etc., les signaient.

En Allemagne, les guerres terminées, la fabrication du sucre reprit un nouvel essor et il convient de citer comme y ayant puissamment aidé : Schutzembach, Schatten, Robert de Seelowitz, Walkhoff, Scheibler, Jellinck, etc.

Nous allons aussi rapidement que possible, passer en revue les différentes phases que l'industrie du sucre a traversées avant d'atteindre le perfectionnement actuel.

L'extraction du jus s'est faite à l'origine avec des râpes à main mais qui promptement ont été remplacées par des appareils mécaniques de plus en plus perfectionnés. C'est ainsi qu'on a vu successivement apparaître les râpes de Burette, de Thierry, les pilons de Drapiez, la cardeuse de Pichon et Moyeux, les râpes de Schwabenhurn, de Dombasle, etc., aujourd'hui disparus pour céder la place aux râpes à sabot et à celles qui fonctionnent par la force centrifuge. On est également très loin des presses originairement en usage pour extraire le jus de la pulpe. Les presses les plus employées furent les presses hydrauliques qui disparaissent rapidement des sucreries par la raison que leur emploi était peu économique.

Actuellement les usines qui n'ont pas installé la diffusion possèdent deux systèmes de presses. Les unes dans lesquelles la pulpe est amenée par une toile entre deux cylindres lamineurs, les autres où la filtration s'opère sur la surface même des rouleaux ; ces deux sortes d'appareils fonctionnent sans arrêt et se nomment pour cette raison : presses continues.

Cependant quelles que soient la perfection et la puissance du mécanisme des presses continues, il est absolument impossible de retirer tout le suc des betteraves et d'obtenir un jus exempt de matières solides, de pulpe folle etc. Ces considérations ont fait tout le succès d'une méthode fort en honneur actuellement et dont la première idée doit être attribuée à Margraff ; nous voulons parler de la diffusion.

Les précurseurs du système de diffusion furent Mathieu de Dombasle qui en 1821 inventa la macération verte ; Pelletan avec son lévigateur ; Schutzenbach qui fit adopter dans plusieurs usines de l'Allemagne un système de lessivage méthodique de la pulpe de betterave ; enfin un industriel de Seelowitz en Moravie, Robert, imagina d'opérer le déplacement du sucre des tranches de betterave dans une série de cylindres fermés où l'eau de la première infusion va successivement en augmentant de densité jusqu'au dernier récipient où elle atteint la richesse du suc pur de la racine.

Le système d'imposition établi en Allemagne et certaines conditions économiques furent les principales causes de la fortune du procédé de diffusion dans ce pays. A son apparition l'industrie sucrière allemande était loin de l'état de développement actuel, beaucoup d'usines en formation comprenant les avantages de la diffusion s'empressèrent de l'adopter d'emblée, l'appareil de Robert fut transformé, aggrandi et devint rapidement le meilleur pour l'extraction économique du jus de betterave.

En France au contraire, la fabrication du sucre, très importante de bonne heure, n'a pas prospéré dans les mêmes proportions, les usines ne sont guère plus nombreuses, elles n'ont fait qu'augmenter leurs moyens de production. Les industriels travaillaient avec l'outillage des anciennes méthodes et se souciaient fort peu d'adopter un système dont quelques expériences semblaient infirmer les bons effets.

Ainsi pendant la campagne de 1850-1851 il s'est fabriqué en France 2,500 sacs de sucre et en Allemagne 970 ; en 1860-61 les usines françaises ont fait cristalliser 3,020 sacs et les fabriques allemandes, 2890 : un nombre presque égal. Le développement de l'industrie transrhénane a continué depuis sa marche ascendante : en 1878-79, l'Allemagne a fabriqué 400,000 tonnes de sucre et en 1883 près de 900,000. plus du double en cinq ans. Ces résultats ne sont-ils pas décisifs et en montrent-ils pas d'une manière évidente que nous nous sommes laissés distancer par nos voisins ?

Depuis quelques années les fabricants de notre pays semblent avoir compris le danger dont les menaçait ces surcroît de production allemande et quelques-uns se sont engagés dans une voie résolument progressive. Le procédé de diffusion n'était en 1876, installé que dans une seule usine française et il fonctionne aujourd'hui dans les 3/4 au moins.

Il serait injuste pourtant de dire que les seules améliorations importantes ont pris naissance en Allemagne ; car il en est une qui a rendu possible la création de grandes usines dans le but de diminuer les frais généraux : c'est le transport des jus par le procédé Linard qui fut inauguré en 1869.

Une des principales difficultés de la fabrication du sucre indigène fut certainement la purification du jus. Lorsqu'on tenta l'exploitation industrielle de la betterave on essaya naturellement d'employer les méthodes pratiquées par les planteurs pour la canne à sucre ; mais ont s'aperçut très vite que le jus de la betterave était loin d'être aussi commode à traiter et que, si dans les colonies, l'industrie sucrière consistait en somme à concentrer le vesou il n'en était pas de même en Europe. Le mieux était donc d'établir la composition chimique du jus de betterave et de bien chercher ensuite les moyens d'enlever à ce jus les matières qui l'altèrent. Pelouze est le premier chimiste qui ait résolu la question, il démontra qu'au moment de l'arrachage, la betterave réellement mûre ne contenait que le seul sucre de canne et que si l'on rencontrait du glucose, celui-ci, était dû à une altération de la matière première, altération provoquée par la présence de certains principes qu'il convenait d'éliminer aussi rapidement que possible. De là la nécessité d'une purification immédiate. C'est le but de la défécation.

De 1833 à 1838 Kuhlmann par des expériences concluantes montra l'action conservatrice de la chaux. En additionnant les jus d'une petite quantité de cet alcali, les substances étrangères au sucre sont éliminées en partie.

Un peu plus tard Rousseau se servit d'un excès de chaux qui en rendant insolubles les impuretés, forme un sucrate de chaux qu'il décomposait ensuite vers 90° par un courant d'acide carbonique. Ce fut le procédé de la carbonatation simple. Enfin Perier et Possoz en France, Frey et Jelleinck en Allemagne rendirent l'action de la chaux plus efficace en opérant à deux reprises, par un procédé en usage actuellement sous le nom de carbonatation double.

L'inconvénient de la défécation à la chaux est de produire des jus de plus en plus colorés à mesure que la quantité de glucose augmente ; or celui-ci se formant à la suite de l'arrachage, plus la campagne s'avance plus les jus déféqués sont noirs.

Pour décolorer les jus on se sert du noir animal. C'est Figuier de Montpellier qui en 1811 découvrit le pouvoir décolorant de cette matière ; mais c'est à Derosne que l'on doit d'avoir employé pour la première fois le noir animal en poudre, afin de décolorer les sirops de sucre. En 1828, Dumont construisit son filtre à noir en grains et eut l'honneur de prouver qu'il était possible de lui rendre son pouvoir décolorant perdu par l'usage. De cette époque date une ère nouvelle pour le sucre indigène. Les jus furent mieux purifiés et cela d'une façon plus économique ; car le noir animal ne se borne pas à la simple décoloration, il absorbe certains sels et donne lieu à plusieurs réactions chimiques dont le résultat est d'enlever une autre partie des impuretés. Le rôle du noir animal n'a été réellement expliqué que dans ces dernières années.

La concentration du jus purifié et décoloré s'est d'abord opérée dans des appareils à feu nu ; mais, outre la déperdition de chaleur à laquelle cette méthode donnait lieu, la haute température communiquée immédiatement à la solution de sucre transformait une partie de ce dernier en produits incapables de cristalliser. Le premier perfectionnement fut le chauffage et l'évaporation à la vapeur, et pour diminuer encore la dépense de combustible on fit le vide dans la chaudière ; de sorte que le point d'ébullition du sirop fut abaissé, tandis que la quantité d'eau évaporée s'éleva d'autant pour une même somme de chaleur. Enfin M. Rillieux, en Amérique, eut l'heureuse idée d'employer à l'évaporation d'une partie du sirop, la vapeur d'évaporation d'une autre partie moins concentrée. Son appareil qui se composait à l'origine de quatre chaudières fut transporté en Europe, légèrement modifié par la maison Cail, pour les sirops de betterave et adopté par les fabricants de sucre indigène sous le nom d'appareil à triple-effet. La cuite du sirop a suivi les progrès de la concentration; car la chaudière à cuire a beaucoup d'analogie avec les caisses du triple-effet.

Autrefois l'on opérait la séparation des cristaux du sirop d'égout au moyen des formes, puis vinrent les caisses de Schutzembach; mais aujourd'hui on ne se sert plus que des turbines où l'essorage et le clairçage s'exécutent très rapidement.

Malgré tous les efforts tentés pour obtenir des sirops purs, on n'est pas encore parvenu à enlever entièrement certains sels et quelques principes dont la présence entraîne la non cristallisation d'une proportion relativement élevée de sucre. Quand on a retiré d'une masse cuite tous les grains qui peuvent se former par simple concentration, il reste un produit brun qu'on a nommé mélasse et qui renferme toutes les matières étrangères. Autrefois la mélasse était livrée directement à la consommation des classes pauvres ou bien vendue aux distillateurs qui la transformaient en alcool. Restait des sels d'où l'on retirait particulièrement du carbonate de potasse. Dubrunfant essaya le premier de retirer le sucre des mélasses. Les deux méthodes dont il se servit sont entièrement opposées; l'une consiste à enlever les impuretés afin de diminuer la quantité des corps mélassigènes; par la seconde il engage le sucre dans une combinaison insoluble d'où il le retire facilement.

Sous l'influence de la législation allemande le fabricant de sucre a le plus grand intérêt à retirer tout le sucre possible de ses betteraves. En effet, l'impôt frappe directement la racine qui doit rendre officiellement une proportion déterminée de sucre cristallisé; les industriels allemands ont donc été les premiers à se servir des découvertes de Dubrunfant; sans inventer de nouvelles méthodes ils ont perfectionné celles de cet inventeur. C'est ainsi que parurent, il y a peu d'années, des procédés d'élusion de Scheibler, de

substitution et de précipitation de Steffen, que nous décrirons au chapitre du traitement des mélasses.

L'osmose est employée particulièrement en Belgique et
en France; mais c'est un procédé appelé à disparaître
devant les divers systèmes de désucrage, en vertu de son
principe même qui le rend incapable d'extraire tout le
sucre des mélasses.

Tel est l'historique de l'industrie sucrière indigène. On
peut dire qu'elle s'est tenue à hauteur des progrès de notre
siècle. Presque dès son apparition elle a pris à sa remorque
sa devancière des pays chauds. Est-ce à dire qu'il ne reste
plus rien à faire! que dès aujourd'hui elle a parcouru tout
le cycle des progrès possibles! non en vérité. Il est vrai
que mécaniquement parlant il n'est guère probable que
l'on construise des appareils plus ingénieux que ceux qui
fonctionnent actuellement et les efforts des fabricants doivent
plutôt tendre à une surveillance rigoureuse et à une direction intelligente.

M. Pellet a dressé un tableau où il indique le mode de
répartition de sucre dans le travail de la betterave par diffusion.

Pour 100 grammes de sucre existant dans la betterave,
on a :

	Par un travail mal conduit.	Par un travail bien conduit.
Sucre cristallisé (1e, 2e et 3e jet)...	69	77
Pertes (a) dans la pulpe.........	5,5	3
— (b) dans les petites eaux...	2	1
— (c) dans les écumes......	4,5	2
-- (d) dans le noir animal....	1	0
— (e) pertes diverses (minim.).	2,5	1
Sucre resté dans les mélasses....	15,5	16

On voit que le sucre obtenu en plus à la cristallisation
dans les fabriques bien dirigées provient uniquement des
économies réalisées sur les pertes.

Mais si les appareils des sucreries sont peu susceptibles de perfectionnements bien considérables, il n'en est pas de même au point de vue chimique, il restait encore il y a quelques années beaucoup à faire dans cette voie et les progrès accomplis dans ce sens, sous l'influence de la loi du 29 juillet 1884, indiquent ce que peuvent obtenir des efforts bien dirigés. En 1882 la moyenne des racines contenait 9 0 0 de sucre et fournissait 5,5 à 6 kilogrammes de sucre par 100 kilogrammes de betteraves. A la même époque l'Allemagne avait des racines d'une richesse de 11 à 12 0/0 de sucre et d'un rendement de 9 à 10 kilogrammes de sucre par 100 kilogrammes. Certaines usines obtenaient plus de 10 0,0 en tous jets, celles surtout qui avaient installé les nouveaux procédés de désucrage des mélasses.

Depuis que l'impôt frappe les betteraves en France, la production de notre pays a constamment suivi une marche ascendante.

Tableau indiquant le rendement officiel en sucre raffiné pour 100 kilogrammes de betteraves.

Campagne 1884-85	7^k 27
— 1885-86	8 12
— 1886-87	8 87
— 1887-88	9 50

Ce résultat est dû à l'amélioration de la betterave cultivée. Le fabricant ayant tout intérêt à traiter des racines riches, fournit lui-même les graines aux cultivateurs et les met en demeure d'employer une méthode rationnelle de culture. Il achète les betteraves à la densité, c'est-à-dire que l'on convient de donner un certain prix pour le quintal de racines dont le jus marque 7° Baumé, et chaque dixième de degré au-dessus se paye 0 fr. 20, 0 fr. 30, 0 fr. 50 et même 1 franc plus cher ; de cette façon les betteraves riches font prime et le cultivateur est sûr de les écouler rapidement.

Le rendement par hectare diminue un peu il est vrai et descend de 35.000 à 31 ou même 30.000 kilogrammes ; mais c'est là un petit inconvénient.

Un deuxième desideratum de la fabrication indigène est d'assurer une bonne conservation de la betterave. Nos lecteurs verront bientôt que la betterave est arrachée à une époque où elle marque la plus grande richesse saccharine : à ce moment une certaine partie des racines est traitée immédiatement, l'autre est ensilotée pour être employée au fur et à mesure des besoins de la fabrication. Or il arrive que suivant la manière dont l'ensilotage a été opéré la fin de la campagne est marquée par des jus pauvres ou riches en glucose. Une conservation défectueuse est aussi funeste à l'extraction du sucre que l'emploi de mauvaises racines. C'est donc un problème essentiel de conserver les betteraves sans altération, du moins dans la mesure du possible. Les silos en usage dans les sucreries constituent un des meilleurs procédés sans atteindre complètement le but.

La composition chimique du suc de la betterave et mieux encore les conditions de la vie végétative sont des preuves évidentes que le jus ne sera jamais autre chose qu'une solution plus ou moins impure de saccharose. Les lois de la cristallisation indiquent d'ailleurs que le sucre s'isolera d'autant mieux que les impuretés seront moins abondantes. Il convient de les éliminer ou tout au moins d'en faire disparaître une grande partie. Actuellement on les traite par des réactifs qui les rendent insolubles (défécation), mais on pourrait fort bien opérer comme pour les mélasses par la méthode du désucrage. On cite le procédé de Steffen par précipitation comme pouvant être appliqué directement au traitement des jus frais.

Le désucrage des mélasses tel qu'il est pratiqué dans les usines allemandes et dans quelques sucreries françaises est lui-même un progrès très intéressant de l'industrie moderne, étant donné qu'il permet l'extraction de la plus grande partie du sucre de betterave; mais le véritable problème à résoudre consiste dans la suppression des mélasses elles-mêmes. Quelques tentatives sont faites actuellement dans ce sens et il est probable que dans un avenir plus ou moins éloigné le succès aura couronné les efforts des chercheurs.

Les sucreries ne travaillent que pendant la campagne, c'est-à-dire à peine quatre mois, pendant le reste de l'année, le matériel chôme et le personnel doit être renvoyé. Cet état de choses constitue une anomalie d'autant plus choquante que le sucre fabriqué n'est pas encore un produit commercial et doit être raffiné. Or dans les raffineries il y subit un traitement qui a beaucoup de rapports avec la fabrication elle-même et il suffirait d'introduire quelques changements dans les conditions économiques pour obtenir ce que l'on appelle le raffinage en fabrique, c'est le but vers lequel doivent tendre tous les fabricants soucieux de l'industrie sucrière.

Il existe en France cinq cent vingt-sept sucreries de betteraves, mais toutes ne travaillent pas chaque année. Le nombre de celles qui fonctionnent diminue même depuis quelque temps, bien que la production du sucre augmente à chaque campagne. Ceci résulte de la création des grandes usines centrales, les frais généraux y étant moins élevés, les méthodes employées plus au niveau des découvertes modernes, la lutte devient difficile pour les petits industriels. Pendant la campagne 1873-74 les 527 fabriques ont travaillé, puis

Campagne	1877-78	. . . .	501	usines.
—	1882-83	. . . .	493	—
—	1883-84	. . . .	482	—
—	1886-87	. . . .	391	—
—	1887-88	. . . .	375	—

On a constaté que le nombre des usines qui disparaissaient était bien plus élevé pour celles qui fonctionnaient avec le vieil outillage que pour les autres; c'est l'effet de la crise sucrière et de l'avilissement du prix de vente; du reste le nouveau régime fiscal favorisant les forts rendements, les seuls fabricants qui les obtiennent font des bénéfices.

Pendant la campagne 1885-86 les presses hydrauliques fonctionnaient encore dans 106 usines et les presses continues dans 138, tandis que la diffusion était installée déjà dans 169 établissements différents. En 1886-87 on voit 53 usines seulement avec des presses hydrauliques, 120 avec des presses continues et 218 possédant des diffuseurs.

Le procédé de l'osmose semble être en grande faveur en France, cela tient exclusivement à la franchise que la loi de 1884 accorde aux excédents; c'est d'ailleurs le procédé le plus économique de traitement des mélasses, quant à présent.

En 1885-86 il y a 921 osmogènes tandis que l'année suivante il en a été constaté 1884.

On croirait peut-être que les sucreries évaporent toutes leurs jus à basse pression, il n'en est rien. Il y a deux ans 33 sucreries employaient exclusivement les appareils à air libre pour la concentration; l'année dernière ce chiffre est descendu à 24.

Les 391 usines qui ont travaillé en 1886-87 sont réparties de la façon suivante :

Aisne	80
Ardennes	9
Nord	102
Oise	35
Pas-de-Calais	54
Seine-et-Marne	12
Seine-et-Oise	8
Somme	63
Autres départements	28

Pendant la période de défécation il y a eu 39.923 hommes d'employés dans ces fabriques, 4.921 femmes et 4.079 enfants. La moyenne des journées gagnéespar ces ouvriers a été de :

3f.52 pour les hommes.
1 92 -- femmes.
1 71 — enfants.

Voici en chiffres arrondis, la production totale du sucre de betterave pendant une de ces dernières années :

Allemagne.

Betteraves récoltées.	Sucre raffiné.
8.300.000 tonnes.	880.000 tonnes.

France.

Betteraves récoltées.	Sucre raffiné.
4.900.000 tonnes.	440.000 tonnes.

Autriche.

Betteraves récoltées.	Sucre raffiné.
4.700.000 tonnes.	415.000 tonnes.

Russie . . . . . . 200.000 --
Belgique . . . . . 150.000 —
Hollande . . . .
Suède . . . . . .
Italie . . . . . . 200.000 —
Angleterre . . . .
Amérique . . . .

Régimes des sucres. — On désigne sous le nom de régime des sucres, les lois, décrets et ordonnances en vertu desquels se perçoivent les droits sur ces matières. Ces régimes sont très importants à connaître si nous considérons leur influence sur le marché de l'industrie sucrière.

Nous ne parlerons que des trois principales puissances productrices.

France. — Le sucre indigène fut imposé d'abord d'un droit de 10 francs par 100 kilogrammes. Cette somme fut portée à 16 francs en 1836, puis à 25 francs en 1840. En 1847 on le frappa de la même taxe que le sucre colonial. Plus tard en 1852, sa production ayant beaucoup augmenté il eut à supporter un droit de 54 francs qui redescendit rapidement à 30 francs. Enfin, après un certain nombre de remaniements qui avaient élevé la taxe jusqu'à 70 fr. 50 pour les sucres raffinés et en présence des avantages considérables qu'offrait la législation allemande on vota la loi du 29 juillet 1884 qui fait peser l'impôt sur le poids de la betterave mise en œuvre. En vertu de cette loi les sucres sont imposés de la façon suivante :

Sucres bruts, raffinés, etc. .	50 f.	par 100 kilg. raffinés.
Sucre candi	53 50	—
Glucoses	10	
Mélasses d'une richesse supérieure à 50 0/0	32	—
Mélasses d'une richesse inférieure à 50 0/0	15	—
Sucre pour vinage	20	—

A l'entrée de chaque usine et dans une salle spéciale qui communique avec l'atelier de râpage ou de diffusion, lequel n'a pas d'autre issue, se trouve une bascule dont la flèche indicatrice est directement sous les yeux d'un préposé des contributions indirectes. Les betteraves, convenablement nettoyées, sont pesées et portées au râpage. La totalisation des poids constatés à chaque opération constitue la prise en charge de l'usine. Cette prise en charge porte non sur les betteraves, mais sur le sucre qu'elles produiront, et la loi du 29 juillet 1884 fixe ce rendement à 6 %, pour les usines qui emploient les diffuseurs, et à 5 %, pour celles qui fonctionnent avec les presses. Si par une bonne méthode de culture et par un ordonnancement parfait de toutes les parties de la fabrication, l'industriel dépasse ce rendement officiel, l'excédant produit constitue une sorte de prime. Ainsi, pour la campagne 1886-87, la valeur des impositions dont auraient été frappés les excédants, si la taxe avait été perçue sur le rendement réel, s'est élevée à 92,077,278 fr. !

Il ne faudrait cependant pas supposer que cette somme soit entièrement un bénéfice pour le fabricant : une partie importante a été employée pour l'amélioration de la graine et le perfectionnement de l'outillage et, d'autre part, pour l'abaissement du prix de vente.

Toutefois, le Trésor vit dans cet état de choses une nouvelle source de revenu et, à partir du 1er septembre 1887, le rendement légal par 100 kilog. de betteraves mises en œuvre dans les fabriques de sucre fut fixé ainsi qu'il suit :

    Camp. 1887-88   7 k.   en sucre raffiné.
      —   1888-89   7 k. 25   —
      —   1889-90   7 k. 50   —
      —   1890-91   7 k. 75   —

Les lois du 29 juillet 1884 et du 4 juillet 1887 contiennent diverses dispositions transitoires qu'il est inutile de rapporter ici.

Allemagne. — L'Allemagne fait partie de trois puissances (Allemagne, Autriche et Belgique), dont le régime des sucres contient une clause offrant une prime à l'exportation.

D'après une nouvelle loi votée par le Reichstag, les droits de douane perçus sur les sucres importés sont fixés, à partir du 1er août 1888, comme ci-après :

    1° Sirops et mélasses . . . . 18 fr. 50 (15 marks);
    2° Autres sucres de toute nature. 37 fr. »   —

Pour les sucres indigènes, les impositions sont perçues de la façon suivante :

1° Une taxe de fabrication de 1 fr. par 100 kilog. de betteraves mises en œuvre ;

2° Une taxe de consommation sur le sucre livré à la consommation indigène, à raison de 14 fr. 80 par 100 kilog. de sucre.

Enfin, il est restitué par 100 kilog. de sucre exporté, ou placé dans des entrepôts publics ou privés, fermés par des serrures, dont l'administration a les clefs, la somme de 10 fr. 50 ou de 13 fr. 15 suivant la richesse au polarimètre.

On voit d'après cette loi qu'un fabricant exportant beaucoup de sucre peut rentrer en possession de la somme qu'il débourse pour les droits de fabrication et de consommation, car, d'après les constatations officielles, la taxe de fabrication revient à 8 fr. 40 (6 marks 80 pf) pour 100 kilog. de sucre brut et la prime pour l'exportation est de 10 fr. 50.

Il peut même se faire que l'État reçoive en résumé une somme insignifiante, c'est ce qui s'est produit en Belgique.

Autriche. — Le sucre de betterave fut imposé pour la première fois en Autriche en 1849, et soumis à une taxe de 1 florin 40 kreutzers (3 fr. 46) par 100 kilog. de sucre fabriqué.

En 1850 on cessa de frapper directement les sucres, et la betterave seule fut atteinte ; mais comme la loi permettait de présumer le poids de la matière imposable d'après la capacité des appareils de fabrication, l'impôt produisit toujours peu. Lorsqu'on releva le taux, l'industrie recourut aux perfectionnements et elle réussit parfois à se faire rembourser par le Trésor plus qu'elle n'y versait [1].

---

1. Bulletin du Ministère des Finances, année 1887.

La loi du 25 octobre 1865 établit le système de l'abonnement et fixa la taxe à 1 fr. 80 par 100 kilog. de betteraves. En 1875, le système de diffusion étant à peu près seul en usage en Autriche, on fixa la quantité de betteraves mises en œuvre journellement à 222 kilog. par hectolitre de capacité. Cinq ans plus tard, l'impôt fut relevé de 1 fr. 80 à 2 fr. par 100 kilog. de betteraves fraîches, et la quantité de racines par hectolitre fut portée à 46 kilog. pour chaque mise en cuve.

Les fabricants s'ingénièrent à employer des appareils permettant le tassement des cossettes; c'est ainsi que le diffuseur Tischnowitzer économise, rien que par sa forme, 20 °/₀ de l'impôt aux contribuables.

Un projet de loi déposé par le gouvernement autrichien établit l'impôt sur le sucre de la façon suivante :

Toute espèce de sucre extrait de matières brutes ou de résidus de fabrication, est soumis à un impôt de consommation fixé à 27 fr. par 100 kilog. pour le sucre de betterave et les sucres de toutes sortes bruts. De plus, afin de favoriser l'industrie nationale et la culture de la betterave, une prime à l'exportation est accordée à raison de 3 fr. 70 à 5 fr. 70 suivant la richesse saccharine.

Au moment où nous mettons sous presse, les plénipotentiaires des puissances intéressées, réunis à Londres, recherchent dans une conférence les moyens d'établir un régime international des sucres.

CHAPITRE IV

LA BETTERAVE

Caractères de la betterave. — Variétés. — Composition anatomique.
— Formation du sucre dans la souche. — Influence des saisons. —
Du sol. — Des engrais. — Choix de la graine. — Ensemen-
cement. — Culture. — Récolte.

Caractères. — La betterave est une plante qui appartient
à la famille des Chenopodées; quelques botanistes la consi-
dèrent comme descendant directement de la bette maritime
qui croît spontanément sur les bords de l'Océan et de la
Méditerranée; d'autres la font dériver d'un croisement de la
betterave commune fourragère avec la bette carde ou poirée.
Quoiqu'il en soit, la betterave est une de nos plantes les
plus importantes au point de vue agricole et industriel. Sa
racine fusiforme, charnue, extrèmement volumineuse est
rouge, rosée, blanche ou jaunâtre, les feuilles et les tiges
possèdent souvent une teinte rouge.

Cultivée, la betterave à sucre n'a pas tardé à subir de
profondes améliorations, tant au point de vue de la richesse
en matière sucrée, qu'à celui de la forme, qui n'est pas sans
considération, comme nous le verrons plus loin. Il en est
résulté un certain nombre de variétés dont la meilleure
semble être la betterave de Silésie acclimatée en France.
Cette betterave a produit deux espèces : la betterave à collet
rose et celle à collet vert. Cette dernière est très sucrée,

possède une belle forme, a une chair ferme, se dessèche moins rapidement que la betterave à collet rose et, par conséquent, se conserve mieux ; celle-ci, quoique moins sucrée, est cultivée dans la Picardie, on lui reproche de dégénérer assez rapidement.

En Allemagne, il existe plusieurs races de betteraves : l'impériale est très riche en sucre, mais son rendement est si faible qu'elle est rarement cultivée ; l'électorale possède les mêmes défauts, mais à un degré moindre.

MM. Vilmorin ont tenté d'améliorer la betterave de Silésie et sont parvenus à produire une racine très riche en sucre, mais qui a le défaut de produire un type racineux et irrégulier.

D'après M. Corenwinder, une bonne betterave à sucre doit présenter les caractères suivants : « La racine allongée, pivotante, doit présenter un seul axe d'accroissement ; la partie supérieure arrondie en forme de poire, possède un collet petit, central, donnant naissance à un bouquet de feuilles peu volumineux. Les sujets qui ont l'épiderme gris fauve, avec une légère teinte rosée au collet, sont préférables : on doit rejeter les betteraves d'un grand diamètre à la naissance des feuiles, elles sont presque toujours creuses, pauvres et se conservent mal ».

La betterave est une plante bisannuelle, c'est-à-dire exigeant deux années pour accomplir le cycle complet de sa végétation : la première année est employée pour former dans la souche un approvisionnement de substances qui, dans la deuxième, servent à la formation de la graine.

Lorsqu'on pratique dans une betterave une section perpendiculaire à l'axe, on trouve qu'elle est composée d'un grand nombre de couches concentriques, constituées alternativement par du tissu cellulaire et du tissu vasculaire, ces couches sont translucides ; le tissu vasculaire se reconnaît facilement en ce qu'il apparait opaque quand on interpose, entre un rayon lumineux et l'œil une tranche mince de la section.

Ces couches sont d'épaisseur variable, les plus grosses renfermant généralement moins de sucre, elles sont en rapport avec les différents cercles de feuilles qui couronnent la tête.

Les cellules sont formées avec de la cellulose, elles sont très nombreuses et on peut se rendre compte de la ténuité de leurs parois si l'on considère qu'elles ne pèsent que 3 à 5 pour cent du poids de la betterave.

Tous ceux qui se sont occupés de la richesse saccharine de la betterave, ont remarqué que la proportion du sucre contenu dans la souche allait en augmentant du collet à l'extrémité de la racine, et que le contraire avait lieu pour les substances minérales qui sont tirées du sol, ces substances sont de beaucoup plus abondantes vers la tête que dans le reste de la racine; ce sont particulièrement des sels potassiques. On peut apercevoir, au microscope, quelques cellules contenant des groupements de cristaux d'oxalate de chaux. Ce fait a son importance en ce qu'il explique l'usage général qu'ont les fabricants de sucre de séparer le collet de la betterave avant d'en extraire le jus; les collets détachés servent à la nourriture du bétail.

Pelouze est le premier chimiste qui, dans ses recherches, ait démontré que la matière sucrée contenue dans la betterave en cours de végétation était uniquement du sucre cristallisable; le sucre interverti, dont la présence est constatée dans les jus, particulièrement dans ceux qui proviennent des betteraves ensilotées, ne s'est formé qu'à la suite de l'action des ferments contenus dans la betterave arrachée et conservée.

Saccharogénie. — Les agronomes et les physiologistes ont longtemps discuté sur le mode de formation du sucre:

quelques-uns supposaient que le carbone nécessaire à cette
matière était tiré directement du sol au moyen des engrais
organiques; d'autres, avec plus de raison, attribuaient la
fixation du carbone au jeu naturel de la vie des plantes, à
l'action que la lumière solaire exerce sur la chlorophylle ou
matière verte des feuilles; MM. Corenwinder et Violette, et
plus particulièrement M. A. Girard, se sont occupés de
cette importante question.

Comme dans tous les végétaux, la feuille de betterave est
le laboratoire où s'élaborent la plupart des principes organiques dont ils sont pourvus, c'est dans la feuille que sont
placés ces grains de chlorophylle qui la colorent en vert et
qui ont pour fonction l'assimilation du carbone répandu
dans l'atmosphère sous forme d'acide carbonique. On peut
voir au microscope certains de ces grains bien formés contenir des noyaux amylacés qui s'y produisent par l'effet des
rayons lumineux et qui, à un moment donné, la nuit, subissent une solubilisation les transportant en d'autres organes.
Il est impossible de déclarer, *a priori*, que dans le cas de
la betterave le résultat final de cette solubilisation est du
sucre de canne, mais il est permis de le supposer, et
les travaux des savants nommés plus haut confirment cette
hypothèse.

Le 21 septembre, M. Corenwinder fit enlever les feuilles
à une ligne de betteraves, le même jour il fit analyser les
betteraves d'une ligne voisine; enfin, le 10 novembre, la
même opération se fit pour les betteraves effeuillées; tels
sont les résultats :

	21 Septembre	10 Novembre
Densité du jus. . . .	1,052	1,036
Sucre dans 100^{cc}. . .	11^{gr},31	6^{gr},74

On le voit, les betteraves analysées le 10 novembre ont
perdu plus de 40 0/0 du sucre qu'elles contenaient en septembre.

M. A. Girard, dans les conclusions d'un travail sur la saccharogénie, c'est-à-dire sur la formation du sucre dans certains végétaux et sur son accumulation en particulier dans la souche des betteraves, s'exprime ainsi :

« La proportion de la saccharose varie dans les limbes du double ou simple et même moins, du soir au matin. Les quantités de saccharose trouvées se montrent dépendantes intimement de la quantité de lumière que la plante a récemment reçue. Si la journée a été lumineuse, ces quantités sont considérables à la fin du jour, quelquefois elles atteignent 1 0/0 : si la journée a été sombre elles sont moindres. Toujours la plus grande partie de la saccharose formée dans le jour, disparaît pendant la nuit ; le plus souvent, la disparition est de moitié : quelquefois elle est plus marquée encore.

« ... Formée directement dans les limbes, sous l'influence de la lumière, la saccharose est ensuite, à travers les pétioles, transportée à la souche, où elle s'emmagasine peu à peu. Et comme d'ailleurs avec l'âge le bouquet de feuilles augmente de poids en conservant sensiblement la même teneur en matières minérales, il semble qu'à travers les tissus de la plante s'accomplit constamment un double mouvement osmotique en sens opposé, d'où il résulte l'apport à la feuille de matières minérales empruntées au sol, l'apport à la souche de saccharose développée dans la feuille sous l'influence de la lumière [1].»

D'après M. Violette c'est un fait parfaitement établi expérimentalement et pratiquement que plus la betterave possède un collet large, plus ce collet est garni de feuilles régulièrement espacées, plus la betterave est riche ; le contraire a lieu quand le nombre des feuilles est moins grand.

M. Girard a également combattu dans son étude l'opi-

1. Dictionnaire de chimie de Wurtz. Sucre. Supplément.

nion généralement répandue en vertu de laquelle le sucre déjà formé et emmagasiné dans la souche de betterave y disparaîtrait sous l'action de certaines influences; il y subsiste au contraire, quelles que soient les conditions de la végétation. On ne voit pas, par exemple, la quantité de saccharose diminuer à la suite des pluies pour servir à la production de feuilles nouvelles; quand cette formation a lieu il disparaît du sucre cristallisable de la souche dans une mesure insignifiante, juste assez pour former les premières cellules chlorophylliennes qui n'ont plus alors besoin des manières organiques logées dans la souche. Celle-ci grossit toutefois, non au dépens de la matière sucrée, mais par absorption d'eau.

Ceci montre l'influence des saisons sur la production de la saccharose et l'on comprendra facilement l'action du temps sur la qualité des betteraves. Walkoff se souvient avoir vu des années où des contrées entières souffraient de la pauvreté des betteraves, contrées, où quelques années auparavant avec des procédés de culture et des soins semblables, les mêmes plans avaient fourni avec abondance un jus riche et d'un travail facile.

Pendant les saisons pluvieuses le sol s'humecte et occasionne la dilution du suc contenu dans les souches de betteraves par l'effet de l'absorption. Cette dilution peut atteindre 1° Baumé. De plus, il pénètre une plus grande quantité de sels minéraux dans le corps de la racine, sels qui étaient contenus dans le sol et que l'humidité de celui-ci a rendu plus aisément assimilables. Ces sels ont une influence majeure dans la fabrication du sucre car ils occasionnent une production surélevée de mélasse.

D'après ces détails au sujet de l'influence de l'état météorologique de l'atmosphère sur la betterave à sucre, c'est chose facile à comprendre que la nature du sol ainsi que sa constitution physique sont des facteurs non négligeables et qui interviennent dans une mesure importante sur le rendement du jus. Le rôle du sol ne consiste pas uniquement à offrir un appui aux plantes et à leur permettre d'enfoncer leurs racines comme moyen de résistance, mais il est en outre destiné à fournir aux végétaux les éléments inorganiques qui concourent à leur constitution ; il doit présenter une composition telle que ces éléments utiles soient facilement assimilables, non du même coup mais au fur et à mesure des besoins de la plante. Tous les sols ne conviennent pas sous le même climat à un seul végétal ; il s'agit de trouver les propriétés qu'ils doivent posséder quand ils sont destinés à une culture particulière.

Choix du sol. — Ce problème est singulièrement difficile quand il s'agit de la betterave ; en effet, lorsqu'on cultive cette plante au point de vue industriel, le résultat à obtenir est bien différent de celui que serait tenté de produire le cultivateur de la betterave, c'est-à-dire des racines volumineuses. Ainsi dans la culture des betteraves fourragères on s'inquiète peu de la présence d'une proportion exagérée de sels minéraux et de la pauvreté du sucre, on ne visera que la grosseur du produit et le meilleur moyen d'arriver à ce but sera de favoriser la végétation par des engrais actifs et de fréquents arrosages.

Au contraire, l'agriculteur qui veut produire une bonne betterave à sucre doit suivre une méthode spéciale ; il doit avoir présent à l'esprit qu'il est obligatoire de diminuer autant que possible la proportion de sels minéraux qui souilleraient plus tard le jus, par conséquent qu'il doit apporter un soin judicieux dans le choix et l'entretien du sol servant à la culture. Combiner ses assolements de telle façon que les éléments fertilisants les plus nuisibles au rendement de la betterave, comme l'excès d'azote, disparaissent par d'autres cultures. Son intérêt ne réside pas dans la suppression de ces éléments, car il dépasserait le but; il doit avoir en vue de prendre un juste milieu entre le manque de substances fertilisantes azotées, qui aurait pour résultat une dégénérescence et l'excès de ces mêmes matières qui produirait un jus difficile à traiter.

Malgré de nombreuses analyses et des recherches patientes il est à peu près impossible actuellement de donner des indications exactes sur la qualité des betteraves que doit produire un sol donné; en cette occurence il est mieux d'avoir recours à la méthode expérimentale.

M. Leplay qui a fait des recherches dans cette voie a trouvé qu'un sol argileux fournissait au 1er octobre des betteraves dont le jus contenait 114 grammes de sucre par litre.

<pre>
Un terrain sablonneux. . . . . 114 grammes.
      ---   calcaire   117   --
      ---   arg. sabl.   104   ---
</pre>

Toutefois on peut juger des qualités générales que doit posséder un sol destiné à la culture des betteraves; il faut le choisir bien exposé, peu humide, l'analyse devra y trouver une notable proportion de chaux, peu de nitrates et point de chlorures.

La méthode des assolements est pratiquée avec succès dans la culture de la betterave. On ne peut certainement poser de règles à ce sujet; mais c'est une chose bien connue des cultivateurs que la seconde récolte des betteraves dans un sol qui a reçu des engrais actifs est supérieure au point de vue du traitement industriel à celle qui suit immédiatement la fumure. Il conviendra donc après une addition d'engrais de cultiver des légumineuses, plantes qui, plus que d'autres sont susceptibles d'enlever les éléments azotés ou nuisibles par leur excès au bon rendement des betteraves à sucre.

Engrais. — Comme toutes les plantes soumises à une exploitation rationnelle, mais à un degré plus élevé pour certains éléments du sol, la betterave est une plante épuisante ; c'est-à-dire que chaque récolte supprime du sol une proportion assez forte de sels minéraux dont les principaux sont à base de potasse. Il est donc nécessaire de rendre au terrain les éléments enlevés pour lui restituer sa fertilité première ; tel est le rôle des engrais.

La nature des engrais varie évidemment avec la composition de la terre arable et l'objet de la culture, il est bien certain que l'on n'emploiera pas les mêmes matières pour les légumineuses et pour les céréales. Avant donc de procéder à la fumure d'un champ il convient de connaître sa composition chimique et de pratiquer des expériences comparatives ; on ne saura réellement la valeur d'un engrais qu'à ces conditions et après plusieurs essais consécutifs.

On a remarqué que les engrais agissaient plus fortement sur le système extérieur des plantes que sur les racines ; or, dans la betterave c'est celle-ci qui est l'objet de la récolte, c'est donc chose aisée à concevoir que les engrais n'agiront en grande partie sur le rendement des betteraves qu'en augmentant l'activité d'assimilation des cellules chlorophylliennes. Il s'agit donc de trouver un engrais n'exerçant pas d'action nuisible sur les racines.

Les engrais fortement azotés ont une influence des plus marquées, la végétation devient plus active, le rendement plus considérable ; malheureusement, à côté de ces avantages réside un grave inconvénient ; à une augmentation d'azote correspond une proportion plus grande des principes auxquels sont dues l'inversion du sucre et les difficultés de la défécation.

Ces circonstances font que l'on n'emploie les engrais azotés qu'avec modération, il vaut mieux avoir un jus pur que plus de sucre dans un jus donnant beaucoup de mélasse.

M. Pellet a fait des études comparatives basées sur le rapport entre les principes fertilisants et le sucre contenu dans le jus de la betterave, il a trouvé que les engrais minéraux doivent être rangés dans l'ordre suivant :

1° Acide phosphorique;
2° Magnésie;
3° Chaux;
4° Potasse et soude;
5° Ammoniaque.

L'analyse du sol doit indiquer une richesse en acide phosphorique de 40 kilogrammes par hectare, sinon il est nécessaire d'en ajouter sous forme de phosphates fossiles ou de noir des raffineries.

Pour entretenir la potasse enlevée par chaque récolte on a coutume de répandre sur le sol les défécations des sucreries, qui ont de plus l'avantage d'élever la quantité de chaux qui selon M. Leplay exerce l'influence la plus heureuse sur le rendement : la chaux n'est point à proprement parler un engrais, mais elle a des effets très utiles, elle facilite la décomposition des substances organiques et de quelques matières minérales peu solubles contenues dans le sol, aidant à leur solubilisation et à l'assimilation de leurs éléments pour la nourriture des végétaux.

Choix de la graine. — Quand, après une expérience de plusieurs années, on a reconnu quelle était la race de betterave dont la culture, dans des conditions données, produisait les meilleurs résultats, il convient de conserver à cette variété ses avantages et même d'y produire des améliorations. A ce point de vue, le choix des porte-graines a une influence que personne n'a songé jusqu'à présent à mettre en doute. Il existe dans certaines parties du nord de la France des exploitations entièrement consacrées à la production de la graine, c'est une branche très importante de la culture des betteraves.

M. Vilmorin, qui est le créateur de cette industrie agricole, employait à l'origine un moyen tout à fait mécanique pour reconnaître les betteraves riches en sucre de celles qui l'étaient moins. Les souches des betteraves les plus sucrées sont d'une densité inférieure aux autres, il préparait donc une solution plus ou moins chargée de sel et y plongeait les racines; il arrivait que les unes tombaient au fond, tandis que d'autres restaient à la surface ou se maintenaient au milieu du bain : les plus lourdes étaient réservées pour la reproduction.

Par ce moyen assez rudimentaire de sélection, M. Vilmorin est parvenu à obtenir une betterave contenant de 14 à 17 %, de sucre[1].

Dans le département du Nord on cultive plus de 1,000 hectares pour la production de la graine. Chez M. Olivier Lecq, à Templeuve, et chez M. Despretz, on a organisé un système de dosage fondé sur la réaction de la liqueur de Fehling sur le sucre interverti. Chez M. Lecq, des dispositions mécaniques particulières, des mouvements d'horlogerie, permettent d'exécuter jusqu'à 2,500 dosages par jour.

Quand l'aspect des feuilles de betteraves, par des indications bien connues des praticiens et variables d'une contrée à l'autre, montre qu'un plant est propre à la reproduction, on enlève la souche qu'on soumet à l'opération suivante : à l'aide d'un emporte-pièce on prélève au-dessous du collet un cylindre pesant cinq ou six grammes. Le trou fait à la betterave est immédiatement bouché au moyen d'un tampon en bois portant un numéro. Le cylindre de betterave est coupé en fines lamelles, dont on pèse exactement cinq grammes, qui sont mis à bouillir dans un ballon avec dix centimètres

---

1. *Traité de chimie analytique*, par Péligot, p. 435.

cubes d'acide sulfurique dilué au dixième, ce matras est gradué et porte le même numéro que la fiche. On y dose ce sucre interverti par le réactif cupropotassique ainsi qu'il est dit au chapitre suivant de la saccharimétrie. Les betteraves les plus riches sont mises à part, et recouvertes de terre jusqu'en avril; à cette époque on les replante dans un terrain bien exposé, ameubli d'une façon convenable et dans lequel on a mis des engrais phosphatés qui ont l'avantage de favoriser la montée en graines.

M. Huot a perfectionné, par une semblable méthode de sélection, la variété dite du Brabant.

MM. Fouquier d'Herouel et Lhote opèrent l'analyse des échantillons de la même manière, les différentes manipulations du dosage sont confiées à plusieurs personnes, mais chacune fait toujours la même opération, ou sonde, ou pèse, intervertit, filtre, dose et enregistre.

Dans le choix des porte-graines on ne doit pas tenir compte uniquement de la richesse du sucre, il est une considération qu'il est bon de faire entrer en ligne de compte, c'est la forme de la souche.

Il est presque indispensable d'avoir une racine régulière, non pas qu'elle soit plus riche que les betteraves racineuses; mais dans l'arrachage de celles-ci, il se produit des pertes inévitables dues aux racines adventives qui n'ont pu être retirées du sol; en outre, le lavage se fait dans de mauvaises conditions et les matières terreuses que ce lavage imparfait n'a pu faire disparaître usent très rapidement les couteaux du coupe-racines.

Il est de toute évidence que la sélection des porte-graines, opérée de la façon qui vient d'être décrite, n'est praticable que dans les exploitations importantes ou par les cultivateurs qui s'occupent spécialement du commerce de la graine. Cependant, tout agriculteur peut améliorer la race de plants qu'il cultive ou tout au moins lui conserver ses qualités propres; il n'a besoin pour cela que de choisir des souches dont le poids varie de 500 à 1,000 grammes, suivant les variétés, qui ont une forme régulière et enfin qui présentent l'aspect, particulier à chaque région climatérique, aspect que l'observation lui aura fait connaître.

Malgré ces précautions, on ne peut être assuré qu'une bonne graine donnera toujours des racines riches en sucre, ce résultat dépendant de conditions multiples : qualité du sol, nature des engrais, méthode de culture, etc., qui, lorsqu'elles sont favorables, produisent des récoltes dont la richesse augmente dans des proportions qui peuvent atteindre 30 % de la richesse primitive; toutefois, il demeure certain que la meilleure graine fournit la meilleure betterave.

Ensemencement. — L'époque de l'ensemencement varie naturellement avec la région et la nature du sol, il doit se faire dès que les gelées ne sont plus à craindre, en mars ou avril; des expériences décisives ont montré qu'il est avantageux de faire des semis précoces et que la qualité et la quantité du produit s'en ressentent. Il arrive que les betteraves semées trop tôt ont des tendances à monter en graines, ce petit inconvénient disparaît si on coupe les tiges de bonne heure.

Les semailles se font dans des terres labourées profondément, en automne, et ayant subi une deuxième préparation au printemps, quand elles sont compactes. M. Mariage recommande les labours profonds pratiqués avant l'hiver comme devant fournir un rendement plus élevé, il a constaté, en effet, que ce rendement était de 12.97 pour les défoncements à grande profondeur, et de 10.37 pour les labours ordinaires.

On sème en lignes ou en touffes; cette dernière méthode a l'avantage d'éviter les parties vides, en effet, la graine de betterave renferme beaucoup de sucre et forme par cela même une excellente nourriture pour les insectes dont les ravages sont quelquefois très grands, or, si ces insectes dévorent une partie des semences déposées à côté les unes des autres, il en reste toujours au moins une ou deux qui formeront des plants, de plus, on a remarqué que les semences mises en tas germaient mieux.

Pour éviter les ravages des insectes, on a proposé d'humecter les graines de betteraves avec de l'huile de cameline qui agit par son odeur.

La quantité de semences employée par hectare est de 18 à 20 kilog. et supérieure au nombre de plants que l'on conservera, car il convient de prévoir qu'une partie des graines, soit qu'elles sont trop anciennes, soit pour tout autre cause a perdu la faculté de germer; d'un autre côté, beaucoup de ces semences ne sont pas placées dans le sol à une profondeur convenable pour la germination.

Cette profondeur varie de 18 à 20 millimètres.

Pour favoriser la germination, il est bon de n'employer que des graines de l'année et de leur faire absorber un peu d'humidité, car elles se dessèchent très vite, en les immergeant pendant quelques heures dans l'eau à 30-35°. On a proposé aussi un mouillage dans l'urine ou le purin, ou un enrobage dans une pâte de phosphate de chaux.

On sème à la main où à l'aide du semoir mécanique; quelques jours après les semailles on passe le rouleau.

Culture. — Il est inutile d'insister sur l'avantage qu'exerce une bonne méthode de culture sur les végétaux et en particulier sur la betterave. Il a fallu de longs siècles d'observations et une longue pratique pour apporter la preuve de ce fait, longtemps la routine a seule réglé les agriculteurs; mais, depuis une cinquantaine d'années, grâce à l'expérience acquise dans la culture des betteraves, les cultivateurs du Nord ont apporté plus de science et de méthode dans les autres cultures et leurs sols, souvent inférieurs en qualité aux terroirs du midi, produisent davantage.

Une bonne germination demande de dix à quinze jours, elle est plus facile en temps humide. Il est important d'abréger autant que possible cette période qui a la plus grande influence sur la récolte; on conseille d'employer des engrais immédiatement assimilables qui permettent à la plante d'arriver rapidement aux premières feuilles.

Dès que les betteraves ont atteint une hauteur de huit à dix centimètres et qu'on peut facilement saisir le feuillage avec la main, on procède à l'opération du démariage qui consiste à laisser seulement un nombre convenable de pieds. Pour cela on emploie des enfants qui sont moins susceptibles que les grandes personnes d'occasionner des dégâts dans les champs; d'une main ils tiennent la plante à conserver, la plus forte et la plus vigoureuse, tandis que de l'autre ils arrachent les pieds voisins.

L'écartement est variable, mais depuis les expériences de M. Pagnoul, on a constaté qu'il n'était pas indifférent de se préoccuper de la distance à établir entre chaque pied. Ce savant agronome a montré que la culture serrée produisait des betteraves plus riches en sucre et contenant une proportion moindre de matières salines. Ce résultat est dû à la réduction de poids des betteraves; il arrive que le rendement apparent diminue, mais en réalité le poids du sucre produit augmente.

Expériences de M. Pagnoul :

	Écartement des plants	
	14 à 20 cent.	30 à 50 cent.
Rendement en poids à l'hectare.	480.000 kil.	560.000 kil.
Sucre pour 100 gr. de betterave.	14 gr. 5	11 gr. 9
Sels pour 100 gr. de sucre.	2 gr. 2	7 gr.
Rendement en sucre à l'hectare.	69.600 kil.	66.400 kil.

On voit d'après ce tableau que la pureté du jus est plus grande en culture serrée, que par suite le traitement en fabrique est plus facile.

M. Jacquemart a fait cultiver, dans le même terrain, d'après les mêmes méthodes, des betteraves provenant de semences d'un seul porte-graines, il a fait ensuite analyser ces betteraves et a constaté que la richesse du sucre et la pureté du jus diminuent à mesure que la grosseur des racines augmente. Le tableau suivant résume ces recherches :

Poids des betteraves :

	800 gr. et au dessous	800 gr. à 1.700 gr.	2 kilogr. et plus
Richesse % en sucre.	12,50	10,55	9,06
Les coefficients de pureté étant	86	84	79,5

Immédiatement après ce démariage, on pratique un premier binage suivi d'un deuxième qui se fait du 10 au 30 juin. Ces binages se font généralement à la pioche et sont très utiles, ils favorisent la croissance des feuilles et activent leurs fonctions physiologiques. Un proverbe dit : « La pioche fait le sucre ».

Jusqu'en août le poids de la betterave augmente proportionnellement. M. Leplay a constaté qu'à cette époque encore les feuilles étaient plus lourdes que la racine ; que tant qu'elles se développent la souche n'augmente que d'une façon insensible ; mais dès que la partie extérieure de la plante a définitivement atteint ses dimensions, la richesse en sucre s'accroit plus rapidement que le poids des racines.

Selon M. A. Girard, on distingue trois périodes dans la formation de la souche : pendant la première, le végétal s'accroit très vite, il se constitue, elle s'étend jusqu'au 15 juillet ; la seconde est très sensible aux variations atmosphériques, quand les conditions météorologiques sont favorables la souche gagne 10 grammes par jour, dans ce nombre figurent 2 grammes de matières sèches et 1 gramme de sucre; la troisième période, ou période automnale, comprend du 24 août jusqu'à la récolte, la racine de betterave continue à emmagasiner du sucre.

Nous l'avons déjà dit, la lumière exerce une action favorable sur la production du sucre. M. Pagnoul a fait à ce sujet des observations intéressantes à la station agronomique du Pas-de-Calais. Il prit un certain nombre de plants de betteraves dont la moitié fut recouverte à l'aide d'une cloche transparente et l'autre moitié par des cloches en verre noirci. Ces cloches étaient disposées de façon à permettre la libre circulation de l'air.

	Air libre.	Cloches transparentes.	Cloches noircies.
Sucre 0/0 de betteraves . . .	6,96	4,76	3,09
Azotates 0/0 de betteraves .	0,213	»	1,020

Dans les conditions normales la proportion des azotates diminue à mesure que la plante achève sa croissance; il arrive même que dans les saisons propices, quand le soleil n'épargne pas sa lumière, les sels disparaissent complètement. Dans les saisons humides, au contraire, il se forme moins de sucre, de plus l'humidité du sol favorise l'absorption des azotates.

La lumière solaire tout en agissant sur les organes chlorophylliens des betteraves n'agit cependant pas de la même manière sur les autres parties de la plante. Si la souche n'est pas complètement sous terre, si une partie du collet se montre à l'extérieur, il se produit une sorte d'évaporation qui accumule dans cette partie une grande quantité de sels minéraux, le sucre cristallisable qui pourrait y être contenu est lui-même interverti par l'action solaire; de là provient la pratique du buttage, c'est-à-dire l'opération qui consiste à rassembler la terre autour des têtes de betteraves.

Dans les contrées où elle est cultivée la betterave a de

nombreux ennemis, particulièrement dans la première période de sa croissance; nous citerons les noctuelles à la chasse desquelles on emploie des enfants, les larves de hanneton qui rongent la pointe des racines, les nématodes[1] qui naissent vers la fin de l'été et se multiplient comme le phylloxéra avec une effrayante fécondité. Cet insecte vit seulement dans les couches supérieures du sol; pour s'en débarrasser, il faut exécuter de profonds labours et éviter de cultiver la betterave trop longtemps sur le même emplacement. Le professeur Kühn Jul. de Halle pense qu'il serait bien de semer entre les lignes de betteraves des plantes antiparasitaires.

Un autre insecte, le silphe, a fait dans le Nord et dans le Pas-de-Calais beaucoup de ravages pendant la dernière campagne; ce coléoptère s'attaque aux feuilles. On a conseillé de le combattre au moyen du vert de Sheele (arsénite de cuivre) ou du pourpre de Londres (arsénite de chaux coloré par des traces de rosaniline); on mélange l'une de ces substances avec du plâtre ou de la farine avariée et on en saupoudre les feuilles de betterave le matin à la rosée[2].

Récolte. — Ceux qui ont l'habitude de cultiver les betteraves ne se trompent guère sur le moment où il convient de procéder à leur récolte. Ce moment se trouve de fin septembre au milieu d'octobre, quelquefois plus tard; il n'y a aucun inconvénient à laisser les betteraves enterrées longtemps pourvu que les gelées ne se fassent pas sentir.

La récolte se fait à la main ou à l'aide d'arracheurs mécaniques, les cultivateurs se servent d'une bêche dont le fer est muni d'un rebord permettant d'appuyer le pied; pour enlever la terre qui adhère aux racines on les frappe l'une

1. *Heterodera Schachtii*.
2. *Le Génie civil*, n° du 23 juin 1888.

contre l'autre, puis, avec un couteau on supprime les feuilles en ayant soin de couper la partie supérieure du collet qui contient, comme nous l'avons déjà dit, beaucoup de sels minéraux ; les betteraves effeuillées sont réunies en petits tas, que l'on couvre de feuilles pour les mettre à l'abri des rayons solaires.

Les betteraves récoltées sont immédiatement envoyées à l'usine pour servir à l'extraction du jus ou placées dans des silos pour alimenter la râperie pendant le reste de la campagne.

CHAPITRE V

EXTRACTION DU JUS PAR EXPRESSION.
RAPAGE DES BETTERAVES

Lavage des betteraves. — Épierrage. — Carrousel. — Élévateurs. — Râpe ordinaire. — Râpe Klusemann. — Râpe Robert. — Râpe à denture interne. — Système Champonnois.

Avant d'extraire le jus des betteraves il convient d'enlever la terre et les cailloux qui adhèrent aux racines; cette opération est relativement aisée quand elles ont une forme régulière. Le lavage des betteraves racineuses s'opère mal, la terre qui n'a pu être enlevée use les dents de la râpe et les couteaux du coupe-racines, etc. Les cailloux occasionnent des accidents plus graves : telles sont les raisons qui font placer la régularité de la forme parmi les qualités d'une bonne betterave. Enfin une autre cause engage les fabricants à ne mettre en œuvre que des racines bien lavées, la pulpe retenant toutes les impuretés est difficilement acceptée par le bétail.

On se sert quelquefois du laveur à tambour; c'est un cylindre creux et long, muni d'une grande quantité de trous et posé horizontalement dans une caisse métallique contenant de l'eau, dans laquelle il plonge en partie. Ce cylindre est ouvert aux deux extrémités, les betteraves arrivent d'un côté au moyen d'un plan incliné, elles pénètrent dans le tambour qui possède un mouvement de rotation obligeant les racines à se heurter les unes contre les autres et à se nettoyer mutuellement. De l'autre côté se trouve un système de palettes qui font sortir les betteraves lavées.

Dans quelques fabriques on emploie le laveur à vis d'Archimède. C'est un long cylindre incliné assez analogue au laveur à noir animal ; dans ce cylindre se meut la vis ; les betteraves arrivent vers la partie basse et remontent la pente tandis qu'on fait arriver un courant d'eau en sens inverse.

Certains fabricants font passer les betteraves dans le laveur ordinaire puis dans le laveur à vis d'Archimède.

Depuis un certain nombre d'années on se sert d'un appareil en levant séparément la terre et les cailloux. Le laveur épierreur se compose d'une longue caisse métallique partagée transversalement en deux parties inégales, la plus longue est le laveur, l'autre l'épierreur. Cette caisse est traversée dans le sens de sa longueur par un axe muni de palettes en bois disposées en spirales dans le laveur et de palettes en fonte placées en croix dans l'épierreur ; l'axe reçoit son mouvement de rotation au moyen d'une roue dentée située du côté de l'épierreur, cette roue est engrenée à un pignon lié par une courroie sans fin à une poulie de transmission. Le laveur est incliné du côté de l'épierreur et à double fond.

Des ouvriers placés sur le côté droit du laveur jettent les betteraves qui sont immédiatement saisies par les palettes qui les obligent à tourner en spirale autour de l'axe. L'eau nécessaire au lavage arrive par un tuyau à deux robinets, l'un à droite l'autre à gauche. Dans leur course les betteraves se débarrassent de la terre par frottement, soit entre elles, soit contre les palettes qui les emprisonnent ; elles arrivent ainsi sur le bord supérieur de l'épierreur où elles sont saisies par les bras en fonte de l'arbre et jetées sur un plan incliné tandis que les pierres plus lourdes tombent au fond du bassin.

Quand on veut nettoyer l'appareil, ce qu'il faut faire fréquemment, on ouvre une soupape située au-dessous du double fond du laveur, aussitôt la terre et les radicelles s'écoulent avec l'eau et vont se rendre dans une mare où elles se déposent; cela fait, on replace la soupape et le laveur est rempli à nouveau au moyen des robinets. L'épierreur se vide de la même façon.

Les matières terreuses mélangées de substances organiques, débris divers provenant du lavage, sont recueillies avec soin, car elles constituent un engrais excellent.

En sortant de l'épierreur, notamment dans les pays qui payent l'imposition sur la matière première, les betteraves sont amenées sur une table horizontale, appelée *carrousel* munie d'un rebord circulaire et qui possède un mouvement lent de rotation autour d'un axe ou pied. Le long du carrousel sont placées des ouvrières qui prennent les betteraves au fur et à mesure qu'elles arrivent devant elles, leur enlèvent à l'aide d'une lame bien affilée ou d'un foret mécanique, la tête, le collet, les radicelles et en général toutes les parties inutiles ou celles qui ont subi un commencement d'altération.

Les betteraves se rendent ensuite à la bascule où elles sont pesées immédiatement en présence des employés du fisc et portées à l'atelier du râpage.

Dans les contrées où l'étêtage et le décolletage se pratiquent au moment de la récolte, les betteraves vont directement du laveur à la râpe.

Le laveur, l'épierreur et le carrousel doivent pour la commodité et la rapidité des opérations ultérieures être plus élevés que l'atelier de râpage où les racines arrivent par un plan incliné. Pour cela il est obligatoire de monter les betteraves du magasin d'arrivée dans la salle du laveur.

Cette ascension se fait au moyen d'une courroie sans fin inclinée à 45° et formée d'éléments en bois ou mieux en tôle unis par des anneaux ; à un certain nombre de ces éléments sont fixées perpendiculairement des palettes très larges qui saisissent les betteraves au pied de la courroie et les remontent le long du plan incliné. On peut aussi se servir d'un élévateur semblable à celui qui fonctionne dans les dragues.

Le magasin d'arrivée ne doit pas contenir un trop grand approvisionnement de betteraves ; on peut poser pour règle qu'il ne faut pas y enfermer une quantité de racines supérieure aux besoins d'une journée de travail ; cela n'a pas d'inconvénient pendant les premières semaines de la campagne, alors que la récolte peut être réglée selon les besoins ; mais lorsqu'il s'agit de retirer les betteraves des silos. En effet, si un trop grand nombre de souches étaient amassées en tas, la température de la masse s'élèverait rapidement, inconvénient qui aurait pour conséquence d'activer les fonctions des matières mélassigènes contenues dans la chair des betteraves et de donner des jus colorés.

D'après Payen, la composition moyenne des betteraves de Silésie est représentée par le tableau suivant :

Eau	83,5	
Sucre.	10,5	
Cellulose et pectose	0,8	
Matières protuiques azotées .	1,5	100,00
Autres matières organiques. .	2,9	
Sels minéraux	0,8	

Le sucre et une partie des matières minérales et organiques sont en solution dans l'eau. Si l'on essayait d'extraire celle-ci par pression de la betterave entière, il arriverait que malgré l'énergie des appareils mécaniques employés on ne pourrait retirer qu'une faible quantité de jus. Il convient pour extraire le maximum du liquide sucré, de déchirer les parois des cellules qui le tiennent enfermé et de traiter la masse par expression, soit de déplacer ce liquide par de l'eau ordinaire après avoir réduit les racines en pulpe ou en tranches très minces.

L'opération par laquelle les membranes cellulaires sont détruites pour livrer passage aux jus sucrés exige des procédés mécaniques particulièrement délicats : en effet, si l'on se reporte à la description anatomique des racines de betteraves on verra que les râpes à employer devront toucher à des quantités énormes de cellules — environ 1,000 par millimètre cube — et cela assez rapidement pour constituer un traitement économique.

Cette partie de l'industrie sucrière se nomme le râpage, elle fera l'objet du présent chapitre.

La pièce la plus importante de toutes les râpes employées aujourd'hui est sans contredit le tambour portant les lames qui exécutent ce râpage, et de ce chef, ces appareils peuvent être classés en deux systèmes : les râpes à denture externe et les râpes à denture interne.

Râpes à denture externe.

Le tambour de ce système de râpes se compose d'un cylindre en fonte formant axe, terminé de part et d'autre par un disque et une poulie d'un diamètre plus étroit ; entre les deux disques on dispose des lames dentées en acier ou en fer maintenues très solidement à l'aide de tasseaux en bois arrangés de telle façon que les dents seules dépassent la surface du tambour. Ces dents sont très petites, rapprochées ; il est nécessaire de les aiguiser souvent ; quand elles sont en acier leur durée est plus longue, mais elles coûtent davantage et se réparent plus difficilement. Si elles sont en fer il faut les aiguiser plus souvent, mais les dégâts sont moins nombreux et la réparation aisée.

Les fabricants ont adopté ce système de dentition sur lames mobiles par mesure économique, l'échange des parties abîmées de l'appareil s'opérant d'une manière plus rapide.

L'axe du tambour est porté sur un solide bâti en fonte.

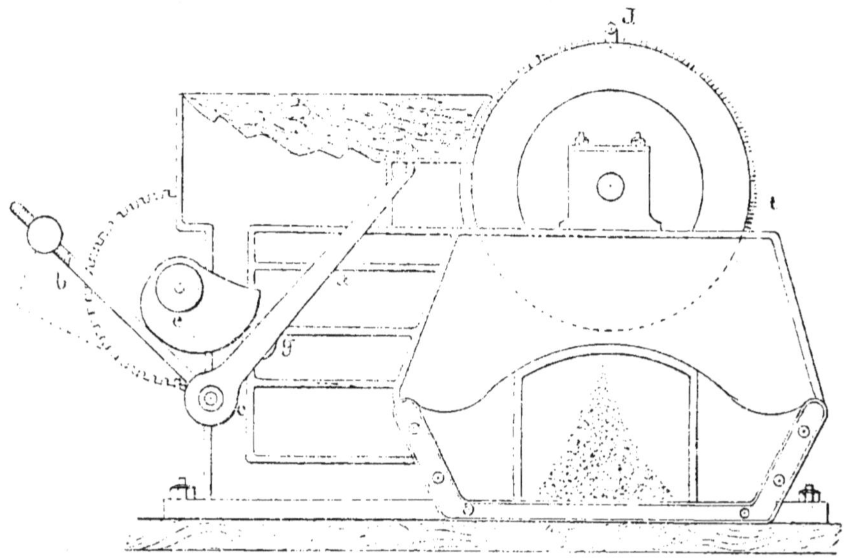

Fig. 1. — Râpe à sabot.

Les betteraves arrivent contre le tambour sur un plan incliné se terminant par une sorte d'entonnoir dans le fond duquel elles sont en contact avec les dents du tambour. Primitivement pour faire fonctionner la râpe, l'ouvrier qui en avait la direction se contentait de pousser les betteraves avec la main et cette pression suffisait pour faire mordre les dents; aujourd'hui on se sert de poussoirs mécaniques.

Ces poussoirs sont généralement au nombre de deux, fonctionnant alternativement; ils sont formés par une sorte de levier à deux bras a et b disposés à angle droit ou légèrement obtus, dont une branche porte un contrepoids, tandis que l'autre fait mouvoir le poussoir.

Ce levier fonctionne autour de l'axe c. Un excentrique e agissant sur le galet g occasionne, quand la râpe est en marche, un rapide mouvement en arrière pour éviter les pertes de temps et une lente approche du tambour alors que le râpage s'exécute.

Le tambour t est entouré d'une enveloppe en tôle pour éviter les projections de la pulpe; ce manteau porte un tube J qui amène du jus très étendu d'eau provenant d'une deuxième expression. L'addition de cette eau a pour effet de diluer les matières pulpeuses et de rendre plus facile leur transport dans les tuyaux jusqu'aux presses; de plus, le rendement en sucre est augmenté, car pendant la pression les liquides dilués s'écoulent plus facilement et le jus que les tourteaux retiennent est moins riche.

La matière provenant du râpage s'assemble dans la caisse en fonte qui forme la charpente de la râpe, ou s'écoule par un plan incliné jusque dans un petit bassin où un agitateur mécanique, faisant partie de l'appareil, la brasse continuellement pour la rendre aussi homogène que possible. Il faut envoyer de suite cette pulpe aux presses pour éviter son altération.

Dans certaines râpes le mécanisme qui agit sur les poussoirs diffère un peu du modèle décrit, mais le but à atteindre est le même : il faut que le mouvement des poussoirs en avant soit assez lent pour éviter les engorgements, les lanières, et le recul assez rapide pour diminuer, dans la mesure du possible, la période pendant laquelle ils n'exercent aucune pression sur les betteraves. Dans la râpe que nous avons décrite, le problème a été résolu par un levier à contre-poids ; pour d'autres appareils, les billes des poussoirs sont actionnées par un système d'engrenages transformant la rotation uniforme en un mouvement à vitesse variable.

Râpe de Klusemann. — Dans cette râpe la pression qui s'exerce sur les betteraves est obtenue à l'aide d'une roue à cannelures.

Cette roue reçoit son mouvement d'un manchon placé sur l'arbre du tambour, et fait seulement un tour pendant que

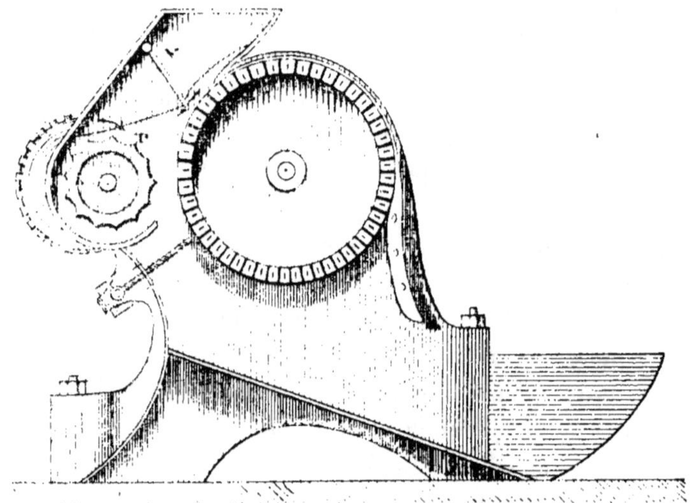

Fig. 2. — Râpe Klusemann.

le tambour en fait vingt-cinq. La rotation s'accomplit dans le sens des flèches. On fait pénétrer les betteraves par la trémie *t*, leur poids agissant sur le volet *v* le fait s'ouvrir et livrer passage aux racines. Celles-ci arrivent entre le cylindre cannelée et la râpe, et sont pressées contre les dents en vertu de la rotation des cannelures. Les fabricants qui se servent de la râpe Klusemann assurent qu'elle produit un travail uniforme et que la pression est constante.

Robert de Seelowitz a construit un modèle de râpe dans

lequel les racines, au lieu de subir une poussée mécanique, sont seulement soumises à l'action de leur propre poids. Les betteraves sont placées dans une sorte de gaine adaptée dans toute la longueur du tambour et qui est plus évasée en bas qu'en haut; les racines qui sont directement en contact avec la râpe subissent une compression à peu près uniforme représentée par le poids de celles qui restent dans la gaine : le travail de cette râpe se fait plus régulièrement, car il est commode de régler la pression en variant les dimensions de la gaine.

Avec une râpe Robert on ne peut augmenter le rendement d'une façon bien appréciable, tandis qu'au contraire avec les râpes à poussoirs on peut produire de plus grandes quantités de masses râpées en de certaines circonstances, soit en augmentant la vitesse du tambour, soit en élevant la force des poussoirs. Cet avantage est toutefois amoindri par l'irrégularité du travail et la présence de parties non râpées dans la pulpe.

Dans toutes les râpes à denture externe, la trémie qui amène les betteraves, se rapproche du tambour de manière à l'envelopper presque complètement; la distance qui sépare les dents de cette enveloppe doit être exactement fixée pour que la pulpe sortant par l'ouverture soit à un degré de division voulue; cet espace sera très petit pour une rotation du tambour un peu rapide.

Une autre précaution à ne point négliger, c'est de vérifier si les dents du tambour forment une surface cylindrique parfaite; dans le cas où cela n'aurait pas lieu, il faut que la trémie laisse passer les dents les plus longues, sinon il se produirait des chocs qui mettraient bien vite le tambour hors de service. Cet inconvénient est évité si dans le commencement on fait tourner lentement le tambour en vérifiant avec une règle le nivellement des dents et en aiguisant les plus longues.

Quel que soit le système de râpe, l'arbre qui fait mouvoir le tambour, reçoit son mouvement par deux poulies placées à chaque extrémité et portant chacune une courroie venant presque toujours d'en bas. Cette disposition a pour but de maintenir le tambour dans la même position, ce qui ne saurait avoir lieu avec une seule courroie, étant donnée la vitesse de rotation et l'effort à vaincre.

La perfection de l'outillage est très important pour le râpage des betteraves; ainsi, avec de la pulpe fine on a obtenu à la pression 84 °/₀ de jus, tandis qu'avec de la pulpe un peu plus grossière la même presse n'a donné qu'un rendement de 80 °/₀.

Quant aux dimensions du tambour, Walkoff a trouvé que pour produire 50,000 kilog. d'une pulpe bien fine, pour un tambour ayant une vitesse de rotation de 650 tours à la minute, il convenait de donner à ce tambour une surface de 1ᵐ,35 à 1ᵐ,70. Il est bien entendu que l'action des poussoirs ne doit pas être trop précipitée.

On a quelquefois essayé de faire faire un millier de tours par minute au tambour, mais le travail s'exécute mal, l'axe du tambour s'échauffe rapidement, les coussinets s'usent vite, le mouvement devient irrégulier, saccadé et le râpage a lieu dans de mauvaises conditions.

Râpes à denture interne.

Râpe Champonnois. — Cet appareil, appelé aussi râpe centrifuge, se compose d'un bâti en fonte qui porte l'arbre, le tambour, les poulies et le pousseur. Une trémie mobile servant à l'introduction des betteraves est disposée à l'avant du tambour.

Cette pièce, qui a 40 centimètres de diamètre ordinairement, porte des lames en acier qui sont disposées, les dents tournées vers l'intérieur, suivant les génératrices du tam-

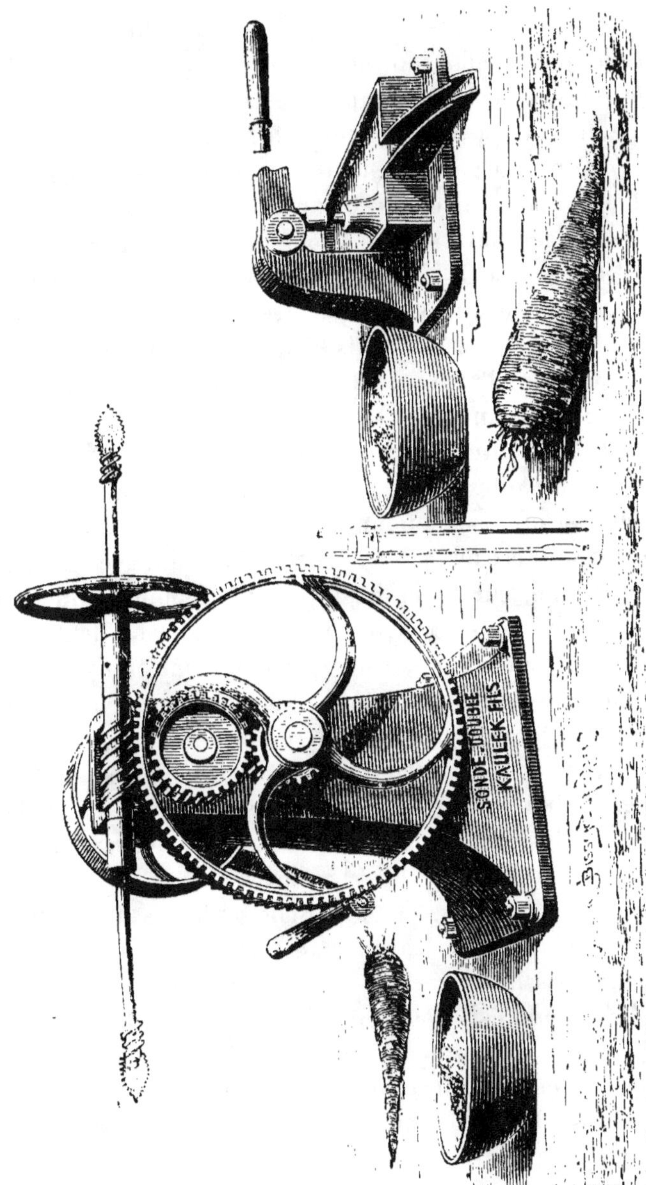

Fig. 3. — Sonde double de Kaulek.

bour, ces lames sont séparées par des barrettes en cuivre contre lesquelles elles sont maintenues solidement au moyen de clavettes en acier. La saillie des dents au-dessus de la surface interne est de un demi millimètre environ.

Lorsqu'on veut garnir le tambour de ses lames on y introduit tout d'abord un cylindre appelé cylindre de montage, on desserre les clavettes, sans toutefois les dégager complètement des mortaises correspondantes, et on place les lames et barrettes en les disposant par groupes de deux, trois ou quatre, selon le degré de division que l'on veut obtenir. Il faut avoir soin d'appuyer afin qu'elles touchent bien toute la surface extérieure du cylindre.

Quand la garniture est entièrement placée, on serre fortement les clavettes et on retire le cylindre de montage, le tambour est prêt à fonctionner.

Le pousseur est une simple palette, tournant avec les betteraves à l'intérieur du tambour qui est immobile, les racines poussées par la force centrifuge contre la surface dentée et subissant en outre l'action des palettes, sont transformées en pulpe; de petites ouvertures ménagées entre les lames dentées laissent échapper la matière broyée.

Les lames peuvent porter sur les deux côtés une denture longue et fine, ce qui permet de les retourner et de les aiguiser à plusieurs reprises sur le même côté avant de les mettre hors de service. Il est bon aussi d'avoir un tambour porte-lames de rechange tout garni de ses lames et barrettes, de façon à n'arrêter le travail, en cas de besoin, que le moins longtemps possible.

Si l'on peut disposer de deux courroies, on fait tourner la râpe tantôt dans un sens tantôt dans l'autre, pour utiliser les deux faces coupantes de chaque denture.

La vitesse de rotation du système de palettes est de 700 à 750 tours par minute.

Dans la râpe Champonnois il ne peut passer ni semelles,

ni lanières comme dans les râpes à denture externe, car la
pulpe, pour sortir, ne peut le faire que par des lumières ou
fentes de deux millimètres d'ouverture.

L'addition de l'eau nécessaire, tant pour faciliter le travail
de la râpe que pour l'expression de la pulpe, se fait par un
injecteur placé à la base de la trémie. On se sert d'eau pure
ou mieux d'eau légèrement chauffée afin d'entretenir un peu
d'alcalinité dans les jus, surtout en hiver où l'on travaille
avec de l'eau chaude.

Dans le chapitre traitant de la saccharimétrie on verra
qu'il est très intéressant de prendre la densité du jus des
betteraves pour avoir une idée approchée de leur richesse;
d'autre part, il est important de faire cette opération très
rapidement et sur des échantillons pris sur le champ même,
car le cultivateur a tout intérêt à vendre sa betterave à un
prix fixé d'après la teneur en sucre. M. Kaulek, constructeur à Paris, a livré à l'industrie un appareil qui permet de
faire ce dosage en quelques minutes sans avoir recours aux
râpes ordinaires.

La sonde de M. Kaulek se compose d'un bâtis en fonte
supportant une presse à main mue au moyen d'un volant et
d'une vis à filets carrés. Sur le côté se trouve la sonde
animée, au moyen d'une roue hélicoïde et d'une vis sans
fin, d'une vitesse atteignant aisément 2,000 tours à la
minute. La sonde est une lame en acier, contournée en
hélice et dentée, le dégagement de la pulpe se fait très
bien.

Pour faire fonctionner cet appareil on prend la betterave
de la main gauche, on la place en face de la sonde, environ
au quart de la hauteur à partir de la tête, on fait tourner
rapidement au moyen de la manivelle en appuyant un peu
contre la sonde, on perce ensuite un deuxième, puis un
troisième trou afin d'avoir suffisamment de jus pour remplir
l'éprouvette.

La pulpe est placée dans le boisseau de la presse et le jus est recueilli dans une petite éprouvette en verre où l'on prend la densité.

La mousse qui, placée dans l'éprouvette, pourrait rendre défectueuse la lecture du densimètre, reste dans le boisseau de la presse, celui-ci possède des trous assez petits pour arrêter les pulpes folles sans avoir besoin de faire intervenir un linge-filtre et le liquide de l'éprouvette est parfaitement clair.

CHAPITRE VI

EXPRESSION DE LA PULPE DE BETTERAVES

Presses hydrauliques. — Principe de la pression hydraulique. —
  Charge de l'appareil. — Sacs à pulpe. — Nettoyage des sacs.
Presses continues. — Presses à surface filtrante, système Champonnois. — Presse Dujardin. — Dépulpeur. — Presses à toile
  sans fin ou à rouleaux. — Presse Manuel et Socin.
Turbines. — Appareil à force centrifuge. — Turbine à pulpe, avantages et inconvénients de cet appareil.

En considération des progrès qui se sont accomplis dans
l'industrie du sucre pendant ces dernières années et particulièrement en ce qui concerne l'extraction du jus des betteraves par la méthode de diffusion, le présent chapitre
n'aura plus qu'un intérêt presque rétrospectif, néanmoins,
il nous a semblé qu'il n'était pas inutile de décrire le procédé par expression ; autant à cause de l'intérêt que cette
méthode peut présenter et de la perfection des appareils
mis en œuvre que par son existence, à l'heure actuelle,
dans quelques fabriques travaillant d'après les anciens procédés.

La méthode la plus simple pour séparer la partie liquide
des substances ligneuses contenues dans la pulpe de betteraves est celle de la pression. Cette pression peut se produire de trois façons différentes : par les presses hydrauliques, par les presses continues ou par les appareils à force
centrifuge ou turbines.

Presses hydrauliques. — Les presses hydrauliques sont des appareils fondés sur le principe de Pascal, en vertu duquel les pressions qui s'exercent sur la surface d'un liquide en équilibre se transmettent à toute portion plane de paroi, proportionnellement à la surface de celle-ci. La première machine de ce genre fut construite en 1796 par un ingénieur anglais du nom de Bramah.

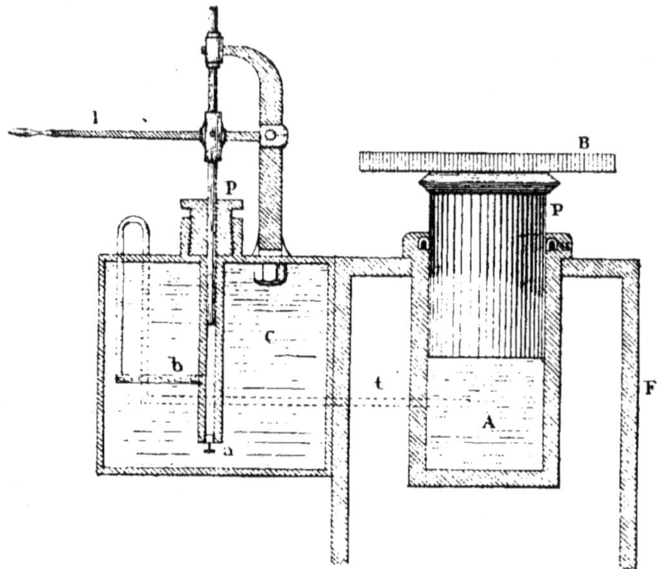

Fig. 4. — Schéma d'une presse hydraulique.

La presse hydraulique se compose d'un bassin à parois très résistantes dans lequel peut se mouvoir verticalement, à frottement doux, un piston supportant un plateau en fonte formant corps avec lui, ce premier bassin communique par un tuyau avec un second beaucoup plus étroit dans lequel peut descendre et monter un petit piston commandé par un levier.

Le premier piston est placé sur un solide bâti en fonte

qui supporte quatre colonnes terminées par un plateau
fixe; les objets à presser sont placés sur le plateau mobile
qui en s'élevant les presse contre le plateau fixe.

L'ascension du gros piston est obtenue par une injection
d'eau dans le bassin A, eau qui est aspirée par le piston p
dans une bâche C. Dans les machines de petite dimension
le piston p marche au moyen d'un levier à main; quand il
monte, de l'eau pénètre dans le tuyau de communication
par l'ouverture de la soupape a, quand il s'abaisse cette
soupape se ferme et le liquide ne pouvant plus retourner
dans la bâche passe dans le tuyau t qui est commandé par
la soupape b.

Cependant la pression supportée par le grand piston est
si forte que l'eau s'infiltrerait entre ce piston et le corps de
pompe et une semblable machine ne pourrait fonctionner;
l'ingénieur Bramah, par une modification heureuse, a
rendu pratique l'appareil de Pascal en permettant à l'eau
d'exercer sa pression complètement sur la base du piston.
Ce résultat fut obtenu par l'emploi du cuir embouti.
C'est une pièce faite d'un morceau de cuir huilé, recourbé
en forme d'U et placée dans une rainure pratiquée dans le
corps de pompe. Ainsi posé le cuir embouti rend le bassin A
absolument étanche et plus est forte la pression, plus cette
pièce presse d'une part le piston et de l'autre la paroi du
corps de pompe.

Il est aisé de calculer la pression que l'on peut obtenir
avec un semblable appareil. Cette pression dépend en effet
de la surface de section des deux pistons; si le grand piston
a une base ayant une superficie cent fois plus grande que
la section du petit, la force transmise d'après le principe
de Pascal sera cent fois plus élevée; or, si d'autre part on
fait marcher le levier qui commande le piston p avec une
force évaluée à 30 kilogrammes, chiffre qui pourra être
quintuplée, le bras de levier de la puissance étant cinq fois

plus long que celui de la résistance on aura ainsi une pression égale à $30 \times 5 \times 100 = 15,000$ kilogrammes.

On remarquera que la masse d'eau agissant sous les pistons, grand et petit, étant la même, ce que ce dernier gagne en force il le perd en chemin parcouru. C'est un principe de mécanique.

La presse hydraulique que nous venons de décrire et qui fut employée en premier lieu est trop petite pour extraire convenablement le jus de la betterave, elle fut très vite remplacée par d'autres presses variant seulement par les dimensions et la façon d'envoyer l'eau sous le grand cylindre. Cette injection d'eau se fait dans les rares fabriques qui les emploient encore par un système de pompe à trois pistons mus au moyen d'une machine à vapeur. On peut arriver à une pression de 800,000 kilogrammes. Cependant il y a intérêt à ne point dépasser une certaine limite au delà de laquelle les plateaux pourraient ne pas résister suffisamment, ainsi que les sacs dans lesquels est renfermée la pulpe.

En sortant de l'atelier de râpage, la pulpe est envoyée par une pompe dans un bac situé dans la salle des presses, où à lieu le remplissage des sacs. Cette opération qui autrefois était manuelle se pratique aujourd'hui mécaniquement au moyen d'une cuiller qui vient prendre la matière dans le bac, l'élève et la déverse dans le sac tenu à la main. Un ouvrier habile arrive à opérer dix-huit ascensions de la cuiller par minute. Quand la quantité voulue du pulpe est dans le sac on en ferme l'ouverture par un pli ; cette opération est répétée à l'autre extrémité pour faciliter l'empilage.

Dans quelques fabriques on remplace la cuiller mécanique par une pompe. La pompe Jolly destinée à cet usage a l'inconvénient d'exiger l'emploi de l'eau pour rendre la masse pulpeuse plus fluide.

Les sacs remplis sont disposés en piles avec interposition de claies métalliques sur une plaque en fonte mobile et formant table, des rigoles ménagées dans la plaque permettent de recueillir le jus qui s'écoule pendant la préparation de la pile. Celle-ci terminée, on fait rouler la plaque sur le plateau de la presse et on la retire seule. Deux fortes barres en fer servent de guide aux claies qui maintiennent les sacs pendant l'ascension du plateau.

La charge que peut recevoir une presse est variable avec ses dimensions, elle peut être augmentée si l'on fait subir à la pulpe une pression préparatoire ainsi que cela se pratique ordinairement.

En général les grandes presses sont préférables, elles exigent proportionnellement moins de main-d'œuvre et font plus de travail.

Au début de la pression on donne au piston qui supporte le plateau mobile un mouvement ascensionnel plus accéléré, la résistance étant moindre. Le jus qui s'écoule des sacs s'assemble dans une gouttière ménagée sur tout le pourtour du plateau inférieur, cette gouttière communique avec un tuyau en cuivre ou en tôle qui conduit le jus aux appareils de défécation.

La pression terminée, on ouvre le robinet qui met en communication le corps de pompe du grand piston avec la bâche où est puisée l'eau, le liquide en excédant passe dans ce dernier récipient et le plateau de la presse redescend.

En Allemagne, on enferme la pulpe dans des serviettes qui durent plus longtemps et sont plus commodes pour retirer la pulpe ; les sacs en usage particulièrement en France, exigent un entretien minutieux, mais fournissent des piles plus serrées, la pression s'y fait plus régulièrement, partant le rendement est supérieur.

Les sacs sont fabriqués avec des tissus de chanvre, de lin, de crin de cheval, etc. ; leur nettoyage est une opération capitale. Lorsque la température est élevée, on les renouvelle au moins toutes les six heures, au contraire, pendant les journées froides de l'automne et de l'hiver, on peut conserver les mêmes sacs en service pendant vingt-quatre heures sans inconvénient pour le rendement et la qualité du jus.

Les sacs se nettoient à la main ou au moyen de laveuses mécaniques : ordinairement on les plonge à plusieurs reprises dans une solution tiède de soude ou dans un lait de chaux. Ces alcalis détruisent les produits acides qui souillent l'étoffe et enlèvent les matières adhérentes au tissu en les dissolvant.

On reconnaît qu'un sac est complètement nettoyé quand il a perdu son odeur désagréable, quand l'étoffe n'est plus ni gluante ni visqueuse et que les mailles apparaissent nettement lorsque le sac est interposé entre la lumière et l'œil.

Après une pression on soumet presque toujours les tourteaux à un second râpage avec addition d'eau ; on en retire par un nouveau passage sous la presse un jus dilué pouvant servir à délayer la pulpe pendant le premier râpage.

Le rendement des presses hydrauliques dépend de plusieurs circonstances : quand les betteraves sont riches, leur chair est plus ferme, les cellules plus rapprochées, les jus qui en découlent par pression moins aqueux et la pulpe retient plus énergiquement ce jus, il est alors de l'intérêt du fabricant de soumettre les tourteaux à un deuxième traitement. L'état de division de la pulpe influe aussi sur le rendement de la presse ; la pulpe fine donne jusqu'à 3 0/0 de jus de plus que la pulpe grossière. Il faut ajouter à ces éléments d'autres causes telles que le mauvais nettoyage des sacs ou des serviettes ; les pores de l'étoffe sont obstrués et ne laissent pas au liquide un passage suffisant.

Du reste ainsi que nous l'avons déjà fait remarquer, le nombre des fabricants travaillant avec des presses hydrauliques tend à disparaître dans un avenir peu éloigné ; leur

existence n'étant plus possible depuis les nouvelles conditions économiques imposées par la loi de 1884.

Presses continues. — La disparition des presses hydrauliques dans l'industrie sucrière est moins due à la découverte
du procédé de diffusion, en faveur seulement en Allemagne
pendant les premiers temps, qu'à l'emploi d'un certain
nombre d'appareils appelés presses continues et dont l'idée
est déjà ancienne.

Avec les presses hydrauliques le travail se fait régulièrement d'une façon méthodique, le rendement est relativement élevé, mais on leur reproche d'exiger un personnel
nombreux, une dépense de sacs assez considérable et une
lenteur dans la manutention préjudiciable à la qualité du jus.
En effet, pendant le râpage les betteraves absorbent de l'air,
de sorte que la pulpe en arrivant aux presses contient environ 28 volumes 0/0 d'oxigène et d'azote; or, plus longtemps
a lieu le contact de ces gaz avec le jus, plus l'oxydation est
avancée et plus la pulpe se colore, il faut donc diminuer
dans la mesure du possible la période qui sépare le râpage
de la défécation. Un progrès dans ce sens a été accompli par
les presses continues, telle est la cause qui les a fait préfé-
rer aux presses hydrauliques.

Déjà, Achard, le créateur de l'industrie sucrière, s'était
servi pour extraire le jus des betteraves, de rouleaux en
fonte ou en pierre qu'il faisait passer sur la pulpe enveloppée
d'un tissu de laine. En 1812 on avait essayé l'emploi d'une
presse continue dans laquelle la pulpe était apportée sous
les cylindres par une toile sans fin; mais les difficultés
mécaniques résultant de la présence de cailloux dans les
racines, de l'impossibilité où l'on était alors de réglementer
l'action des rouleaux et d'empêcher la pulpe pressée de
réabsorber le jus, ont pendant longtemps retardé l'usage de
ce genre de machine.

Nous ne parlerons, que pour les citer, des presses Sigl et Liebert qui furent mauvaises ou trop compliquées; de la presse Pecqueur employée autrefois concurremment avec la presse hydraulique dans une fabrique des environs de Paris; elle servait à la pression préparatoire, son rendement était de 50 0/0 de jus en dix ou douze secondes. La presse Pecqueur est intéressante à ce point de vue qu'elle servit de modèle à un certain nombre d'appareils appelés presses à surface filtrante.

La presse Champonnois qui date de 1869 et que l'on emploie dans les féculeries est avec la presse Dujardin et celle de Collette, un des principaux échantillons de ce genre de machines.

Elle se compose d'une caisse en fonte D, solidement fixée sur le sol et dont la partie supérieure est formée par deux cylindres a. a, avec lesquels elle fait joint étanche. Ces cylindres sont en bronze et formés de deux fonds reliés entre eux par des traverses disposées suivant les génératrices. La surface filtrante est faite avec un fil triangulaire, de bronze également, enroulé en hélice autour de chacun des cylindres. Ce fil est placé de façon que l'arète du sommet pénètre dans des encoches taillées sur les traverses et forme ainsi autour du cylindre à jour une sorte de rigole de même section que le fil, c'est-à-dire en triangle, dont l'arète supérieure vient effleurer la surface externe en une fente ou lumière de un dixième de millimètre d'épaisseur.

La pulpe arrive dans la caisse en fonte au moyen d'une pompe communiquant avec le bas de la râpe : la pression supportée par elle dans la caisse est de deux atmosphères. Sous l'influence de cette force et grâce à la rotation en sens inverse des cylindres à surface filtrante, fonctionnant comme un laminoir, la pulpe est pressée contre les fils de bronze; elle perd dans les lumières une partie du jus qui l'im-

Fig. 5. — Presse, système Champonnois.

prègne, se feutre et s'engage entre la ligne de contact des deux cylindres où elle subit le maximum de pression.

Deux couteaux *c* nettoient les rouleaux et enlèvent immédiatement la pulpe sèche ; ces couteaux vont en s'évasant et sont continués par la rigole *r* qui sert au rejet de la pulpe, dont l'écoulement est facilité par une inclinaison à 45° du système général.

Quant au jus, il pénètre dans l'intérieur des cylindres et s'écoule par les ouvertures *b*.

Les cylindres font 7 tours par minute, le mouvement leur est donné par deux roues à engrenage *pp* mues par une vis sans fin que fait tourner la poulie *J*.

Le fil de bronze qui constitue la surface filtrante est à plusieurs segments, dont une extrémité seule est fixe, de sorte que la pression produite par le laminage de la pulpe ne peut le déformer et n'a d'autre effet que de le serrer davantage contre l'armature. Pour nettoyer cet appareil, il suffit d'introduire une lame dans la lumière au commencement de l'hélice et de l'y maintenir jusqu'au bout ; la continuité de l'enroulement fait que tous les débris de pulpe sont enlevés.

Un fil de bonne qualité peut fonctionner pendant plusieurs campagnes.

Le rendement de la presse Champonnois est de 600 hectolitres de jus au maximum pendant une journée.

Dans la presse Dujardin, la surface filtrante est formée par un cylindre en laiton garni d'une grande quantité d'ouvertures circulaires évasées à l'intérieur. La réabsorption du jus est évitée dans cet appareil par un manchon placé au-dessus des cylindres et empêchant la dilatation de la pulpe pressée.

Quel que soit le système de presse à surface filtrante employé, les machines de ce genre ont un défaut commun, c'est la présence dans les jus d'une proportion très grande de pulpe folle. Sous l'action de la chaux cette pulpe se transforme en pectate soluble qu'il est impossible d'enlever et dont l'effet est de rendre difficile la cristallisation du sucre en communiquant aux sirops une viscosité éminemment préjudiciable.

On a imaginé diverses dispositions pour enlever aux jus ces matières étrangères, le problème est difficile et il ne semble pas, jusqu'à ce jour, que la réussite soit venue couronner les efforts des chercheurs; il est intéressant néanmoins de savoir comment opèrent certains fabricants et en particulier M. Champonnois pour sa presse continue. —

Le dépulpeur Champonnois est fondé comme sa râpe sur la force centrifuge, les jus provenant de la presse arrivent dans un tamis à mailles très serrées tournant rapidement autour d'un axe, le jus tombe après son passage, dans un bac, les pulpes folles sont retenues par les mailles du tamis d'où elles sont enlevées par un dispositif en hélice analogue à celui du laveur.

Le second système de presses continues est basé sur l'emploi d'une toile sans fin portant la pulpe et passant entre divers rouleaux lamineurs; c'est à ce système qu'appartiennent les presses Poizot et celle de Manuel et Socin; nous décrirons seulement cette dernière.

La pulpe amenée par le tuyau d'une pompe arrive dans une trémie A (fig. 6), d'où elle tombe sur une toile sans fin entre le rouleau emmeneur C et une série de cylindres, cette trémie est fermée par deux rouleaux tournant en sens inverse et auxquels on peut donner un écartement variable pour laisser passer la pulpe ou en suspendre l'écoulement. La toile sans fin qui emporte la pulpe passe entre les cylindres perforés E et les cylindres pleins D, fixés par leurs extrémités, à l'aide de coussinets, dans un bâti en fonte. Ces cylindres exercent une pression graduée sur le pressin, au moyen des ressorts G qui permettent un léger déplacement de l'axe des rouleaux supérieurs; de cette façon le passage des corps résistants trop volumineux n'est point arrêté et l'on évite les avaries.

Le jus traverse la toile et est recueilli dans des augets *I* disposés au-dessous de chaque paire de cylindres presseurs, ces augets communiquent avec un canal collecteur qui emmène les jus à la chaudière de défécation.

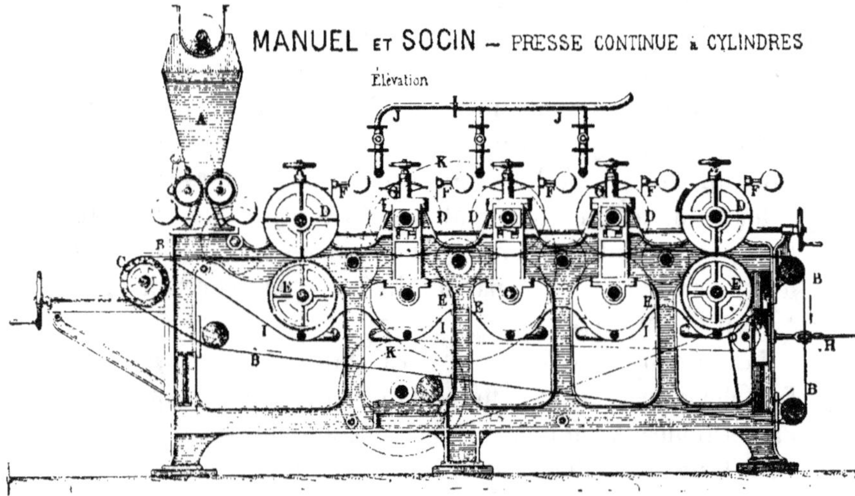

Fig. 6.

Après son passage entre les cylindres, la toile se débarrasse de la pulpe sèche et abandonne toutes les parcelles de pulpe folle sous l'action des batteurs à baguette *II* qui fonctionnent mécaniquement avec la presse.

Au bout de quelques secondes de travail, quand la pression des deux premiers rouleaux a extrait 60 % environ du jus, on peut ajouter une petite quantité d'eau pour abaisser la densité des jus, cette addition d'eau se fait par la conduite *J* réglementée par des robinets. Le mouillage du pressin sur la partie qui reste après le premier écoulement de jus produit plus d'effet avec une quantité d'eau donnée que si l'addition se faisait sur toute la pulpe fournie par la râpe.

L'eau tombe non sur la toile qu'elle traverserait trop rapidement, mais sur les cylindres mêmes, de telle sorte que cette eau prend part à la rotation du cylindre et vient se mélanger à la pulpe précisément au point de contact.

La toile sans fin qui constitue l'organe original de cette presse est fabriquée en poils de chèvre algériens, ce poil étant une sorte de crin ne s'encrasse pas au contact du jus comme la laine dont on se sert dans les autres machines, de plus, les fils étant plus raides et plus secs, il y a moins de feutrage sous l'action énergique de la pression. Le jus passe très facilement et la pulpe folle est complètement arrêtée.

Après douze heures de marche il convient de laver la toile, pour cela il suffit de l'immerger quelques heures dans l'eau froide et de la nettoyer avec une brosse de chiendent.

Le mouvement des cylindres, des rouleaux et du batteur, est transmis au moyen de roues dentées, de poulies et d'une courroie, la vitesse ordinaire des cylindres est la même que pour la presse Champonnois, c'est-à-dire sept tours par minute. On peut toutefois accélérer cette allure, seulement on est exposé à faire un peu plus de pulpe.

La presse Manuel et Socin peut fonctionner seule ou avec une seconde machine opérant une deuxième pression ; dans ce cas, une seule presse suffit pour extraire le jus de la pulpe fournie par deux appareils en première pression.

En quittant la toile la pulpe passe dans une sorte d'entonnoir fixé au plafond de l'étage inférieur et de là dans la trémie d'une deuxième presse absolument semblable à la première où les plaques de pulpe sont déchiquetées, divisées par un appareil disposé dans la trémie, on fait arriver un mince filet d'eau et le jus provenant de cette deuxième pression, étant nécessairement très dilué, est envoyé à la râpe.

La presse Manuel et Socin laisse 26 à 27 % de pulpe à laquelle on adresse un reproche, commun aux presses continues, celui de n'être pas assez sèche; elle peut traiter 50,000 kilog. de betteraves par jour, un seul homme suffit pour la conduire.

Appareils à force centrifuge ou turbines.

A l'instigation de Schoettler, on essaya une première fois d'extraire le jus de la pulpe de betteraves au moyen d'appareils basés sur l'emploi de la force centrifuge; la première tentative de ce genre fut faite dans la fabrique de Charles Helle, à Ludembourg-Magdebourg.

On comprend très bien la force développée par la projection d'un corps lancé sur les mailles d'un filet tournant à grande vitesse autour d'un axe à demeure; en mécanique on démontrerait que cette force est directement proportionnelle à la charge du tambour; au carré de sa vitesse de rotation et inversement à l'intensité de la pesanteur multipliée par le rayon du tambour.

L'emploi des turbines était déjà connu pour les essoreuses, mais en sucrerie l'application de la force centrifuge consistait, et consiste encore principalement, à extraire des sucres bruts les sirops colorés qui les souillent.

L'invention de Schoettler demeura d'assez longues années sans aucun développement : c'est que, l'action des turbines très rapide tout d'abord, devient vite nulle, et l'on ne pouvait alors retirer avec ces appareils qu'environ 60 à 65 % de jus.

Frickenhaus, par des essais nombreux, montra qu'il était possible d'augmenter ce rendement dans de fortes proportions, et qu'il suffisait pour cela d'ajouter de l'eau pendant l'opération du turbinage. Cette eau remplissait l'office de clairce et ajoutait son action à la pression mécanique développée par la force centrifuge. Des expériences pratiques faites dans plusieurs fabriques de Magdebourg ayant donné des résultats satisfaisants, l'usage des turbines se répandit un peu en Allemagne.

Les turbines à pulpe de betterave sont construites à peu près comme celles qui sont employées pour le clairçage du sucre; toutefois leurs dimensions sont plus grandes. Elles sont constituées le plus souvent de la façon suivante : un tambour métallique percé d'une grande quantité d'orifices et ouvert à la partie supérieure est fixé à un axe tournant avec une grande rapidité; intérieurement au tambour existe un grillage composé de deux toiles de laiton, celle qui regarde le tambour étant à mailles plus serrées. Le fond est garni par une plaque en fonte portant un cône faisant corps avec l'axe. La pulpe est versée sur le cône du tambour, parallèlement à l'axe, alors que celui-ci est en mouvement, elle se trouve projetée avec violence contre les tissus métalliques qui garnissent les parois du tambour; le jus s'éloigne suivant la tangente laissant les matières solides à l'intérieur. On le recueille dans une enveloppe en tôle qui entoure le tambour. De là il se rend dans un réservoir spécial par une rigole d'écoulement ménagée dans le bâti en fonte sur lequel est boulonnée l'enveloppe.

Il est très essentiel pour l'essorage régulier de la pulpe, que le tambour ne subisse pas de déplacement dans son centre de gravité. Afin d'assurer cette condition, on maintient son axe au moyen d'un système mobile, formé dans le bas par une crapaudine et au-dessous du tambour lui-même par une garniture capable d'éprouver de légers déplacements sous les efforts divers de la pression.

Le mouvement de l'axe est obtenu à l'aide d'un deuxième axe portant deux poulies; une poulie folle et l'autre armée d'un frein qui permet l'arrêt rapide de la turbine. Ces poulies sont actionnées par une courroie croisée passant sur une roue de commande.

La vitesse maximum de 1,200 à 1,500 tours n'est généralement atteinte qu'au bout de quelques minutes : il n'y a pas intérêt à l'augmenter, car alors il se produirait des trépidations nuisibles à la régularité du travail et à la solidité de l'appareil.

On admet généralement que pour traiter 50,000 kilog. de betteraves par jour il faut neuf turbines avec des tambours de un mètre de diamètre et une dizaine d'ouvriers. Ces turbines sont disposées habituellement sur une même ligne, au-dessus se trouve un plancher portant des ouvertures correspondant à chaque tambour. Sur ce plancher, à l'aide d'un chemin de fer, peut courir une caisse à pulpe terminée inférieurement par une sorte d'entonnoir s'ouvrant par une valve.

Pour charger les turbines, l'axe étant en mouvement, on dispose l'entonnoir de la caisse à pulpe au-dessus du tambour et on ouvre la valve, la pulpe tombe sur le cône et par suite de la grande vitesse acquise par le cylindre, est vivement projetée contre les parois du tambour.

Nous avons dit qu'une turbine fonctionnant avec la pulpe ordinaire donnait pendant les cinq premières minutes 59 °/₀ de jus. Cette quantité se répartit de la façon suivante :

1ʳᵉ minute	40,45 °/₀
2ᵉ —	8,50 °/₀
3ᵉ —	5,20 °/₀
4ᵉ —	2,75 °/₀
5ᵉ —	2,10 °/₀

A mesure que le turbinage se prolonge, le rendement par minute diminue beaucoup et pour l'augmenter il est nécessaire d'ajouter de l'eau dans le tambour. A l'origine on se contentait d'élever la proportion d'eau au râpage, l'expérience a démontré qu'il était préférable de la faire arriver dans le tambour de la turbine; soit après l'expulsion de la plus grande partie du jus, mais mieux deux ou trois minutes après le chargement, alors que la pulpe est encore abondamment imprégnée de jus. Les industriels se servant des turbines se trouvent bien de rendre l'intervention de l'eau intermittente; de cette façon le contact avec le jus est plus prolongé et le résultat préférable.

L'eau doit être amenée dans le tambour d'une façon intelligente, c'est-à-dire que, pendant la rotation, il faut qu'elle soit projetée sur toutes les parties de la toile métallique. On dispose généralement des réservoirs à eau au-dessus de chaque turbine; le récipient porte un tube pénétrant dans le tambour. Là il est muni d'une fente étroite dans le sens de la longueur, qui forme pendant le travail de la turbine une nappe liquide venant frapper uniformément la pulpe projetée. Le débit est réglé par un flotteur portant un index pouvant se mouvoir aisément le long d'une échelle.

Il est utile d'avoir une garniture métallique de rechange pour remplacer toutes les six heures celle qui a fonctionné dans le tambour et qui s'est encrassée d'un dépôt très adhérent de matières ligneuses. On nettoie ces garnitures en les lavant avec une solution alcaline faible et en les brossant après une injection de vapeur d'eau.

On a un contrôle de la fin du turbinage dans la couleur du résidu. Quand celui-ci est clair et qu'après avoir été retiré du tambour il noircit lentement à l'air, l'opération est à son terme; si au contraire, la pulpe exprimée est rougeâtre et noircit vite, cela provient du jus qu'elle contient encore et qui s'oxyde à l'air.

Les turbines ont l'avantage de produire un travail très rapide avec un personnel relativement restreint : mais cet avantage est compensé par un certain nombre d'inconvénients qui, à moins de modifications essentielles, limiteront toujours leur emploi dans les usines.

D'abord il faut se contenter d'un rendement assez minime ou introduire dans le jus une masse d'eau disproportionnée, qui a pour résultat d'élever les frais d'évaporation.

La rapidité de rotation du tambour au moment de l'addition de l'eau produit beaucoup de mousse, il faut l'enlever et la remettre dans l'appareil pour une opération suivante. De plus, la plupart des substances minérales et organiques si nuisibles aux traitements ultérieurs, ne sont pas arrêtés par la garniture du tambour.

Enfin, et c'est là le plus sérieux inconvénient de l'usage des turbines, c'est qu'il est absolument indispensable pour diriger l'atelier d'avoir à sa disposition un ouvrier intelligent et consciencieux.

CHAPITRE VII

EXTRACTION DU JUS DE BETTERAVE PAR MACÉRATION ET DIFFUSION

Si dans un bassin partagé en deux parties par une membrane plus ou moins poreuse, on place d'un côté une solution d'un corps susceptible de cristalliser et de l'autre de l'eau pure, il arrive, par suite d'une force moléculaire dont la cause n'est pas très bien connue, qu'une certaine quantité de la substance en solution traverse la membrane tandis que l'eau pure accomplit un semblable travail, mais en sens inverse jusqu'à ce que les deux côtés du bassin contiennent une liqueur d'égale densité ; c'est ce que l'on nomme en physique, osmose et exosmose.

Le pouvoir osmotique dépend de plusieurs circonstances ; de la nature de la membrane ou septum, de celle du corps qui diffuse, de la densité des solutions, etc.

La matière dont est fabriquée la cellule végétale peut servir de septum ; lorsqu'on la met en contact avec l'eau, le suc contenu dans cette cellule se diffuse ; l'eau vient prendre la place des matières disparues et l'équilibre n'est établi que lorsque les liquides à l'intérieur et à l'extérieur de la cellule sont à la même concentration.

Toutes les méthodes d'épuisement de la betterave par l'eau sont fondées sur ce principe.

Sigismund Marggaff avait déjà eu l'idée de cette manipulation qui fut mise en pratique pour la première fois en 1821 par Mathieu de Dombasle. Au lieu de râper les betteraves, ce dernier les divisait en rondelles qu'il faisait macérer méthodiquement avec de l'eau bouillante jusqu'à épuisement complet.

Pelletan opérait avec la pulpe elle-même, et remplaçait l'eau chaude par l'eau froide. Son lévigateur, qui date de 1837 et fut employé dans un grand nombre d'usines, consistait en une auge inclinée à 45° et partagée en vingt-quatre compartiments disposés de telle sorte que la communication se faisait par des conduits extérieurs partant du fond de l'un pour aller à la partie supérieure du suivant. Une vis d'Archimède également inclinée et divisée en vingt-quatre éléments faisait monter la pulpe d'une chambre à celle qui lui était immédiatement supérieure. L'eau suivait ainsi une marche inverse de celle de la pulpe qui arrivait au sommet du lévigateur complètement débarrassée de jus.

Ce procédé avait toutefois l'inconvénient d'introduire dans les jus trop de particules solides.

Martin et Champonnois imaginèrent un appareil ingénieux formé par un fort siphon en tôle renversé, dans lequel se mouvait une chaîne sans fin descendant dans une branche du siphon et montant dans l'autre. A cette chaîne étaient fixées des palettes circulaires de même section que le tube et entraînant les rondelles de betteraves dans une direction contraire à celle de l'eau bouillante. Il arrivait malheureusement que la chaleur transformait la pectose insoluble en une substance diffusable qui devenait un sérieux obstacle à la cristallisation du sucre. Pour éliminer cet inconvénient Dombasle proposa en 1840 de ne chauffer l'eau qu'à 85°, température suffisante pour activer le pouvoir osmotique sans introduire un excès de pectine. Nous verrons plus loin que cette modification fait partie du procédé Robert.

Un des procédés qui furent les plus employés, particulièrement en Allemagne fut la macération à froid de Schutzembach.

Cette macération se pratiquait, comme pour les autres méthodes du reste, par une sorte de lévigation. Un fait bien établi, c'est que les cossettes et même la pulpe ne cèdent que difficilement à l'eau froide les principes solubles qu'elles contiennent si cette eau ne possède aucun mouvement.

L'appareil Schutzembach consiste en une série de cuves d'environ 1^m,20 de diamètre, disposées sur un plan incliné de façon que le niveau de l'une d'entre elles soit à 15 centimètres plus bas que celui de la précédente. Ces cuves ont un fond permettant l'écoulement complet du liquide par l'ouverture d'une valve, un grillage disposé en faux-fond arrête les matières solides, enfin chacune d'elles possède un agitateur dont le mouvement est commandé par un arbre commun. Un tuyau latéral armé d'un robinet fait communiquer chaque cuve à la suivante, le tuyau de la dernière cuve arrive dans le bac d'une pompe qui peut élever le jus soit dans la première soit dans une caisse métallique située plus haut.

Au commencement de l'opération on remplit d'eau la cuve la plus élevée, puis on y fait arriver la pulpe pendant que l'agitateur est en mouvement, cette pulpe est transportée dans un wagonnet qui circule sur deux rails placés au-dessus des récipients. La première cuve étant en communication avec la seconde, on y fait arriver de l'eau pure qui déplace le jus plus dense, lequel se rend dans celle-ci où s'accomplit une nouvelle macération et ainsi de suite jusqu'à ce qu'on ait obtenu un liquide d'une densité à peu près égale à celle du jus naturel. Ce liquide est envoyé à la défécation.

Il est important dans le procédé Schutzembach de régler, par un essai préalable, le nombre de tours des agitateurs, car, si la rotation est trop rapide, il se produit de la mousse et dans le cas contraire le rendement est moindre. La quantité de pulpe obtenue est de 130 kilog. %.

Le même Schutzembach est l'auteur d'un procédé de macération des cossettes desséchées. Le but de cette invention était de permettre l'utilisation pendant toute l'année d'un matériel cher et encombrant qui, dans les conditions ordinaires, ne sert que pendant une campagne de cent vingt jours au plus. Ce système n'a pas eu de succès parce qu'il exige une double dépense en combustible, tout d'abord pour dessécher les cossettes, puis pour évaporer l'eau qui a servi à la macération.

Procédé Robert de Seelowitz. — Ce procédé qui n'est pas encore celui de la diffusion tel qu'on le met en pratique aujourd'hui s'en approche beaucoup. Les vases servant à la macération sont des cylindres en tôle disposés verticalement et terminés de part et d'autres par des fonds bombés, dont l'un, le supérieur, est muni d'un trou d'homme pour l'introduction des tranches. Ces cylindres possèdent un faux-fond grillagé sur lequel reposent les cossettes. Un serpentin en cuivre, placé immédiatement au-dessous de la grille, opère le chauffage par la vapeur. La vidange de l'appareil se fait par une porte latérale disposée au niveau de la grille.

Ces cylindres forment une batterie de six à vingt éléments, suivant le cas et sont disposés en gradins. Ils communiquent entre eux par un tuyau allant de la partie inférieure d'un cylindre au sommet du suivant. L'eau arrive par en haut sous une pression représentée par une colonne de deux mètres. Chaque vase est muni d'un robinet de vidange.

Les cylindres sont chargés de cossettes découpées dans la betterave et qui ont la forme d'un prisme triangulaire de la grosseur du doigt, l'eau pénètre dans le premier vase et se charge d'une certaine quantité de sucre ; au bout de quelques minutes de macération on ouvre le robinet qui met ce cylindre en communication avec le second.

Le jus tombe sur les cossettes, sa densité s'élève ; il pénètre après dans le troisième et ainsi de suite. Quand il possède une densité convenable on l'envoie alors directement à la chaudière à déféquer. Cela se produit lorsque le liquide sort du dernier récipient. Pendant ce temps l'eau pure a continué d'agir sur les cossettes du premier cylindre qui sont épuisées quand le jus a traversé toute la batterie. On fait alors écouler l'eau qu'il contient et on en opère la vidange avec des ringards. Ce cylindre nettoyé est de nouveau rempli avec des cossettes fraîches et devient le dernier de la série. On a soin de maintenir les jus plus ou moins dilués à la température de 85°.

Procédé de diffusion. — Avant de décrire le procédé de diffusion avec les détails exigés par l'importance qu'il a acquise ces dernières années, nous pensons qu'il y a intérêt à mettre en lumière les points caractéristiques de la méthode.

Les appareils sont analogues aux précédents sauf quelques modifications introduites par l'expérience. La macération se fait au moyen de l'eau froide, mais sur des cossettes ayant été chauffées par du jus porté à 90°. Cette température suffit pour distendre les éléments de la cellule et favoriser la diffusion sans entraîner dans les jus les substances nuisibles plus tard à la cristallisation du sucre. Ce chauffage n'a lieu qu'au moment où l'on introduit la cossette fraîche dans un des récipients, la diffusion se continue à une température plus basse, puis à froid. Comme dans les autres procédés de macération, les cossettes sont épuisées par l'échange de jus ayant une densité de plus en plus faible, à chaque période succède un équilibre différent et les jus sont

Fig. 7. — Coupe-racines (Cail et Cie).

de plus en plus chargés en pénétrant dans les cylindres qui contiennent de la pulpe de plus en plus riche.

Le procédé de la diffusion avec tous les perfectionnements actuels est donc moins une méthode particulière qu'un procédé ancien ayant reçu les transformations commandées par l'expérience.

Aujourd'hui les batteries de diffusion sont disposées en ligne ou mieux circulairement. Une batterie de diffusion se se compose :

1° D'un coupe-racines.

2° D'une série de diffuseurs de capacité variable.

3° D'un réchauffeur de jus ou *calorisateur* accompagnant chaque diffuseur.

4° D'un bassin d'eau fraîche bien pure placé à une certaine hauteur pour faire circuler les jus par pression.

Coupe-racines. — Le coupe-racines peut fonctionner soit au moyen de la force centrifuge, soit par des lames mobiles. Ce dernier étant de beaucoup le plus employé nous le décrirons seul. Ce coupe-racines se compose d'un axe mobile tournant avec une vitesse de 1,000 tours à la minute, au moyen d'une roue dentée fixée sur un dernier axe perpendiculaire au premier, qui reçoit son mouvement par une courroie sans fin. Un plateau d'environ $1^m,50$ solidaire du premier axe tourne en même temps que lui; ce plateau porte, disposées suivant des rayons, une série de lumières par où s'engagent, maintenus par une glissière, des couteaux destinés à détacher les lamelles ou cossettes de betterave.

Les racines arrivent par une trémie placée à gauche de la courroie, elles agissent seulement sur les couteaux par leur propre poids. Une partie de l'axe et le plateau sont entourés d'une caisse cylindrique en fonte ou en tôle où sont pratiquées trois ouvertures, une pour la trémie, une autre pour la sortie des tranches et une troisième pour le passage des couteaux.

Ces couteaux peuvent être de formes très diverses, les plus employés sont les couteaux Naprawil qui fournissent des tranches plates, et les couteaux faîtières qui enlèvent à la betterave des tranches de la forme d'un V. Dans les pays où l'on cherche à épuiser complètement les cossettes, c'est le dernier système qui est en usage : mais en Autriche et en Russie où l'impôt sur le sucre est perçu d'après la capacité des appareils de diffusion, auxquels on suppose un rendement déterminé, on emploie les couteaux Naprawil. En effet, avec la cossette triangulaire, le lessivage est plus régulier, l'eau pénètre dans toutes les parties de la masse, tandis qu'avec la cossette plate il entre plus de matières dans les cylindres, mais le tassement empêche l'épuisement complet.

Ces couteaux sont en acier légèrement trempé, d'environ 3 à 4 millimètres d'épaisseur et taillés en biseau à partir du milieu. Dans les couteaux Naprawil on a ménagé du côté de la partie affutée, des arêtes tranchantes dont le but est de diviser en cossettes la lamelle enlevée à la betterave par le couteau.

Il y a par lumière deux couteaux situés dans le prolongement l'un de l'autre, l'épaisseur des cossettes est réglée par l'inclinaison de la lame et la position d'un contre-fer placé parallèlement de l'autre côté de la lumière. Les lamelles produites par les couteaux Naprawil peuvent avoir de 6 à 7 millimètres de longueur sur 1,5 à 2 millimètres d'épaisseur.

Les couteaux dits faîtières ont leur tranchant sous la forme de zigzags, dont les angles au sommet mesurent environ 60°, les tranches enlevées ont une section triangulaire. En les alternant deux à deux, d'une façon convenable, on peut faire des cossettes en losange. — Il importe que les couteaux soient affutés très souvent, toutes les deux ou trois heures, pour produire une tranche bien nette sans déchirures, la dialyse s'accomplit mieux et les matières gommeuses pénètrent moins dans les jus; c'est un point important de la fabrication. On a deux jeux de couteaux afin d'éviter le chômage du coupe-racines.

Les betteraves arrivent par la trémie et sont pressées

contre le plateau par leur propre poids, les tranches ou cossettes tombent, ou dans la chambre située au-dessous du plateau, et de là sont envoyées par un bras en fonte en mouvement dans un wagonnet qui les transporte dans chacun des diffuseurs de la batterie en ligne, ou elles passent dans une sorte de nochère qui les dirige au-dessous de chaque diffuseur de la batterie circulaire. Cette nochère est engagée dans une rainure ou des galets facilitent ses mouvements.

Diffuseurs. — Les diffuseurs sont des vases métalliques disposés verticalement et d'une capacité variant de 12 à 25 hectolitres. Le corps de ces diffuseurs est cylindriques et

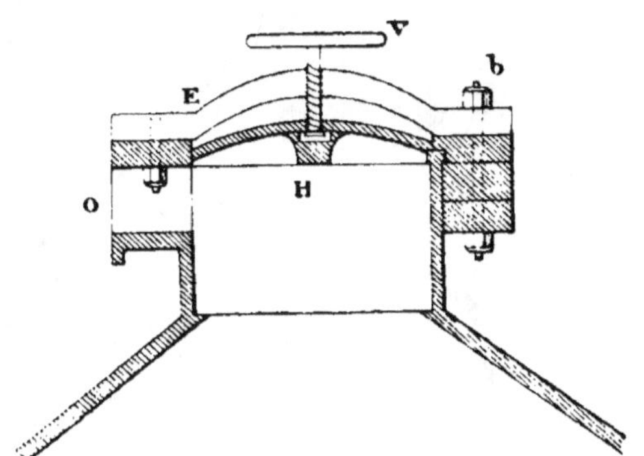

Fig. 8. — Armature supérieure d'un diffuseur.

composé en majeure partie d'une plaque en tôle boulonnée à deux armatures en fonte placées aux extrémités.

L'une de ces armatures constitue l'appareil de vidange, l'autre, la supérieure, contient le trou d'homme par où s'introduit la charge, et le tuyau de communication pour les jus.

L'armature supérieure d'un diffuseur (fig. 8) a la forme d'un tronc de cône très aplati, portant un cylindre d'environ cinquante centimètres de diamètre sur trente de hauteur, ouvert aux deux extrémités. La tuyauterie générale s'adapte par l'ouverture *O*. La fermeture du trou d'homme *H* est obtenu soit hydrauliquement soit au moyen d'une plaque en fonte à rainure dans laquelle est engagée une rondelle en caoutchouc, celle-ci est pressée contre le cylindre à l'aide d'une vis *V*, traversant un étrier en fer *E*, disposé suivant un diamètre du couvercle et solidement fixé à des oreilles en fonte faisant partie de l'armature fixe.

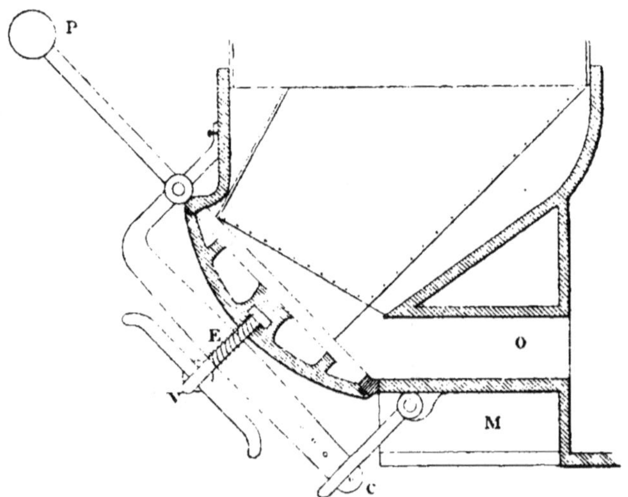

Fig. 9. — Armature inférieure d'un diffuseur

On découvre le trou d'homme en faisant tourner la vis dont l'extrémité est prisonnière dans une cavité ménagée dans le couvercle, celui-ci est soulevé et entraîné dans le mouvement de rotation que peut prendre l'étrier autour du boulon *b* qui lui sert de pivot. Il est évident que le système de fermeture varie avec les constructeurs.

L'armature inférieure est également en fonte, elle a aussi la forme d'un tronc de cône et peut se terminer par une porte de vidange à bayonnette, ou par une porte latérale. On effectue l'ouverture de la porte (fig. 9) en desserrant la vis engagée dans l'étrier qui maintient le couvercle contre l'armature; à l'aide d'une tige on tire le crochet C qui soutient l'étrier en place, la porte s'ouvre par l'effet de la charge du diffuseur aidée du contre-poids P.

Au fond du diffuseur est située une enveloppe en tôle perforée permettant au jus de circuler librement malgré la cossette jusqu'au tuyau O.

Les diffuseurs sont au-dessus du sol, supportés soit par des oreilles en fonte boulonnées à un plancher placé aux trois quarts de leur hauteur, soit au moyen d'une pièce M, de fonte également, faisant partie de l'armature sur un massif en maçonnerie.

Réchauffeurs de jus ou calorisateurs. — Autrefois les réchauffeurs de jus se trouvaient placés plus haut que la batterie de diffusion, aujourd'hui on les dispose en angle entre deux diffuseurs consécutifs. Ces appareils consistent en un cylindre en tôle traversé par un serpentin spiralé chauffé par la vapeur. Chaque diffuseur possède un calorisateur propre avec lequel il communique librement par la partie inférieure et au moyen de soupapes par la partie supérieure; la première communication permet la circulation des jus d'un calorisateur au diffuseur suivant, et la seconde le fait communiquer avec la conduite des jus.

Chaque calorisateur R (fig. 10) est muni d'un robinet c pour l'introduction de la vapeur, d'un robinet r pour les prises d'essai, d'un thermomètre et d'un clapet pour l'évacuation des eaux condensées.

Disons de suite que toutes les batteries de diffusion qui se construisent actuellement sont circulaires, cette disposition présente des avantages sérieux pour la rapidité du travail et la diminution de la main-d'œuvre. En effet, pour les batteries en ligne on est obligé d'opérer la charge avec des wagonnets, tandis que dans les batteries circulaires, la cossette arrive directement du coupe-racines dans les diffuseurs par la nochère.

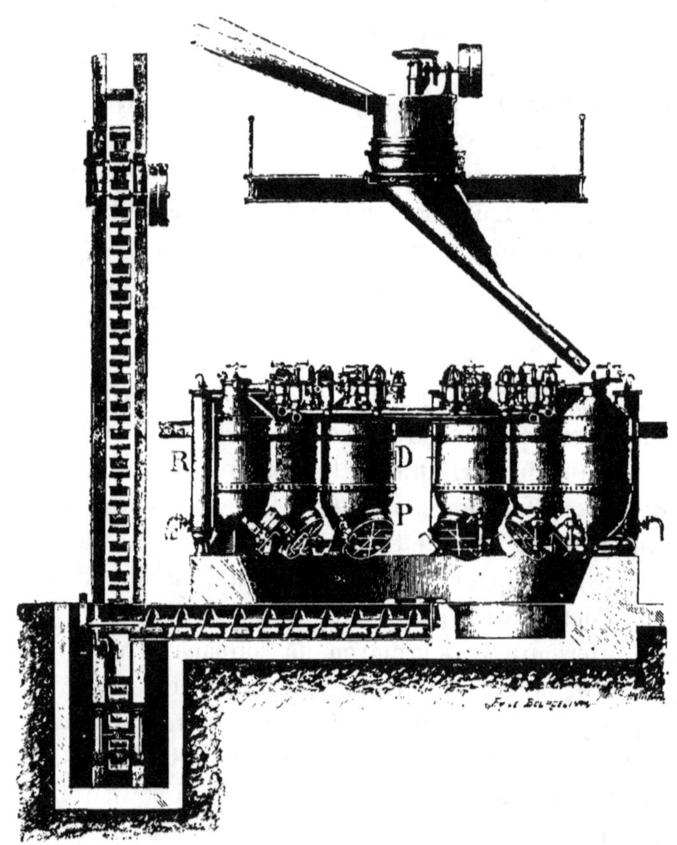

Fig. 10. — Batterie de diffusion (Cail et Cie).

Les diffuseurs sont en nombre variable, de huit à douze généralement, ils sont disposés sur un ouvrage en maçonnerie formant bassin, chaque diffuseur porte : 1° une soupape qui ouvre ou ferme la communication avec le diffuseur suivant; 2° une soupape pour envoyer les jus à la défécation; 3° une prise d'eau communiquant avec le bassin chargé d'établir la pression par un tuyau commun.

Marche de l'opération. — Les betteraves s'étant débarrassées dans le laveur épierreur de toutes les matières étrangères qui les salissaient, arrivent au moyen d'un élévateur sur un plan incliné se terminant à la trémie du coupe-racines. Un ouvrier ayant vue sur la batterie de diffusion est chargé de la marche de cet appareil où les racines se découpent en cossettes aussi régulières que possible. En sortant de la chambre où sont les couteaux les cossettes s'engagent dans la nochère mobile autour de l'axe du coupe-racines. La charge du diffuseur devient très commode à effectuer.

Supposons qu'une batterie de diffusion, composée de huit cylindres fonctionne, c'est-à-dire que six diffuseurs soient en macération, un en vidange et l'autre en charge, celui-ci reçoit la cossette descendant de la nochère; le chargement opéré, on fait arriver le jus du cylindre précédent porté à une température de 90° par le calorisateur. Cette chaleur a pour but de faciliter le dialyse en flétrissant la cossette et en modifiant favorablement la membrane cellulaire. Le mélange du jus et de la pulpe étant effectué, la température n'est plus que de 50°, on laisse la macération s'accomplir pendant un temps qui varie avec la capacité de l'appareil, puis on met le premier diffuseur, celui qui contient de la pulpe à peu près épuisée, en communication avec la pression d'eau. Par suite de la différence de densité, l'eau pure déplace le liquide peu chargé du premier cylindre, celui-ci passe, pour la même cause, à la place du jus du deuxième et ainsi de suite jusqu'au septième qui a reçu dans une précédente circulation de jus le liquide chauffé et déjà fortement chargé du sixième diffuseur. Nous avons dit plus haut qu'un cylindre était en vidange, c'est le dernier ou huitième. — Le jus sortant du septième diffuseur se rend directement à la défécation par un tuyau commun recevant le jus de tous les cylindres, par une branche spéciale.

L'opération continuant, le premier diffuseur est vide de sa pulpe et devient dernier, celui-ci reçoit à son tour une charge de cossettes fraîches et prend le septième rang, le jus qui vient le remplir est à 90°.

Dans ce système, le début seul de la diffusion a lieu avec du jus chauffé, au premier contact les cossettes sont à 50°, au deuxième, ne recevant que du jus froid, leur température s'abaisse, enfin, au troisième et au quatrième, elles deviennent complètement froides et c'est par du liquide à la température ordinaire que s'achève leur épuisement.

Cette disposition est très avantageuse, elle favorise, avons-nous dit la diffusion sans avoir les inconvénients du chauffage de la pulpe, tels que l'acidification rapide du jus et le passage des principes albumineux.

Pour diriger une batterie de diffusion il est nécessaire de vérifier à chaque instant la densité des jus et leur richesse, au moyen du saccharimètre, d'un densimètre et d'un thermomètre. A la sortie du diffuseur contenant la cossette fraîche, le jus doit avoir la densité du suc naturel.

La pulpe du diffuseur mis en vidange tombe brusquement à l'ouverture de la porte dans un bassin situé au-dessous de la batterie, elle en est retirée par une vis d'Archimède qui la déverse dans les godets d'un élévateur.

Batterie tournante. — Afin de diminuer encore la main-d'œuvre on a construit des batteries tournantes. Un semblable système fut exposé en 1878 et envoyé dans une fabrique de Bohème. Les diffuseurs, au nombre de neuf, sont disposés sur un bâti en fonte roulant autour d'un axe central à l'aide de galets et d'une roue dentée qui reçoit son mouvement par un ingénieux système de transmission. La batterie fait un tour complet en quarante-cinq minutes, la capacité des diffuseurs est de 16 hectolitres et la quantité de betteraves traitées est de 250,000 kilog. en vingt-quatre heures, le jus ayant une densité peu élevé, ou de 100,000 kilog. pour une perte de sucre représentée par 0,2 % de pulpe. Quatre ouvriers suffisent.

On a essayé d'employer la diffusion pour l'extraction du sucre de la canne, l'expérience n'a pas encore prononcé.

Diffusion continue. — Les batteries que nous venons de décrire sont ce que l'on nomme des « batteries allemandes ». MM. Charles et Perret ont imaginé un diffuseur continu d'une seule pièce. Il est formé d'un cylindre horizontal de 11 à 13 mètres de longueur pour un diamètre de 1^m,20 à 1^m,30. L'eau est introduite par une extrémité tandis que la cossette pénètre par l'autre et s'avance par l'intermédiaire d'une hélice tournant lentement. Le chauffage s'opère progressivement avec la densité du jus, c'est-à-dire qu'au point où la cossette entre, la température est de 80 à 85°, au centre du diffuseur, 50 à 60° et de 25 à 35° à l'autre extrémité. C'est la batterie française employée dans quelques usines seulement.

Emploi de la pulpe. — La pulpe de betterave est très appréciée des éleveurs, elle sert non seulement pendant la campagne sucrière, mais est conservée en silos pour la nourriture du bétail pendant toute l'année. On la mélange avec de la paille hachée et les bêtes en sont très friandes, surtout après un commencement de fermentation.

La valeur comparative de la pulpe obtenue dans les différents procédés que nous venons d'énumérer a été l'objet d'une grave discussion.

Les pulpes de presses étaient depuis longtemps estimées par les éleveurs, et dès l'apparition de la méthode de diffusion on lui reprocha de laisser un résidu trop aqueux et contenant fort peu de sucre. Les partisans de ce système soutenaient au contraire que la pulpe de diffusion était plus riche en matières nutritives et surtout en corps albuminoïdes coagulés par la haute température à laquelle la cossette avait été portée [1].

Il semble résulter toutefois d'un tableau tracé par M. Pagnoul que la pulpe des presses est préférable à celle de diffusion.

| | POUR 0/0 DE PULPE | | |
	eau	sucre	cendres insolubles	mat. azotée p " de mat séch.
Presses hydrauliques	75,71	6,82	1,95	6,08
— continues. .	81,21	5,77	0,83	6,30
Diffusion.	87.61	0,70	0,54	6,83

Quoi qu'il en soit, on extrait l'eau de la pulpe de diffusion au moyen de presses d'un système particulier. La première employée fut celle de Schoettler, puis vinrent les presses de Klusemann, de Selvig et Lange, et de Bergreen, avec laquelle on obtient un produit desséché représentant 30 à 45 % du poids de la betterave.

Les petites eaux qui s'échappent de la pulpe contiennent 1 gr. à 1gr,5 de sucre par litre.

Tel est le procédé de diffusion en faveur duquel M. Schreibler, chargé de faire un rapport à l'exposition de Vienne en 1873, s'exprime ainsi :

« Le procédé de diffusion n'a pas encore pénétré en France ni en Belgique. Il a été depuis quelques années

1. Ladureau, congrès betteravier de 1882, p. 111.

adopté en Allemagne et en Autriche avec une faveur inouïe. Il a produit dans le travail une modification qu'aucun procédé n'en avait encore amené de semblable. Jamais non plus un aussi grand nombre de fabriques n'avaient adopté une même méthode nouvelle.

« Ce procédé est issu de l'ancien mode de lessivage des betteraves fraîches auquel on donne le nom de macération verte (procédé imaginé par Mathieu de Dombasle.)

« C'est en 1865 que le fabricant Robert de Seelowitz, près de Brün, a fait connaître ce procédé. Beaucoup d'autres personnes ont depuis cette époque écrit sur ce sujet, et le procédé lui-même a subi des modifications notables. Les appareils ont été tellement perfectionnés, qu'ils ne laissent plus rien à désirer [1]. »

Depuis cette époque, ce procédé s'est répandu en France avec une grande rapidité, en 1876 une seule fabrique avait installé la diffusion, aujourd'hui les trois quarts travaillent avec les appareils de diffusion.

L'inconvénient de la méthode de Robert est d'exiger beaucoup d'eau et de l'eau très pure, sous peine d'introduire dans les jus des sels nuisibles à la cristallisation. Possoz a proposé d'établir la pression dans les appareils avec de l'air comprimé.

Aujourd'hui la méthode de diffusion l'emporte sur les presses continues; mais, pendant quelques années, la lutte a été vive, favorisée par les conditions économiques, variant d'un pays à l'autre, la qualité des betteraves, l'abondance et la pureté de l'eau. Ainsi, pendant la campagne de 1872-73, pendant que les fabriques de Bohème travaillant par diffusion ont bien marché, celles de M. Malzof, en Russie, de Waghaüsel, dans le Zollverein, durent reprendre les presses.

---

1. *Moniteur Scientifique* du Dr Quesneville, année 1877, p. 1287.

CHAPITRE VIII

TRAITEMENT DES JUS SUCRÉS. — DÉFÉCATION

Composition du jus de betterave. — Variation de la richesse en sucre. — Transport des jus. — Râperies. — Action de la chaux sur les jus. — Purification par double carbonatation. — Four à chaux continu. — Machine soufflante. — Traitement des écumes et boues de carbonatation. — Filtres presses.

Le jus de betterave, qu'il provienne des presses continues ou des appareils de diffusion, contient avec du sucre cristallisable un certain nombre de principes organiques, des sels minéraux, des ferments particuliers qu'il importe d'éliminer le plus tôt possible pour éviter son altération. En effet, le jus frais est d'abord peu coloré, un peu trouble, puis, au contact de l'air, il devient jaunâtre, ensuite brun et finalement noir ; des fragments solides se forment au sein de la masse et se précipitent pour donner naissance à un dépôt foncé. Des ferments transforment le sucre cristallisable, de l'acide lactique apparaît ou bien le jus devient glaireux, filant après une fermentation mannitique.

Cette altération du jus de betterave commence, pour ainsi dire, du moment où il est extrait de la cellule, quelquefois avant, particulièrement pour les racines conservées en silos. Ainsi, pendant les premières semaines de la fabrication, on obtient 75 à 80 kilog. de sucre blanc n° 3, pour 150 kilog. de masse cuite ; puis le rendement diminue, il devient de 70 à 75 kilog. pour la même quantité de matière et, vers la fin de la fabrication, ces chiffres descendent quelquefois à 60.

C'est donc un point important de la fabrication du sucre que celui qui consiste à obtenir des betteraves bien conservées. Nous n'avons point l'intention toutefois de fournir de nombreux détails à cet égard, qu'il nous soit permis cependant de faire remarquer ceci : la betterave étant composée d'un assemblage de cellules et le suc de ces cellules étant susceptible de se décomposer sous l'influence de l'air et de la chaleur, de fermenter en un mot, cette fermentation se propageant d'ailleurs rapidement, il y a tout intérêt à conserver les betteraves dans des conditions telles que l'air puisse avoir un accès facile et que la température des racines ne varie pas d'une façon trop brusque. A ces causes d'altération il faut joindre le flétrissement et l'accès direct des rayons lumineux sur les souches. M. Maumené a trouvé que les betteraves se desséchaient très rapidement et pouvaient, par contre, absorber de l'eau d'une manière aussi facile.

En France et en Allemagne, on conserve les betteraves dans des silos, en Russie, dans des bâtiments construits *ad hoc*.

Enlever les matières qui provoquent la décomposition des jus sucrés constitue la défécation. Cette opération s'est pratiquée au moyen de l'acide sulfurique et se fait aujourd'hui avec la chaux. La défécation est une partie très importante de l'industrie qui nous occupe, de sa bonne exécution dépend certainement le succès; il arrive fréquemment que pour la rendre plus facile on ajoute un peu de chaux dans la pulpe elle-même; où, quand on opère par diffusion, dans les bacs d'attente, immédiatement après la sortie des diffuseurs.

Dans les conditions économiques où se trouve placée l'industrie moderne, il est évident que plus une usine aura de matières à traiter à sa disposition, plus les méthodes employées seront rapides et les appareils parfaits, toutes choses égales d'ailleurs, plus les résultats donneront lieu à des bénéfices. Dans le cas du traitement des betteraves, le système des grandes usines est resté pour plusieurs causes, longtemps chose irréalisable : 1° l'impossibilité d'extraire en peu de temps le jus d'une grande quantité de racines en un seul endroit ; 2° la difficulté d'un approvisionnement rendu peu économique par l'augmentation des frais de transport. M. Linard a résolu le problème dès 1869.

Son système consiste à créer autour d'une usine centrale un certain nombre de petites fabriques appelées râperies, où s'opèrent seulement la réception des betteraves et l'extraction du jus. Primitivement organisées pour fonctionner avec le système des presses, beaucoup de râperies ont installé le matériel de diffusion.

Chacune de ces annexes est mise en communication avec l'usine centrale au moyen d'un tuyau en fonte, d'un diamètre variant avec la distance qui sépare la râperie de l'usine, et placé généralement le long des routes à 80 centimètres sous terre. A la râperie existe un bac où s'assemblent les jus qui, après une addition de 0,5 à 1,5 % de chaux sont envoyés à l'usine centrale à travers la canalisation au moyen d'une pompe foulante. On les reçoit dans de grands bacs d'attente jaugés.

La vitesse du jus dans ces canaux est d'environ 30 centimètres par seconde ; de sorte que pour parcourir une distance de 10 kilomètres il met dix heures. Cette circonstance, jointe à l'agitation continuelle du liquide, favorise l'action de la chaux et opère un commencement de défécation à froid.

Le cultivateur apporte ses betteraves à la râperie et emporte la pulpe nécessaire à la nourriture de ses bestiaux sans avoir à parcourir des distances considérables ; car, ces râperies sont construites sur les lieux mêmes de production, à des distances variables de l'usine, dans un rayon atteignant parfois 30 à 35 kilomètres. Leur nombre dépend évidemment de l'importance de la fabrique centrale ; ainsi de même qu'il existe des usines où l'on ne traite par campagne que 5 ou 6 millions de kilogrammes de betteraves, il y en a où il faut évaporer le jus fourni par plus de 150 millions de kilog. de racines, comme l'usine centrale d'Escaudœuvres, près de Cambrai, qui possède vingt-deux râperies avec un réseau tubulaire de plus de 200 kilomètres. Les usines de Meaux et d'Origny-Sainte-Benoîte ont chacune treize râperies. On évalue à 1 fr. 50 la dépense nécessaire pour produire dans une râperie mille litres de jus et l'on a calculé que le transport de la quantité correspondante de racines revenait à 3 francs meilleur marché pour une distance moyenne de 6 kilomètres.

Contrairement à toute supposition, les tuyaux bien entretenus ne s'engorgent pas, de temps à autre il convient de les nettoyer par une injection d'eau propre.

Défécation. — La défécation des jus sucrés s'opère aujourd'hui d'après le procédé dit de double carbonatation, breveté en France par Perier et Possoz, en Allemagne par Frey et Jellinck.

Ce procédé consiste à produire une précipitation de carbonate de chaux dans le jus contenant du lait de chaux, au moyen d'un courant d'acide carbonique, puis à faire une deuxième addition de chaux. Le carbonate qui se forme au sein de la masse colorée emprisonne les particules de la matière colorante et donne naissance à une laque qui entraîne avec elle les composés calco-organiques. Il faut avoir soin de laisser un peu de chaux caustique à l'état libre, car un excès d'acide carbonique redissoudrait le précipité de carbonate de chaux et les substances qui auraient été précipitées avec lui retourneraient dans le jus.

Il se passe en outre des réactions plus complexes, lesquelles aident le carbonate de chaux dans son action épurante. On a remarqué que si l'on met dans un jus chaulé une quantité d'acide telle qu'une addition nouvelle occasionne la précipitation du sel de chaux formé et que si à ce moment on fait intervenir l'acide carbonique, on obtient la précipitation d'un mélange calcique dès que l'acide aura saturé une certaine quantité de chaux. Un excès du gaz acide dissolvant le carbonate produit, les autres composés organo-calciques seraient isolés et par suite rentreraient de nouveau en dissolution.

Les inventeurs du procédé de double carbonatation imaginèrent de faire une première opération en additionnant les jus de chaux et en faisant passer un courant d'acide carbonique jusqu'à précipitation de la plus grande partie de la matière alcaline, puis de décanter et de terminer la défécation dans une deuxième chaudière après une nouvelle addition de chaux.

Chaudières à carbonatation. — Les chaudières à carbonatation sont formées de caisses rondes ou carrées en tôle forte, de capacité variant avec l'importance de l'usine; généralement elles sont au nombre de trois et ont une contenance totale de 45 hectolitres.

Chacune d'elles possède un large tuyau *a* à trois circonvolutions, disposé en spirale et destiné à la circulation de la vapeur de chauffage; un deuxième tuyau *b* (fig. 11) placé horizontalement sur le fond est disposé en forme de croix ou de carré; ce tuyau est muni d'une grande quantité de petites ouvertures dont le but est de livrer passage à l'acide carbonique produit dans un four à chaux et refoulé par une pompe aspirante et soufflante. L'acide arrive par un tuyau vertical *t*, à robinet, fixé lui-même sur un gros tube desservant toutes les chaudières, et pénètre par les trous dans le jus en le traversant dans tous les sens sous forme d'une quantité innombrable de bulles.

Le fond de la chaudière est en pente pour rendre plus facile le nettoyage et la vidange. Celle-ci s'opère à l'aide d'un trou placé dans la partie la plus basse et fermé par une bonde armée d'une tige de commande p; cette bonde enlevée, le jus se rend par un conduit c dans un bac à décanter.

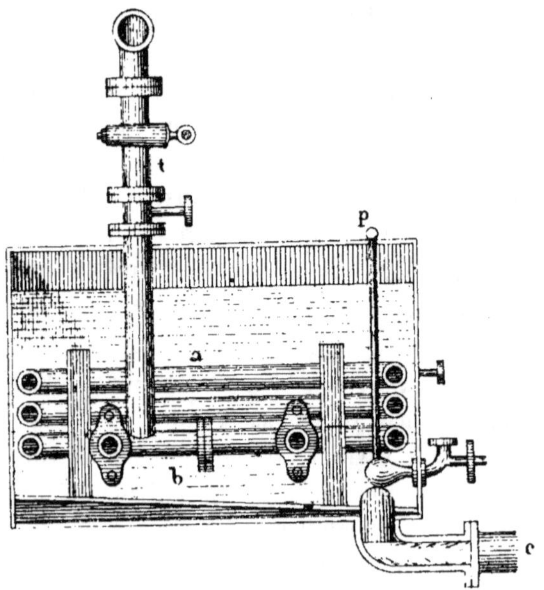

Fig. 11. — Chaudière à déféquer les jus.

Enfin, la chaudière est surmontée d'un émousseur destiné à briser la mousse produite par l'agitation de la masse, pendant le passage de l'acide carbonique. Autrefois cette mousse était abattue par l'addition de quelques cuillerées d'une substance huileuse; aujourd'hui on se sert de l'émousseur Evrard, qui est un peu dispendieux, ou mieux d'une sorte de toit en tôle surmonté d'une cheminée qui permet l'échappement de l'excès d'acide carbonique et des gaz qui se dégagent pendant la défécation.

Le jus alcalinisé des râperies est reçu à l'usine centrale dans un grand bac jaugé. Il a déjà subi un commencement de défécation à froid, une partie des acides a été neutralisée et il ne tire plus que 0,2 à 1 d'alcalinité réelle représentée en chaux conventionnellement. Une pompe fait monter ce jus aux chaudières à carbonater qui sont situées à un étage supérieur, il y arrive, chaulé ou non, par un tuyau à robinet; l'on emplit les chaudières jusqu'à une hauteur déterminée. Ce jus est froid ou déjà chaud suivant qu'il provient directement des presses ou qu'il a passé par le calorisateur de la batterie de diffusion.

La chaux nécessaire à la carbonatation est ajoutée soit dans les bacs soit dans les chaudières elles-mêmes; si le jus ne contient que la proportion d'alcali nécessaire pour suspendre son altération, on l'additionne au moyen d'un robinet placé au-dessus du bord supérieur de la chaudière d'un lait de chaux, jusqu'à ce que la quantité de base ait atteint 2,5 à 3 $^o/_o$ suivant les impuretés du jus.

Il est facile de préparer un lait de chaux de richesse voulue et par conséquent de faire la défécation dans des proportions convenables.

Le mélange étant effectué, on fait arriver l'acide carbonique, la défécation commence à la température initiale du jus.

Le gaz qui passe par les trous du tuyau et qui donne naissance à une abondante mousse, par suite de l'agitation que les bulles font éprouver au liquide, n'est pas de l'acide carbonique pur mais un mélange de différents gaz du foyer; généralement le gaz acide y est contenu dans la proportion de 20 à 25 $^o/_o$ en volume. Au commencement de l'injection la température est de 40 à 60°, puis le robine qui com-

mande la vapeur de chauffage étant ouvert, elle s'élève peu
à peu jusqu'à 80°. A ce moment on ferme le robinet de la
vapeur et on continue l'injection de l'acide carbonique
jusqu'à l'épreuve dit à la cuiller. Cette épreuve consiste en
un prélèvement avec une louche ordinaire de 100 à 200 centimètres cubes du jus déféqué; ce dépôt du précipité doit
se faire rapidement. Pour opérer une bonne carbonatation
on recommande de faire passer d'abord l'acide carbonique
à froid; il faut chauffer le moins longtemps possible afin
d'empêcher la solubilisation de la partie du précipité insoluble à froid seulement.

Les jus provenant de la première carbonatation conservent encore une certaine alcalinité, environ 1 à 1,5 par
litre. On l'apprécie par l'orangé III° Poirrier. Ce corps
fournit une solution orangée en liqueur neutre mais qui
prend une teinte rose violacée en présence d'un acide libre.
Ce réactif est d'autant plus commode que le virage se per-
çoit bien à la lumière artificielle, chose qui n'est pas sans
importance pour des fabriques travaillant jour et nuit.

La première carbonatation achevée, on élève rapidement
la température pour rassembler les boues et l'on ouvre la
bonde de décharge de la chaudière; le jus trouble se rend
dans un bac à décanter situé au-dessous et de même capacité que la chaudière.

Décantation. — Là les jus sont abandonnés un quart
d'heure à une demi-heure, jusqu'à ce que les boues se
soient déposées. Le fond des bacs à décanter est disposé de
façon à permettre l'écoulement facile des écumes par un
gros robinet ou un tampon dans une gouttière commune qui les emporte dans un monte-jus communiquant
avec les appareils à filtrer. Pour décanter le jus clair on se
sert ordinairement d'un robinet placé à la partie inférieure
du bac et armé à l'intérieur d'un tube flexible dont l'extré-

mité ouverte porte un flotteur qui le maintient à la surface. Dès que le jus qui coule pour être envoyé par une pompe à la deuxième carbonatation paraît trouble, on ferme le robinet. Le reste est filtré.

Dans quelques usines, tout le jus passe aux filtres-presses.

Deuxième carbonatation. — La deuxième carbonatation se fait dans des chaudières pareilles à celle que nous venons de décrire, elles sont au nombre de deux ; le jus y arrive chaud encore (60 ou 70°), on l'additionne d'une nouvelle quantité de chaux, environ 1 à 2 °/₀ en volume de lait d'une densité de 25°, et l'on ouvre le robinet qui commande l'accès de l'acide carbonique.

Dans cette partie de la défécation on laisse passer le courant gazeux jusqu'à disparition à peu près complète des écumes, ce qui indique que tout le carbonate de chaux est précipité. Pour être certain de ce résultat on essaie les liquides, avec l'orangé n° III ou bien, si les jus sont trop colorés, avec du papier de curcuma qui ne devra pas brunir.

Ce point obtenu, on ouvre le robinet à vapeur et l'on chauffe rapidement jusqu'à l'ébullition pour chasser l'acide carbonique ; le liquide trouble est ensuite vidé dans de nouveaux bacs situés au-dessous. Un quart d'heure plus tard les jus clairs sont décantés et envoyés à la filtration sur le noir tandis que les boues sont dirigées vers les filtres-presses.

Possoz se sert d'un thermomètre particulier pour mesurer la température dans les chaudières de défécation ; c'est un long tube en fer fermé à une extrémité et terminé d'autre part par un tube en verre non bouché, le liquide introduit dans ce tube est de la glycérine à 25° B. et colorée avec du caramel. Ce thermomètre gradué par comparaison est très commode.

Nous avons vu plus haut la théorie de la double carbonatation ; les acides formant des composés insolubles avec la chaux sont éliminés ; les matières grasses, les gommes, les corps albuminoïdes sont entraînés de la même façon en grande partie ; une forte odeur ammoniacale se dégageant des chaudières indique la décomposition de certaines substances azotées et en particulier de l'asparagine ; le glucose attaqué par la chaux colore les jus ; enfin, l'excès de base s'unissant avec le sucre, forme un sucrate que l'acide carbonique décompose pendant que le précipité de carbonate de chaux entraîne toutes les matières insolubles. Les jus ont encore une légère alcalinité due à la potasse, à la soude mises en liberté et aussi à une faible quantité d'ammoniaque surtout pour les jus de diffusion. L'oxalate d'ammoniaque n'y donne pas de trouble, et l'on trouve en outre quelques chlorures et des principes organiques plus ou moins modifiés.

Après chaque opération il faut faire le nettoyage des chaudières et des bacs ; pour cela on les lave à l'eau et l'on injecte dans le tube à acide carbonique de la vapeur d'eau, dans le but de déboucher les trous obstrués par les matières solides.

Dans les grandes fabriques la préparation du lait de chaux s'effectue dans des malaxeurs, dans l'axe desquels se meut un agitateur à bras qui reçoit son mouvement d'un arbre commun. Ces malaxeurs sont placés au-dessus des chaudières à déféquer pour faciliter l'écoulement.

On prépare généralement un lait contenant réellement 20 kilog. de chaux par hectolitre, mais, à cause des impuretés de la chaux employée, même lorsqu'elle est de bonne qualité, il est nécessaire d'en peser 22 kilog. par hectolitre. On fait d'abord une bouillie épaisse, puis l'on met l'agitateur en mouvement, et une fois la chaux éteinte, on étend d'eau pure, pour mettre au degré ; on se sert aussi des petites eaux de désucrage. Un tamis, disposé dans la gouttière qui emmène le lait aux chaudières, arrête les cailloux et les corps trop volumineux.

Four à chaux continu. — La chaux se prépare dans la fabrique même, simultanément avec l'acide carbonique. On se sert de fours à chaux continus, dans le genre de celui qu'a décrit Payen et que construit la maison Cail.

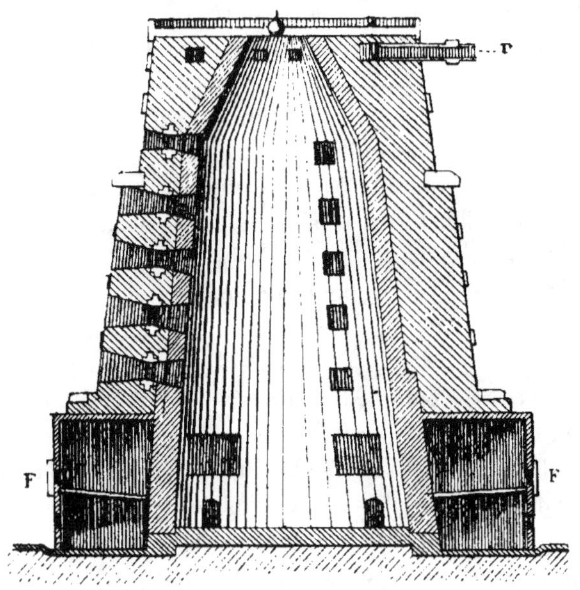

Fig. 12. — Four à chaux continu.

Ce four (fig. 12) est en maçonnerie et possède intérieurement à peu près la forme d'un cône légèrement tronqué; le chauffage s'effectue par plusieurs foyers extérieurs *F*, près de ces foyers se trouvent des ouvertures pour retirer la chaux vive. Le sommet du four est fermé par un couvercle ayant une ouverture bouchée par un obturateur et servant à la charge du four; celle-ci s'effectue d'abord avec des fragments de calcaire un peu gros; des feux de coke sont allumés dans les foyers et toutes les ouvertures sont bouchées. Rapidement le calcaire atteint la température vers laquelle a lieu la dissociation de l'acide carbonique, ce gaz se rend à la partie supérieure du four où se trouve un tube communiquant avec la pompe. De l'oxyde de carbone se forme aussi, mais on a eu soin de laisser dans la maçonnerie de nombreuses ouvertures fermées par des tiroirs en fonte qu'il suffit d'ouvrir pour faire pénétrer l'air, c'est-à-dire l'oxygène extérieur qui transforme cet oxyde de carbone en gaz acide.

C'est aussi par les ouvertures que les ouvriers, avec une barre en fer, font descendre le calcaire.

Le four est alimenté par un mélange de calcaire de bonne qualité et de coke, le tirage s'opère suffisamment avec une machine aspirante.

Les gaz qui s'échappent ne contiennent en réalité qu'environ 20 à 25 °/₀ d'acide carbonique en volume et encore ce corps n'est pas uniquement produit par le calcaire, mais aussi par la combustion du coke, qui devra contenir aussi peu de sulfures que possible.

Avant de faire pénétrer les gaz du four dans les chaudières de défécation il faut les refroidir et les purifier; pour cela on les fait passer dans un laveur. Cet appareil consiste en un cylindre partagé en quatre compartiments par des cloisons horizontales criblées de trous et portant chacune une ouverture plus grande dans laquelle s'engage un large tube offrant la même disposition que dans les colonnes à distiller; de l'eau arrive par un petit tube dans le compartiment supérieur, de là elle retombe de cloison en cloison en laissant une couche dans chaque compartiment, au fond du laveur se trouve un tube de vidange relevé de façon à permettre la formation d'une nappe assez haute de liquide. Les gaz pénètrent par un tube dans le compartiment intérieur, puis traversent les petits trous de chacune des cloisons et finalement s'engagent dans le tube de sortie, aspirés qu'ils sont par la pompe.

Filtres-presses. — Nous avons dit que les boues et écumes provenant des bacs à décanter étaient recueillies dans une gouttière desservant chaque bac et arrivaient dans deux monte-jus, dont l'un est toujours en pression tandis que l'autre se remplit, le travail des filtres-presses devant être continu, au moyen de la pression produite par la vapeur d'eau arrivant dans le monte-jus par un tube à robinet, ces boues montent aux filtres-presses pour y perdre le jus qu'elles contiennent.

Le premier filtre de ce genre a été imaginé en 1814 par Haward, depuis on en a construit de formes très variées, mais tous fondés sur le même principe; tels sont les filtres Teedham, Kite, qui sont aujourd'hui abandonnés, et les appareils Daneck, Trinks, Durieux, Gallois, Farinaux, etc. Les filtres-presses ont certainement rendu et rendent encore de grands services à l'industrie sucrière.

Ils sont tous construits sur le même principe, c'est-à-dire qu'ils sont composés d'une série de sacs en toile dont les côtés sont maintenus par des plaques métalliques percées de trous, de telle façon qu'un certain vide existe entre deux plaques trouées consécutives; les écumes arrivent dans les sacs sous pression, le jus filtre à travers la toile et s'écoule dans une gouttière.

Nous décrirons le filtre-presse du système Trinks.

Cet appareil (fig. 13) consiste en un solide bâtis en fonte terminé à l'une de ses extrémités par un plateau fixe, carré, *B*, disposé verticalement et portant à son centre une ouverture communiquant aux deux tubes *a* et *c*. A l'autre extrémité se trouve une sorte de gros écrou *E* solidaire

Fig. 13. — Filtre-presse du système Trinks (Cail et Cie).

d'un massif également en fonte *d* faisant corps avec le bâtis
et armé de deux oreilles *o* qui maintiennent des barres en
fer reliées horizontalement avec le plateau fixe. Dans l'écrou
est engagée une forte vis commandée par le volant *V*,
faisant avancer ou reculer un plateau mobile *C*, parallèle au
premier et portant comme lui deux pattes dans lesquelles
sont engagées les barres fixes ou bras. La vis et les deux
bras sont dans un même plan horizontal. Entre les deux
plateaux sont placés les éléments du filtre-presse.

Dans l'appareil Trinks ces éléments consistent en une
série de cadres en fonte assez larges auxquels sont fixées
de part et d'autre deux plaques en tôle percées de trous;
ces plaques présentent vers la partie extérieure une certaine
concavité, de telle façon que les côtés en fonte du cadre se
touchant, il existe un vide entre deux plaques de tôle consécutives appartenant à deux cadres différents. Une ouverture
circulaire placée au centre des tôles grillagées ou claies
permet le passage de la vis.

La surface filtrante est formée d'une toile à cheval sur le
cadre, portant à la partie centrale une ouverture correspondant avec celle de la claie. Afin d'éviter que les écumes
pénètrent dans l'intérieur de la claie, un large écrou en
bronze, perforé suivant son axe, maintient le bord des ouvertures de la toile fixe contre la claie. Enfin des robinets *r*,
placés dans le bas de chaque claie, permet l'écoulement des
jus filtrés dans la gouttière *g*.

Traitement des écumes. — Les boues et écumes de carbonatation venant du monte-jus arrivent par ce tube *c* dont
on ouvre le robinet dès que les cadres sont en place et
serrés les uns contre les autres. Cela étant, les ouvertures
centrales, disposées sur la même ligne, constituent un tuyau
prolongeant celui de l'arrivée des écumes et interrompu
seulement entre les claies.

Sur le tableau ci-dessous nous donnons la composition de ces boues telle qu'elle a été trouvée à l'usine de Meaux :

Carbonate de chaux	50 »
Eau	34 »
Matières azotées et sucrées. .	6,35 (Az. 0,370)
Matières minérales	2,15
Chaux libre	7,50
	100 »

Ces boues ne pouvant pénétrer dans l'intérieur des boîtes, se répandent dans les espaces vides et filtrent à travers les toiles et la tôle trouée, peu à peu l'espace compris entre les cadres s'emplit, le jus coule plus difficilement et ne tombe plus au robinet que goutte à goutte. Cependant elles retiennent encore du sucre, soit libre soit combiné ; pour l'obtenir on fait arriver par le tube a de l'eau pure d'abord, qui déplace le jus, puis de la vapeur sous pression, qui déplace l'eau à son tour On ferme le robinet d'arrivée dès que la vapeur, s'étant fait jour entre les cadres, apparaît à l'extérieur.

On desserre ensuite le filtre-presse à l'aide du volant, et deux ouvriers placés de chaque côté, faisant glisser les cadres l'un après l'autre, enlèvent les tourteaux solides qui sont amincis sur les bords ; ces tourteaux tombent dans des wagonnets qui les emportent.

Les cadres du filtre-presse étant vidés et resserrés, l'appareil peut fonctionner de nouveau, la manœuvre est simple et rapide.

Autrefois, en France, les tourteaux étaient employés comme engrais ; ils forment environ le dixième du poids de la betterave et contiennent encore 3 à 4 °/₀ de sucre libre et combiné. Actuellement on les malaxe avec de l'eau et on les repasse au filtre-presse. Il est ainsi possible de pousser l'épuisement jusqu'à ce qu'il ne reste plus que 1,5 à 0,5 °/₀ de sucre.

Les petites eaux de désucrage servent à étendre, ainsi que nous l'avons vu, la bouillie obtenue après l'extinction de la chaux.

Il est très intéressant de faire l'analyse des résidus des filtres-presses, car cela permet de juger de la marche de la carbonatation. On fait cette analyse d'après la méthode de Obst. On pèse 16 gr. 2 d'écume que l'on délaye dans l'eau avec 8 gr. d'azotate d'ammoniaque. Le sucrate de chaux est décomposé, on met le tout dans un ballon de 100 centimètres cubes dont on complète le volume après addition de 5 centimètres cubes d'acétate de plomb et on filtre. On dose au saccharimètre.

Les ouvriers se rendent compte du travail du filtre-presse en prenant la densité du liquide qui découle des cadres.

Ce jus est envoyé par le tube p aux chaudières de deuxième carbonatation où il suit le traitement ordinaire.

CHAPITRE IX

FILTRATION ET CONCENTRATION DU JUS DÉFÉQUÉ

Propriétés décolorantes et absorbantes du noir animal. — Filtres à
noir. — Révivification du noir. — Fermentation. — Lavage à
l'eau et à la vapeur. — Fours à reviviﬁer le noir. — Fabrication
du noir.
Concentration du jus filtré. — Appareil Rillieux. — Triple effet. —
Filtration du sirop. — Emploi des Poches Puvrez.

En sortant des bacs à décanter de la deuxième carbonatation, le jus clair se rend dans un grand bac d'attente placé
au-dessus de la batterie des filtres à noir animal.

Ce jus qui renferme, ainsi que nous l'avons vu dans le
chapitre précédent, de la potasse, de la soude, des traces
d'ammoniaque et de chaux, des chlorures, des matières
albuminoïdes, est de plus généralement assez coloré. Le
glucose qui s'est formé aux dépens du sucre cristallisé
depuis la récolte des betteraves, mis en contact avec la
chaux à la température de la défécation, est attaqué et donne
naissance à des substances colorantes. Plus la campagne est
avancée, plus le jus contient de ce glucose et plus il est
chargé en couleur. Ainsi composé, il ne pourrait être soumis
immédiatement à la concentration sans occasionner des
pertes notables, il est nécessaire de l'épurer davantage, de
continuer l'action commencée par la chaux. L'épuration du
jus déféqué se fait par filtration dans des cylindres remplis
de noir animal.

Propriétés du noir. — C'est Lowitz qui découvrit l'action décolorante du charbon de bois sur les liquides organiques; en 1811, Figuier, de Montpellier, montra que le noir animal obtenu en calcinant les os dans des vases clos, possédait cette propriété à un degré bien supérieur. Plus tard Derosne se servit du noir animal en poudre. Enfin, en 1821, la Société de Pharmacie ayant proposé comme sujet de concours d'expliquer l'action du noir animal comme décolorant, Bussy et Payen remportèrent les premiers prix, et depuis eux l'étude des propriétés du noir a fait peu de progrès.

Payen, dans son mémoire, mentionne que le noir possède en outre la faculté d'absorber certaines substances salines et organiques.

À l'origine, le noir était employé en poudre; on le faisait cuire dans une chaudière avec le jus à purifier et on passait sur un filtre; généralement une petite quantité de sang était incorporée comme cela se pratique aujourd'hui encore dans les raffineries. Le noir s'emparait du colorant et, par l'ébullition l'albumine du sang se coagulant, entraînait les particules de noir et les matières étrangères. Dans ces conditions le noir ne pouvait plus servir que comme engrais.

Dumont eut le premier, en 1828, l'idée d'employer le noir en grains en le plaçant dans un grand cylindre traversé par les jus; mais sa découverte n'aurait certainement pas eu l'importance qu'elle a acquise si en même temps il n'avait montré que le noir en grains pouvait être débarrassé des matières qu'il a retenues dans la filtration. C'est de cette époque que date la révivification du noir, qui eut pour résultat de donner un essor vraiment considérable à l'industrie indigène. Les fabricants purent désormais filtrer leur jus sans économiser le noir, ils obtinrent de la sorte des sirops plus beaux et d'un prix de revient moindre.

Le charbon animal doit être en grains réguliers, d'un noir

mat, ni brun, ni parsemé de grains de nuances plus claires, ce qui indiquerait que sa fabrication ou sa révivification ont été mal conduites. On ne doit point voir en certains endroits des surfaces vitrifiées. Si l'on emploie le noir neuf on devra d'abord le laver à l'eau acidulée d'acide chlorhydrique pour dissoudre quelques sels minéraux qui souilleraient les produits de la filtration. Le noir revivifié sera blutté avec soin.

Le meilleur noir est obtenu par la combustion en vase clos, de tibias, de fémurs provenant de bœufs, de chevaux ou de moutons. On peut se servir d'os dégélatinisés ou d'os contenant encore l'osséine; ces derniers sont préférables; à l'analyse chimique, le noir animal fabriqué avec des os non dégélatinisés a donné le résultat suivant, d'après M. Bobierre de Nantes :

Charbon et matières organiques .	10,8
Sels solubles dans l'eau	0,8
Silice.	2,8
Alumine et oxyde de fer. . . .	0,7
Phosphate de chaux	81,7
Carbonate de chaux	3,0
Magnésie et pertes	0,2

Il contient en outre de l'azote et de l'acide carbonique.

Malgré de nombreuses recherches, on n'est pas encore complètement édifié sur l'action du noir animal comme décolorant et comme absorbant des matières salines; on croit, et certains faits semblent le démontrer, que cette action est en grande partie mécanique. Il n'importe, aucune substance, aucun mélange si habilement combiné qu'il soit, n'a pu remplacer complètement le noir animal, cela tient sans doute à la conformation particulière de la masse du grain, à sa porosité toute naturelle. En effet, si par une calcination prolongée cette porosité est détruite, le noir perd presque totalement ses propriétés.

Il résulte des différents travaux faits sur le noir par Bussy, Payen, Schatten, Michaelis, Leplay. etc. :

1° Que le charbon animal absorbe les matières colorantes des liqueurs organiques sans les décomposer, qu'il se forme une combinaison entre la molécule colorée et le noir semblable à celle que produirait l'albumine en gelée, combinaison dont les éléments peuvent être séparés aisément avec leurs propriétés caractéristiques.

2° Que le phénomène de la décoloration est entièrement physique et lié à la conformation du noir, le phosphate et les autres sels n'agissant que d'une façon insignifiante.

3° Outre le pouvoir décolorant, le noir possède la faculté d'absorber certains sels; cette absorption est d'autant plus active que les jus traités sont plus concentrés, et elle est liée de plus à la nature de la matière saline.

4° Que les pouvoirs décolorant et absorbant ne sont pas indéfinis, mais dépendent de l'impureté des jus et de la nature des impuretés. Ainsi, en quatre heures de travail, le noir animal épuise la propriété d'absorber les matières odorantes, les substances azotées et ammoniacales; pour les alcalis libres et leurs sels, un semblable résultat est obtenu au bout d'un temps six à huit fois plus considérable; enfin le noir décolore les jus trente à quarante fois plus longtemps.

5° Enfin qu'on peut rendre au charbon animal ses propriétés premières en enlevant par des procédés divers les matières qu'il a fixées ou absorbées.

Filtration. — La filtration se fait à deux reprises différentes, premièrement avec les jus venant de la deuxième carbonatation, ensuite avec ces mêmes jus concentrés et à l'état de sirop.

Les filtres sont plus ou moins nombreux suivant l'importance de la fabrique; ils sont disposés sur une seule ligne, réunis, ils forment une batterie. En général, la partie supérieure de chaque filtre se trouve séparée du reste par un plancher, de manière que la charge s'effectue à un étage et la vidange à un autre, au-dessous.

Aujourd'hui on filtre en vases clos; les filtres Dumont, autrefois en usage, étaient ouverts par le haut et les jus étaient versés par un robinet.

Ces filtres clos sont de grands cylindres d'environ 80 centimètres de diamètre sur 4 à 5 mètres de hauteur, portant sur le côté, à la partie inférieure, un trou d'homme de 30 à 40 centimètres de diamètre, fermé au moyen d'une vis de pression pour la vidange. Ce cylindre se trouve terminé de part et d'autre par une calotte métallique; la calotte supérieure porte un autre trou d'homme de même dimension que le trou de vidange et fermé comme lui par une plaque à charnière munie d'un joint en caoutchouc.

Au bas du filtre est adapté un double fond percé de trous et couvert d'une toile ; ce fond peut s'enlever facilement pour le nettoyage. Un tuyau en fonte partant de l'extrémité inférieure se dirige d'abord horizontalement puis, se redressant, vient s'ouvrir par un robinet dans un canal à deux voies, dont l'une sert à transporter les jus filtrés aux appareils à concentration et l'autre conduit les sirops à la cuite. Un second tuyau partant de la calotte supérieure s'élève verticalement et se rattache par des tubes à robinet à quatre autres tuyaux courant parallèlement le long de la batterie des filtres. L'un de ces tubes est en communication avec les générateurs et amène la vapeur à haute pression, le second conduit l'eau pure, les deux autres servent à faire arriver aux filtres les jus et les sirops provenant des bacs d'attente; enfin, au-dessus de ces embranchements, se trouve un robinet par où peut sortir l'air du filtre.

Quelquefois on fait communiquer un filtre au suivant de

façon à opérer, s'il y a lieu, une deuxième, une troisième et même une quatrième filtration.

Pour faire la vidange des liquides autres que les jus et les sirops (eau de lavage, vapeur condensée , le tube de sortie porte un robinet.

Le noir animal, amené par un charriot, est versé dans le filtre jusqu'à environ 40 centimètres au-dessous de la calotte supérieure. Ce charriot circule sur des rails le long de la batterie et peut lui-même être chargé au moyen d'un monte-noir à godets. Le trou d'homme étant fermé, le filtre peut entrer immédiatement en fonction. Il est bon de faire passer d'abord un courant de vapeur ou d'eau bouillante, cela développe singulièrement les propriétés du noir; l'eau est évacuée par un robinet de décharge.

C'est un fait constant, d'ailleurs, que la chaleur favorise la filtration, et celle-ci s'accomplit d'autant mieux que la température est plus élevée. Quand les jus viennent de la défécation il n'y a pas lieu de les chauffer davantage, car si les opérations se font avec rapidité ils ont conservé suffisamment de cha'eur. Il n'en est pas de même pour les sirops venant du triple effet, ils sont presque froids, et avant de les filtrer il faut les faire passer dans une chaudière à réchauffer, ainsi que nous le verrons dans quelques instants.

Pour éviter la déperdition de la chaleur on entoure les filtres d'un corps mauvais conducteur; c'est une enveloppe en bois le plus souvent.

On reconnaît qu'un filtre ne peut plus servir lorsque le jus filtré perd sa limpidité; parfois on aperçoit des stries blanches, des nuages dont la nature n'est pas connue, mais qui amèneraient bien rapidement la fermentation dans les bacs si l'on ne se hâtait d'arrêter la filtration. Le praticien, au seul aspect du jus, sait distinguer le moment où un filtre réclame son changement. Quant à la durée d'un filtre. elle est sujette à beaucoup de variations; ainsi avec des betteraves vertes n'étant pas complètement mûres, les stries apparaissent au bout de quelques heures ; il semble qu'on se trouve là en présence d'une matière organique spéciale qui abonderait dans les betteraves avant la maturité, et que le noir absorberait plus difficilement ou en serait saturé plus vite (Horsin Déon).

Dès que l'on a reconnu qu'un filtre doit être changé, on ferme le robinet de jus et on ouvre celui de l'eau qui a pour but d'enlever au noir le liquide sucré dont il est imprégné ; les premières portions de cette eau sont envoyées dans le réservoir à jus ; mais au bout de quelques instants on ferme le robinet et on ouvre celui de décharge, qui déverse cette eau dans un canal la conduisant ordinairement dans les égouts de l'usine. Il serait imprudent, pour éviter une petite perte de sucre de faire rentrer cette eau dans le travail ; elle ne fournirait que des mélasses, car en passant sur du noir saturé, elle a commencé une sorte de lavage et contient avec peu de sucre beaucoup d'impuretés.

Si on représente par 10 le coefficient de pureté des jus non filtrés, le chiffre correspondant pour ceux qui ont passé sur le noir est de 15 ou 16.

Après l'arrêt de la filtration on ouvre le trou de vidange et l'on débarrasse le filtre, qui est ensuite lavé à la vapeur et rechargé. Le noir impur est emporté dans des wagonnets aux cuves de fermentation ; c'est par là en effet que commence la révivification.

Révivification du noir. — Les grains du charbon contiennent à ce moment du sucre, des sels alcalins, des substances organiques, du carbonate de chaux, de la chaux, des matières solides retenues mécaniquement dans les pores, des pulpes folles ; il convient d'extraire tous ces éléments étrangers. Pour cela on a imaginé de le soumettre à une haute température dans des fours coulants. Mais auparavant on enlève la majeure partie des impuretés par un traitement spécial qui a lieu dans l'ordre suivant :

1° Fermentation;

2° Lavage à l'eau pure;

3° Lavage à la vapeur.

La fermentation est très propre à dépouiller le noir des produits impurs, quelques-uns de ces derniers deviennent solubles et disparaissent ainsi, d'autres sont isolés par la départ des matières fermentescibles qui les emprisonnaient dans les pores et sont rejetées par l'ébullition gazeuse qui se produit. Le carbonate de chaux, en présence de l'acide carbonique, forme du bicarbonate soluble et disparaît par un simple lavage à l'eau alors que la fermentation s'est effectuée sans addition d'acide; mais il vaut mieux opérer en présence d'une petite quantité d'acide chlorhydrique.

Le noir est jeté dans de grandes cuves en maçonnerie d'un mètre de profondeur et d'une capacité d'environ 100 hectolitres. Pour obtenir le mélange intime du noir et de l'acide, on place le charbon animal dans un bac de faibles dimensions, on projette dessus une petite quantité d'acide chlorhydrique et on brasse énergiquement avec une pelle, le tout est versé dans la citerne. Lorsque celle-ci est pleine, on arrose avec de l'eau acidulée jusqu'à ce que la surface du liquide soit à dix centimètres de la couche de noir.

La fermentation s'établit facilement, de nombreuses bulles viennent crever à la surface en communiquant au liquide une teinte blanchâtre; la température s'élève, il se forme d'abord de l'alcool puis de l'acide lactique. Au bout de quatre ou cinq jours, l'effervescence disparaît, la température de la masse reprend son état normal, la fermentation est terminée, on évacue le liquide laiteux par le fond et on lave dans la citerne même, en laissant séjourner l'eau six heures au plus.

Quelquefois, au lieu de placer le noir dans des citernes,

on le met en tas après imbibition d'acide et on laisse la fermentation s'effectuer à sec ; des gaz se forment qui répandent dans l'air une odeur caractéristique, la masse se recouvre d'efflorescences blanchâtres ; mais ce procédé demande beaucoup de surveillance : la fermentation n'étant pas toujours commode à régler, il arrive parfois que la température s'élève à ce point que les tas prennent feu.

En sortant des cuves à fermentation, le noir est soumis à un lavage à l'eau pure.

Autrefois ce lavage se faisait à la pelle, mais il y avait à cela un double inconvénient ; premièrement la main d'œuvre était trop élevée, ensuite la perte en noir était assez forte par suite de sa pulvérisation. Ce lavage se pratique aujourd'hui mécaniquement.

Le laveur le plus employé (fig. 14) est une auge longue en tôle légèrement inclinée dans laquelle se meut une hélice au moyen de la manivelle *m* ; le noir venant de la fermentation tombe dans la trémie qui se trouve placée dans la partie la plus basse du laveur, un robinet *p*, situé à l'autre extrémité, amène l'eau chaude de condensation de la deuxième et troisième caisses du triple effet. Cette eau circule dans les grains en descendant l'auge tandis que le noir monte par suite de la rotation de l'hélice. Le noir lavé s'écoule par l'ouverture *o*, tandis que l'eau de lavage contenant le noir pulvérisé se rend par un robinet caché dans la figure à un premier bassin où la poudre se dépose, puis dans un deuxième où l'eau termine de se dépouiller. Ce noir fin est un engrais excellent.

On dit beaucoup de bien du laveur universel de Schreiber, où le noir est moins brisé par le contact des organes de la machine ; son lavage est effectué dans un grand cylindre creux dans lequel sont disposées deux aubes tournées gauchement et légèrement inclinées sur la génératrice. Ce cylindre tourne au moyen de roues à dents et de crémaillères

Fig. 14. — Laveur à noir (Cail et Cie).

fixées antérieurement. Le noir circule dans le laveur par son propre poids en même temps que l'eau chemine en sens inverse. Les grains sont saisis par les aubes et retombent au fond du cylindre en traversant l'eau par suite de la vitesse acquise dans leur chute; il ne se produit de la sorte aucun choc ni écrasement et l'économie est grande.

A la suite du lavage à l'eau pure, il est bon de pratiquer un lessivage à la vapeur, les pores du noir retiennent encore en effet, par capillarité, des matières organiques et minérales.

Pour cela, il est enfermé dans un cylindre vertical de 1^m,50 de hauteur environ sur 10 centimètres de diamètre et muni de deux trous d'hommes fermés par des plaques à joints étanches garnis de rondelles de caoutchouc pour résister à la pression; un peu au-dessous du trou d'homme inférieur existe un double fond criblé de trous.

La charge étant effectuée et les trous d'homme fermés, on ouvre le robinet qui permet l'accès de la vapeur à haute pression. En arrivant dans le cylindre elle se condense d'abord et l'eau qui en provient s'écoule laiteuse par le tuyau purgeur ; puis, à mesure que le lavage s'effectue, elle devient limpide; enfin, le noir prenant la température de la vapeur, il ne s'en condense plus. On ferme alors le robinet d'arrivée et le noir est retiré presque sec.

Fours à revivifier. — Malgré la fermentation, le lavage à l'eau bouillante et à la vapeur, le noir n'est pas complètement débarrassé des matières qui le souillaient, il a besoin d'être torréfié pour carboniser les substances organiques encore adhérentes et mettre à découvert la structure et le corps même du grain; cette calcination s'effectue dans des fours coulants de modèles plus ou moins ingénieux.

Ils sont disposés de deux façons, soit que le foyer soit au centre, soit que la calcination soit produite par la flamme d'un foyer à réverbère placé par côté. Les fours à revivifier le noir les plus connus sont ceux de Schreiber, de Steveneau, de Crespel Delisse, de Blaise, de Ruelle ; les figures 15 et 16 représentent le modèle construit par la maison Cail.

Le four Cail consiste en une série de tuyaux en fonte disposés à droite et à gauche d'un foyer central. Ces tuyaux sont disposés verticalement et formés de trois tronçons, celui du milieu étant moins long que le plus élevé et le plus bas plus court que le précédent. Ils sont au nombre de vingt, dix de chaque côté du foyer.

Le noir provenant du laveur et encore humide est d'abord placé dans une cuvette en fonte qui surmonte le four où il perd son humidité au moyen de la chaleur perdue. Un registre R commande le tirage de la cheminée par où passent les gaz de la combustion du foyer. La dessication du noir continue ensuite de se produire dans les tronçons supérieurs des tuyaux où il pénètre et qui sont chauffés par le retour de flamme ; puis de là il descend dans la partie la plus chaude.

La température à laquelle il faut porter le noir doit être soigneusement fixée : il est bien vrai que ce pouvoir décolorant et absorbant augmente avec le degré de torréfaction ; mais au-delà d'une certaine limite les grains se vitrifient et le noir perd entièrement les propriétés pour lesquelles il est en usage. La température la plus convenable pour la calcination est de 350 à 400°.

Afin d'opérer sur tous les grains de la même façon, la section des tubes est un rectangle allongé ; car s'il en était autrement, si les tuyaux étaient des prismes carrés ou des cylindres, le charbon étant mauvais conducteur de la chaleur, les grains avoisinant la fonte seraient portés à la température de 400° avant que ceux de l'intérieur soient chauffés suffisamment.

Les tuyaux reposent sur des plaques en fonte percées de trous correspondant aux ouvertures des tronçons; une poignée p permet d'ouvrir tous les tuyaux à la fois.

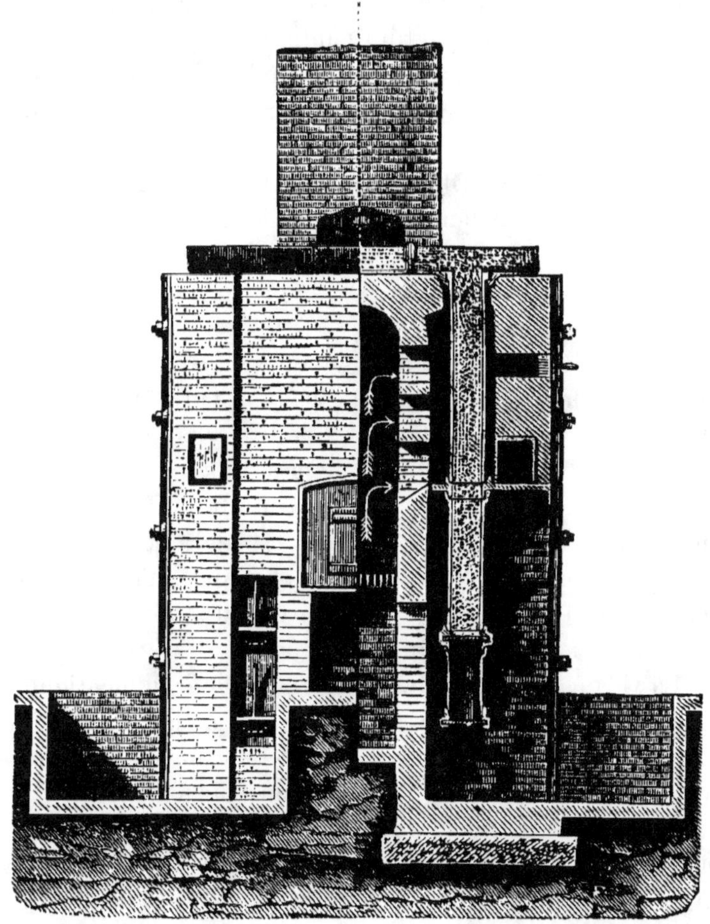

Fig. 15. — Four à revivifier le noir animal (Cail et Cie).

La calcination doit durer environ une demi-heure; au bout de ce temps le noir calciné tombe dans les tronçons inférieurs, où il se refroidit, puis, de là, il se rend dans une chambre spéciale *c* d'où il est retiré pour être blutté avant de servir au chargement des filtres.

Pour éviter les coups de feu trop violents, un mur en brique, percé de carneaux disposés entre chaque tube, supporte le premier effet de la chaleur. Il est également important de veiller à la parfaite jointure des tronçons, car s'il rentrait de l'air dans les tubes pendant la calcination, le carbone contenu dans le noir disparaîtrait et il ne sortirait que des os blanchis.

Un four coulant ordinaire consomme 200 à 250 kilog. de houille pour revivifier 1,000 kilog. de noir et, en général, lorsqu'il a vingt tuyaux comme celui que nous venons de décrire, on peut, en vingt-quatre heures, torréfier 20,000 kilog. de noir.

Le four Ruelle fonctionne d'une façon originale : la calcination du noir s'opère, comme pour le four Cail, dans des tubes verticaux en fonte suivis de tronçons pour le refroidissement, mais l'ensemble de ces tubes est disposé en faisceau tournant autour d'un axe central par un mouvement lent et automatique. Le foyer est latéral, et l'entourage en maçonnerie des tubes forme cheminée, de sorte que chaque tuyau se présente successivement à un endroit où il est chauffé à la température convenable.

La vidange du four Ruelle est de même automatique et s'opère par une came à ressort fixée à un endroit déterminé; chaque tuyau passe par là, touche cette came et la soupape de vidange s'ouvre livrant passage au noir torréfié.

En général, le noir ne se fabrique pas à l'usine sucrière, cependant l'industriel y trouverait d'assez beaux bénéfices. Au lieu d'employer l'ancienne méthode qui consistait à faire cuire les os dans des marmites en fonte placées les unes sur les autres et en dehors du contact de l'air, il est facile et avantageux de faire usage du procédé Sebor tel qu'il existe en Bohême ou plus ou moins modifié.

La préparation du noir animal, dans ces conditions, a beaucoup d'analogie avec la fabrication du gaz d'éclairage, la combustion des os s'effectue dans des cornues placées au

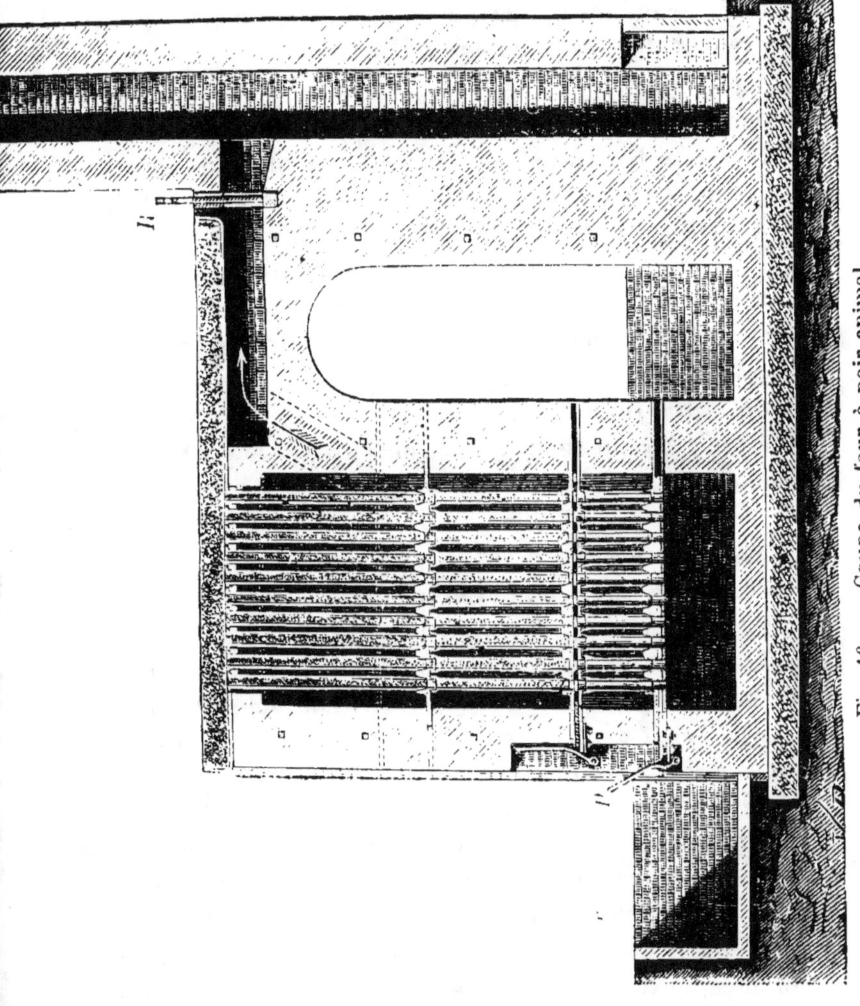

Fig. 16. — Coupe du four à noir animal.

nombre de deux ou trois dans un seul foyer, les gaz formés se lavent dans un barillet contenant de l'acide sulfurique étendu où ils abandonnent leurs sels ammoniacaux; l'épuration se termine sur du sulfate de fer et de la chaux éteinte. Pour produire 100,000 kilog. de noir, il faut brûler 1,450,000 kilog. d'os. Le gaz obtenu peut fort bien servir à l'éclairage de l'usine, de plus on recueille une eau ammoniacale dont il est facile de tirer partie.

Concentration du jus filtré. — Pour extraire le sucre du jus de betteraves, il est nécessaire de faire évaporer l'eau dans laquelle il est en solution; cette évaporation se fait à deux reprises différentes. On transforme d'abord le jus en sirop, puis, après avoir fait subir à ce sirop une filtration sur le noir animal, on lui enlève ce qui reste d'eau dans une chaudière où la cristallisation commence.

La première de ces opérations prend le nom de *concentration du jus*, la deuxième constitue la *cuite du sirop*; nous nous occuperons, dans ce chapitre, de la concentration seulement.

Autrefois l'évaporation des jus se pratiquait dans des chaudières ouvertes, à feu nu; mais cette manière de procéder avait de sérieux inconvénients : à mesure que la concentration du sirop se faisait, le point d'ébullition montait, il se formait, par suite de l'élévation de la température, des matières brunes et du sucre incristallisable qui avaient sur le rendement en sucre cristallisé la plus pernicieuse influence. Howard le premier, en 1812, imagina d'évaporer l'eau des jus dans le vide.

C'est chose facile à concevoir que, moins la pression qui agit sur la surface d'un liquide chauffé est forte, plus est rapide la transformation de ce liquide en vapeur. En effet, une vapeur ne se forme que lorsque sa tension, c'est-à-dire sa force d'expansibilité égale la pression qu'elle supporte; par conséquent, si l'on diminue cette pression, la tension éprouvera une diminution correspondante et la dépense de chaleur qui communique à la vapeur sa force expansible sera moindre.

D'autre part, si au lieu d'appliquer directement l'action du feu sur les jus on opère le chauffage au moyen de la vapeur, la matière sucrée sera moins exposée à donner naissance à des produits de transformation; d'ailleurs, la différence de température entre la vapeur du serpentin de chauffe et celle de la vapeur du liquide évaporé étant plus grande, la concentration sera plus rapide.

Le chauffage à la vapeur dans le vide constituait déjà un beau résultat : économie de combustible et rendement supérieur; mais là ne s'arrêta point le progrès; en Amérique, M. Rillieux eut l'idée de placer à la suite les unes des autres plusieurs chaudières; la concentration du sirop contenu dans la première était réalisée à l'aide d'un générateur ordinaire, tandis que la vapeur qui se dégageait pendant cette évaporation servait à chauffer les autres chaudières dans lesquelles on avait enfermé des jus de moins en moins concentrés.

Cet appareil produisait du sucre cristallisé directement et fonctionnait en Louisiane, où il servait à l'évaporation du vesou ou sucre de canne ; M. Dureau le vit et publia à son sujet une notice en 1850-52. Un industriel allemand, ayant eu connaissance des plans de M. Rillieux, les apporta en Europe, Cail les eut entre les mains, mais ne possédant d'autres indications que ces plans mêmes, il modifia l'idée première de M. Rillieux et en fit l'appareil si connu sous le nom de triple effet.

Sans nous arrêter à donner la liste des différents systèmes de triple effet construits en Europe, nous dirons que cet appareil a subi de nombreuses modifications de détail, dont plusieurs ont été indiquées par M. Rillieux lui-même. En premier lieu, la puissance des chaudières a été augmentée par les dimensions plus considérables qu'on leur a données ;

on a établi leurs différents organes plus en harmonie avec
les nouvelles dimensions.

Tel qu'il existe actuellement, l'appareil à triple effet se
compose de trois chaudières placées à la suite l'une de
l'autre. Ces chaudières sont verticales et partagées intérieurement en trois compartiments inégaux par des plaques en
bronze; le compartiment inférieur est très peu élevé au-
dessus du fond et communique avec le compartiment supérieur, qui partage la caisse en deux parties à peu près

Fig. 17. — Appareil d'évaporation dans le vide, à triple effet (Cail et Cⁱᵉ.

égales, par une série de tubes en laiton étamé. Ces tubes,
au nombre de soixante à quatre-vingts, sont en forme de
tronc de cône ayant un diamètre de 50 millimètres à la
base et de 46 au sommet. On les entre par la plaque supérieure et on les frappe pour les fixer solidement dans la
plaque inférieure avec laquelle il font joint au moyen d'une
feuille de carton.

Un nouveau mode de sertissage, imaginé par Dudgeon,

permet l'enlevage facile des tubes pour le nettoyage de a chaudière.

Une forte tubulure à bride portant un robinet valve est placée entre les deux plaques et donne accès à la vapeur qui, par la conformation même de la chaudière, circule autour des tubes et chauffe le jus contenu dans les compartiments supérieur et inférieur; de cette façon, le liquide sucré ne peut pénétrer dans le compartiment moyen qui est uniquement réservé au chauffage.

La vapeur qui se forme dans la première chaudière se rend, par un large tuyau partant du sommet, dans la deuxième, où elle circule de la même façon, puis de la deuxième dans la troisième.

Les eaux de condensation provenant de la vapeur qui chauffe la première caisse, se rendent par un tuyau armé d'une soupape automatique dans un grand cylindre placé à côté du générateur et servent à l'alimentation des pompes qui sont attelées au triple effet. Dans la deuxième et troisième chaudières ces eaux se recueillent dans un petit réservoir communiquant avec le compartiment moyen par un tube; de là elles sont aspirées par une petite pompe, dite pompe de retour, qui les envoie dans le récipient dont il vient d'être question pour la première chaudière.

A l'appareil de triple effet est joint une machine à vapeur dite pompe à air, à laquelle sont attelées : 1° une pompe spéciale chargée de la vidange et de la charge des trois chaudières; 2° la pompe de retour. Cette pompe à air sert à faire le vide dans chacune des trois caisses.

Voici la marche des opérations.

En sortant des filtres à noir animal, le jus est envoyé dans des bacs où il doit séjourner le moins possible, car à ce moment il est très sujet à la fermentation, il vaut mieux qu'il ait une réaction légèrement alcaline; l'indice d'acidité serait la preuve d'un commencement d'altération.

Des bacs d'attente, le jus passe directement dans la première chaudière du triple effet où le vide a été fait jusqu'à abaissement d'un quart de la pression atmosphérique, on remplit environ les 2/3 de la chaudière et l'on fait arriver la vapeur provenant du générateur par le robinet à valve. Avant de faire le vide on vérifie toutes les fermetures. Par suite de l'abaissement de la pression, l'ébullition se produit dans cette chaudière à la température de 70 à 80° et la concentration a lieu jusqu'à ce que la densité du jus atteigne 10-11° Baumé. A ce moment on fait passer le jus dans la seconde chaudière par un tube à robinet, après y avoir établi par la pompe à air une diminution de pression plus considérable que dans la première, l'ébullition a lieu en vertu de cette circonstance, vers 60°. En sortant de là pour être versé dans la troisième caisse, le jus a une densité de 16-17°. Enfin, la diminution de pression allant toujours en croissant, l'ébullition se produit vers 50° dans la dernière chaudière, le jus est concentré jusqu'à 25-26° Baumé et il prend le nom de sirop.

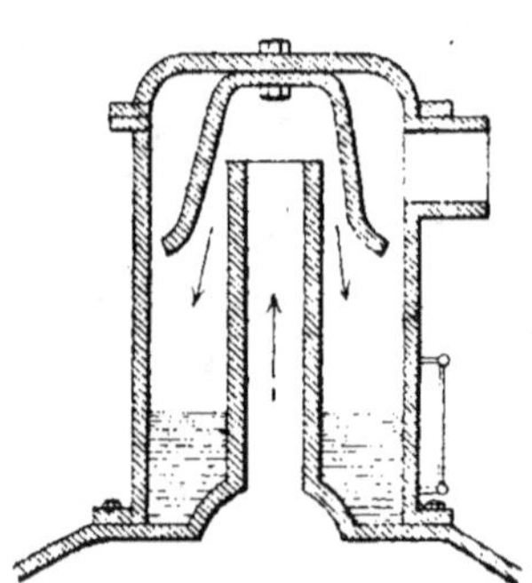

Fig. 18. — Vase de sûreté.

Le régime de la circulation des jus étant bien établi dans toutes les parties de l'appareil, il ne reste plus qu'à régler le débit des robinets pour maintenir la densité toujours semblable dans les trois caisses et le triple effet fonctionne d'une manière continue au moyen de la pompe.

Afin de chauffer le deuxième récipient, la vapeur d'évaporation du premier s'engage dans un tube large qui part du sommet pour aboutir dans la capacité de chauffage de celui-là. Seulement comme la vapeur du liquide en ébullition entraîne avec elle une notable proportion de particules sucrées, on a imaginé de faire passer cette vapeur dans un appareil, dit de sûreté, chargé de retenir le jus condensé.

Cet appareil se place sur le tuyau d'aspiration, soit immédiatement au-dessus des chaudières, soit parallèlement à leur génératrice sur le parcours du tube d'aspiration. Il consiste en un vase où s'accumule le liquide sucré; quand il contient suffisamment de jus, ce qu'indique le tube à niveau dont il est pourvu, on ouvre un robinet et le liquide retourne dans la chaudière. Toutefois cette condensation n'est point parfaite et il y a une telle adhérence entre les molécules du sucre et la vapeur d'eau que celle-ci ne s'en débarrasse qu'incomplètement, d'où une perte toujours appréciable. Hodeck a construit un appareil, dit *condenseur* saccharimétrique, qui retient tout le sucre. C'est un cylindre qu'on place avant le vase de sûreté, il est disposé horizontalement et se trouve terminé par deux calottes à la base desquelles, sont placés deux diaphragmes percés d'une grande quantité d'ouvertures à la partie supérieure, entre ces deux plaques, en existent quatre autres, criblées de trous (environ 500,000 par mètre carré). La vapeur arrivant par une ouverture pratiquée dans une des calottes chemine très lentement à travers tous ces trous où elle se filtre si complètement qu'il ne se condense plus que de l'eau dans les vases de sûreté.

La troisième chaudière est chauffée par la vapeur d'évaporation de la deuxième. On remarquera que la somme de chaleur reçue respectivement par les caisses va en diminuant ; mais l'abaissement du point d'ébullition, par suite des différents états de vide, fait qu'il n'y a aucune diminution dans l'effet utile, et que dans tous les organes du triple effet, l'énergie d'évaporaiton est la même.

Chaque chaudière possède en outre :

1° Une lumière étroite et longue disposée **verticalement**

dans un cadre en bronze et garnie d'une forte glace partagée en trois parties, pour observer le niveau du jus et sur-
veiller la marche de la concentration ;

2° Une ouverture fermée par un robinet, dit robinet à
beurre, pour introduire dans la masse en ébullition un corps
huileux, afin d'abattre la mousse. Ce robinet sert aussi à la
rentrée de l'air quand il est néces-
saire de diminuer ou de faire cesser
l'état de vide ;

3° Une éprouvette particulière
composée d'un tube à réservoir, à
l'aide de laquelle il est aisé de
prendre un échantillon du jus pour
en mesurer la densité ;

4° Un manomètre indiquant la
pression et un thermomètre donnant la température intérieure ;

5° Un trou d'homme luté au
minium et boulonné pour le nettoyage.

6° Une prise de vapeur et une
d'eau pure pour nettoyer le triple
effet.

7° Enfin, un tube servant de prise
dans la deuxième et la troisième
chaudière, afin d'évacuer les gaz
ammoniacaux qui se dégagent pen-
dant l'ébullition du jus, gaz qui attaquent très rapidement
les tubes du compartiment de chauffe, malgré leur étamage.

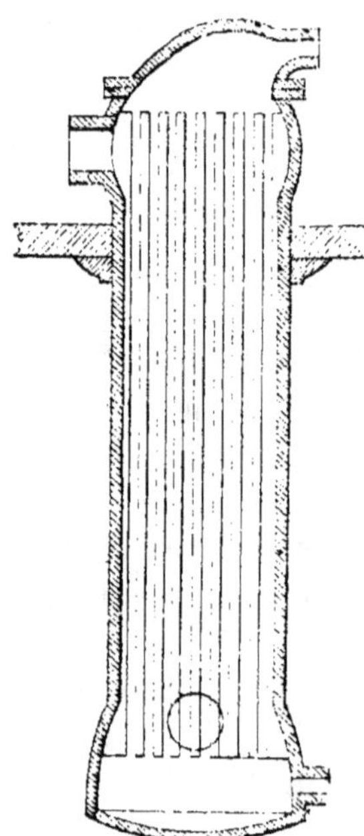

Fig. 19. — Réchauffeur de
jus condenseur.

Pour terminer ce qui a trait au parcours de la vapeur,
celle qui se dégage du dernier récipient se rend dans un
réchauffeur de jus condenseur (fig. 19) assez semblable en
principe aux chaudières elles-mêmes. L'eau qui en provient
est aspirée pour la pompe.

Pour éviter la déperdition de chaleur, chacune des caisses du triple effet ainsi que les tuyaux et les vases de sûreté sont entourés d'une enveloppe en bois.

En sortant de la dernière chaudière, le jus a perdu 74 0/0 d'eau par évaporation, mais il contient encore certaines impuretés et des principes albuminoïdes que l'ébullition dans le vide n'a pas coagulés; pour achever sa purification il faut le filtrer à nouveau sur le noir après un chauffage énergique dans une chaudière du système Pecqueur, au moyen de la vapeur d'eau à 153° de température et sous la pression de 5 atmosphères.

Si l'on veut obtenir une purification plus complète, ou si l'on juge que les sirops sont trop impurs, on ajoute dans cette chaudière un peu de noir fin et du sang de bœuf; l'albumine du sang en se coagulant entraîne les corps étrangers qui se réunissent alors aux écumes. Le sirop passe ensuite dans un filtre à noir où il abandonne ce qui peut lui être enlevé d'impuretés.

Poches Puvrez. — Nous avons parlé dans ce chapitre du noir animal et de l'action qu'il exerce sur les jus et les sirops, action qui se réduit principalement ainsi qu'on l'a reconnu aujourd'hui, à une purification mécanique; mais nous n'avons pas fait mention des efforts tentés dans ces derniers temps, pour remplacer le noir par une mode de filtration plus économique. Il semble que les poches Puvrez ont atteint ce résultat. Voici comment s'exprime M. Pellet dans une revue de l'industrie sucrière publiée dans le tome XLI du Bulletin de la Société chimique, de Paris.

« Depuis plusieurs années on a reconnu l'inconvénient de filtrer des jus chargés d'écumes et alors on a imaginé de leur faire subir une première filtration mécanique pour les débarrasser complètement des particules de carbonate de chaux en suspension. Le noir se salit moins ou presque pas.

Les jus sont troubles surtout lorsqu'on opère par décantation, opération qui ne peut jamais être parfaite. De plus même à travers les toiles des filtres presses il passe du jus trouble, l'une se crève, l'autre est mal placée.

« Pour cette filtration mécanique on a surtout appliqué les poches Puvrez et aujourd'hui près de trois cent cinquante usines, tant en France qu'à l'étranger, possèdent ce système de filtration économique.

« Ce sont des poches faites d'un certain tissu, d'un diamètre de 27 à 30 centimètres et d'une longueur indéfinie, on les coupe à la longueur désirée, on noue une des extrémités avec une forte ficelle et cela, en deux endroits. L'autre extrémité est serrée sur le robinet d'arrivée du jus. Ces poches ou boudins sont disposées horizontalement dans des go ttières formant bac dits *bas filt·es* et possédant un faux fond perforé. Suivant l'importance de l'usine, il y a 3 à 9 poches de 1^m,50 à 2^m,50 de long.

« La durée de service d'une poche varie avec le soin qui a été pris pour la décantation de trois à huit heures et plus même. Après la poche est enlevée, lavée et replacée.

« Quelquefois on fait une deuxième filtration, dite de précaution.

« Mais une fois qu'on a eu des jus filtrés ainsi deux fois, brillants, on a pensé qu'on pourrait les évaporer directement sans les passer par le noir; on a essayé et l'on a réussi pleinement. Déjà il y a huit ou neuf ans, nous avons étudié l'influence du noir dans la fabrication du sucre et nous ne lui avons reconnu qu'une action presque mécanique en dehors de la décoloration plus ou moins forte des jus. Le noir retenant les principes en suspension, absorbant de la chaux, voilà tout. Or, souvent les jus, nous l'avons vu, ne renferment pas de chaux, sur de tels jus le noir est sans effet, la potasse, la soude ne sont pas absorbées. S'il y a de la chaux libre, on peut l'enlever par l'acide carbonique en poussant légèrement la carbonation. Reste la décoloration ; or, que les jus ou sirops soient plus ou moins décolorés, on obtient toujours facilement le sucre blanc, n° 3. Les sucres de seconds jets étant vendus à l'analyse commerciale, la couleur n'a pas d'importance.

« Donc, il y a deux ans, un ou deux fabricants ont essayé le travail sans noir et ont été pleinement satisfaits des résultats. Si bien que cette année plus de quarante fabricants français, belges ou hollandais, ont complètement supprimé le noir dans la fabrique. Cela réalise une économie de 0 fr. 75 à 1 fr. 50 par 1,000 kilogrammes de betteraves. »

Depuis, on a reconnu que les sirops à 18-25° Baumé ne pouvaient être filtrés dans les poches Puvrez, car il se forme sur le tissu une couche mucilagineuse qui les rendent imperméables.

CHAPITRE X

CUITE ET CRISTALLISATION

Évaporation des solutions sucrées pures. — Chaudière à cuire. — Cuite en grains. — Marche des opérations, preuves diverses. — Point de cuite. — Formation du grain. — Sa nutrition. — Règles pour la grosseur du grain. — Décharge de la chaudière. Masse cuite à l'empli. — Malaxeur. — Turbines. — Clairçage du sucre. — Cuite des égouts de 1er jet. — Cristallisation des 2e et 3e jets. — Formes et caisses.

Quand on évapore une solution de sucre très lentement, il arrive que cette matière forme des cristaux prismatiques très beaux, transparents. Quelquefois ces prismes sont réguliers, d'autres fois, ils portent sur leurs arêtes des faces qui en modifient la structure ; on observe souvent une semblable cristallisation dans certaines liqueurs de table et particulièrement dans le kummel.

Mais si on agite la solution concentrée de sucre, la cristallisation a lieu confusément, les petits cristaux s'accolent suivant des groupements irréguliers dans lesquels il est le plus souvent impossible de déterminer les éléments d'un système cristallin ; en un mot, il se produit une masse brouillée qui, séparée du sirop qui l'enveloppe et essorée, donne le sucre tel qu'il existe dans le commerce sous la forme de pains.

Si on laisse refroidir un sirop que l'on a concentré par ébullition jusqu'à un point tel qu'une partie du sucre qu'il renferme, ne reste dissout qu'à la faveur de la température, il arrive que le coefficient de solubilité diminuant avec rapidité, la cristallisation a encore lieu ; toutefois cette transformation se produisant en un temps assez court, les cristaux sont nombreux et petits ; la masse restante, le sirop, perd son état de saturation et devient plus fluide. Séparé de la partie solidifiée il ne peut plus donner naissance à des cristaux qu'après avoir subi une seconde concentration de même nature que la première. Cela étant, on obtient une nouvelle quantité de petits cristaux de sucre et ainsi de suite jusqu'à évaporation complète du liquide.

Tel est le principe de la cristallisation du sucre dans les fabriques ; l'évaporation qui s'effectue dans des chaudières spéciales se nomme cuite, et le refroidissement et la séparation du sirop qui enveloppe les cristaux constituent la cristallisation et le turbinage. Cependant il y a une différence essentielle entre l'opération théorique relatée plus haut et la pratique, nous avons parlé d'une solution sucrée pure, c'est-à-dire, qui peut donner du premier coup, par évaporation complète, tout le sucre qu'elle contient ; ce cas ne se présente jamais dans l'industrie, tel qu'il arrive à la cuite, le sirop contient encore une quantité relativement élevée de matières étrangères, ainsi que le montre le tableau ci-après, qui représente la moyenne d'un bon sirop.

Eau	64,75
Sucre	32,62
Sels	1,05
Matières organiques	1,58

Une semblable solution, traitée comme il vient d'être dit, ne donne jamais d'un seul coup tout le sucre qu'elle renferme. A la vérité, il se produit bien une cristallisation de sucre pur, mais partielle et les impuretés contenues primitivement dans la masse entière restent dissoutes dans le sirop restant. Une séparation a eu lieu, d'une part des cristaux purs, de l'autre une solution dont le volume est moindre qu'à l'origine, mais qui contient cependant toutes les matières étrangères que nous avons constatées dans la masse brute et de laquelle il serait impossible de retirer du sucre sans une nouvelle concentration. Il arrive de plus que ce sirop concentré ne peut plus cristalliser aussi rapidement que le premier, qu'il exige un temps beaucoup plus long pour abandonner à l'état solide, une partie du sucre qu'il renferme. Pour la même cause, le sirop provenant de ce deuxième traitement garde toutes les impuretés, et la quantité de celles-ci devient à un certain moment si considérable proportionnellement au sucre, qu'il est impossible de réaliser la séparation de celui-ci sans faire usage de méthodes spéciales (voir le chapitre suivant : Traitement des mélasses).

Lorsque les sirops concentrés dans le triple effet sont assez purs pour donner naissance à des cristaux dans la chaumière même, où se termine l'évaporation, on opère ce qu'on désigne sous le nom de *cuite en grains*. La cuite en grains n'est possible qu'avec des jus renfermant en impuretés que 15 à 20 0/0 seulement de la matière sèche. Un jus contenant 75 0/0 de sucre et 25 de matières étrangères fournirait une masse cuite difficile à faire cristalliser, enfin s'il y a 30 0/0 de substances étrangères, la masse cuite est visqueuse et ne peut donner des cristaux.

Aujourd'hui que les méthodes d'épuration ont été perfectionnées, on peut toujours, à part de rares exceptions, cuire en grains.

On nomme point de cuite le moment où la masse a atteint la concentration voulue. Le point de cuite se reconnaît à différentes preuves que l'on désigne, suivant les cas, preuve *au filet, au crochet léger*, etc.

Le sirop analysé en sortant du triple effet, et qui a donné la composition portée sur le tableau précédent, fournit, si

on pratique cette opération au point de cuite, les résultats
suivants:

Eau 10,40
Sucre. 81,85
Sels 2.94
Matières organiques 4,81

Passons maintenant à la description des appareils, et de
la méthode elle-même.

Fig. 20. — Chaudière à cuire (Cail et Cie).

Chaudière à cuire. — L'appareil destiné à cuire les
sirops, à les évaporer assez pour donner naissance aux
grains de sucre cristallisé, se compose:

1° D'une chaudière à peu près semblable aux caisses du
triple effet (fig. 20);

2° D'une pompe à air pour faire le vide dans la chaudière;

3° D'une pompe pour élever les sirops à la cuite;

4° D'un vase de sûreté afin de retenir le sucre entraîné par la vapeur d'eau.

La chaudière à cuire est un grand cylindre vertical dont les dimensions ont été fortement augmentées dans les usines centrales. Le plus souvent, les chaudières à cuire ont une capacité de 25 à 150 hectolitres ; mais on cite celle de l'usine d'Origny-Sainte-Benoîte qui a un diamètre de 4 mètres.

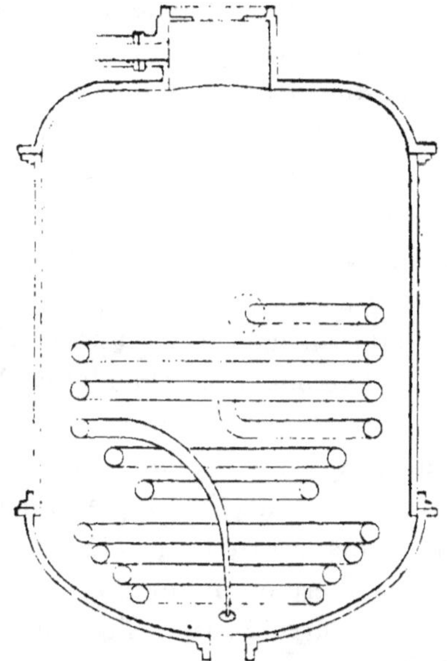

Fig. 21. — Coupe d'une chaudière à cuire.

celle de Meaux qui mesure 4^m,50, enfin la chaudière de Cambrai dont la longueur du diamètre est 5^m,50 et qui peut contenir 600 hectolitres de masse cuite !

Le chauffage de la chaudière à cuire se fait à la vapeur au moyen d'un système de trois serpentins superposés (fig. 20) s s' s'' communiquant chacun avec une prise de vapeur commandée par un robinet à valve. Cette disposition permet de chauffer le sirop à différentes hauteurs ; d'abord lorsqu'il est introduit dans l'intérieur, et que son niveau n'arrive qu'au-dessus du premier serpentin ; puis, quand par des additions successives ce niveau dépasse le second : et enfin, lorsque vers la fin de l'opération la chaudière est presque pleine. Certaines chaudières sont à double fond et possèdent une quatrième prise de vapeur.

Le sirop pénètre dans la caisse par le tube à robinet T et se trouve appelé par le vide même, le tuyau d'amenée se termine en siphon de façon que le liquide débouche au centre de la chaudière et vers le fond.

La vidange s'effectue par une soupape placée à la partie inférieure, et commandée par la poignée *l*.

Comme pour les caisses du triple effet, la chaudière à cuire porte une rainure verticale avec cadre en bronze dans laquelle se trouve engagées quatre glaces pour suivre les progrès de l'évaporation.

Le vide se pratique au moyen de la pompe à air, et d'un gros tuyau fixé sur le dôme de la chaudière. Dans son parcours, ce tuyau rencontre un vase de sûreté semblable à celui du triple effet, accompagné ou non d'un appareil de Hodeck. Un niveau vertical N indique la hauteur de la liqueur condensée dans le vase de sûreté.

Enfin chaque chaudière est munie :

1° D'un robinet à beurre P. pour l'introduction des matières grasses destinées à abattre la mousse. quand l'ébullition devient trop tumultueuse et que les écumes menacent de déborder par le tuyau d'aspiration ;

2° D'une prise d'air à robinet H pour faire entrer de l'air dans la chaudière. soit à la fin de la cuite pour opérer la vidange, soit pendant l'opération même pour relever la pression intérieure;

3° De deux manomètres, l'un communiquant avec le tuyau qui conduit la vapeur de chauffage et l'autre donnant l'état de vide;

4° D'un thermomètre indiquant la température du sirop pendant la cuite ;

5° D'un piston en bronze I glissant à frottements doux dans un corps de pompe, et servant aux prises d'essai.

Pour éviter la déperdition de la chaleur on entoure les chaudières à cuire comme celles du triple effet, d'une enveloppe en bois.

Marche de l'opération :

L'arrivée de la vapeur étant supendue et le robinet servant à l'introduction de l'air fermé, on fait le vide dans la chaudière et on ouvre complètement le robinet du tuyau communiquant avec le bac du sirop filtré. La différence de pression fait pénétrer ce liquide dans la chaudière qui se remplit jusqu'à un niveau que l'on a déterminé expérimentalement une fois pour toutes ; ce niveau est situé, en général, au-dessus du premier serpentin vers la partie inférieure ou supérieure de la lunette la moins élevée. Ensuite on introduit la vapeur dans le premier serpentin et la concentration s'effectue.

On commence la cristallisation sur cette première partie du sirop ; de cette façon, le grain a mieux le temps de se nourrir et si quelque accident arrive où l'on soit obligé de fondre le cristal, on a plus de marge.

L'évaporation est assez avancée lorsque la densité du sirop marque 49° Baumé, généralement le cuiseur le reconnaît à la preuve du filet. On prend entre le pouce et l'index un peu de sirop puisé dans la chaudière par le piston disposé à cet effet et on écarte les doigts, on doit alors apercevoir un fil peu délié.

La preuve du filet ayant donné un bon résultat, il convient de grainer ; pour cela, on diminue un peu la pression et on ouvre le robinet d'alimentation, non entièrement, mais jusqu'à un trait marqué sur la douille et sur la clef. Le cuiseur réglera suivant les circonstances l'arrivée du sirop en tournant la clef à droite ou à gauche d'une petite quantité, suivant qu'il veut augmenter ou diminuer l'alimentation. Les traits dont il vient d'être question seront tracés à la suite d'une expérience préalable ; ils rendent le travail plus facile. Quand ils coïncident, cela veut dire que le robinet d'alimentation donne passage à une quantité moyenne de sirop.

M. Walkoff, dans son ouvrage sur le sucre, décrit ainsi l'opération de la cuite [1] :

« Jusqu'à l'apparition des grains, il faut conduire la cuite très lentement ; le grainage se fait assez vite quand les sirops sont bons, quinze à vingt-cinq minutes suffisent en bonne fabrication, mais il faut compter deux à trois heures quand les sirops sont mauvais, à la fin de la campagne, par exemple. Quand le grain se forme, le sirop devient d'un blanc bleuâtre, comme louche, puis on ne tarde pas à apercevoir dans le liquide projeté contre les lunettes des points brillants qui roulent le long des glaces, en renvoyant vivement la lumière, en prenant la preuve on voit le filet comme noué par place. À partir de ce moment, qu'il faut guetter avec attention, on tient la cuite un peu liquide, pas trop cependant, et on continue l'alimentation en ouvrant ou fermant le robinet suivant le besoin et en se guidant toujours pour cela sur l'aspect des bouillons. »

Les ouvriers observent en effet l'aspect des gouttes projetées contre les glaces et qui, en se déplaçant, marquent leur passage par une traînée généralement plus claire que le sirop lui-même. Si ces gouttes sont lancées trop haut pendant l'ébullition et si elles coulent trop rapidement le long du verre, la masse est trop fluide et il faut ralentir l'alimentation, si au contraire, le bouillon a quelque peine à se soulever et ne glisse presque pas sur les glaces, on peut

1. p. 274. 2ᵉ vol.

être certain que la cuite est trop serrée et qu'il faut faire arriver du sirop frais. On conseille de tenir la masse un peu serrée avant l'apparition des grains. Si ceux-ci se formaient ensuite en trop grande quantité, on pourrait faire dissoudre les plus petits en activant l'arrivée du sirop ou en augmentant légèrement la pression, ce qui aurait pour but d'élever la température de la masse et par conséquent son pouvoir dissolvant.

La masse monte lentement dans la chaudière et recouvre bientôt le deuxième et le troisième serpentin où l'on introduit la vapeur. Les grains se nourrissent bien quand l'opération est conduite régulièrement.

A mesure que la cuite s'avance, il faut serrer davantage, et quand l'opération est sur le point d'être achevée, on diminue la pression, tout en modérant le chauffage et en fermant l'alimentation, afin d'amener rapidement la masse au point convenable pour le traitement des cristaux de sucre. Il est important alors de prélever souvent des échantillons de sirop ; ces prélèvements se font sur une plaque de verre pour plus de commodité. on prend un peu de sirop avec la sonde et l'on examine les cristaux de sucre qui doivent être d'une grosseur uniforme, durs au toucher, blancs et facilement séparables d'un sirop clair.

Un cuiseur doit avoir une grande habitude des preuves, il conduira sa cuite de telle façon que la cristallisation ne soit pas confuse par suite de la présence d'une multitude de petits cristaux, ceux-ci seront au contraire d'une grosseur convenable, car un grain nerveux et fort se distingue très bien dans la masse.

Quand les sirops sont de bonne qualité, on peut pousser l'évaporation très loin, jusqu'à ce que la masse puisse juste sortir de la chaudière par l'ouverture de vidange. Ce point obtenu, on arrête le chauffage et l'on termine dans le vide seul. L'évaporation d'ailleurs est presque nulle ; le cuiseur fait suspendre le fonctionnement de la pompe et ouvre le robinet à air, doucement (ce qu'on appelle, en terme du métier, *casser le vide*). On entend un sifflement dû à la rentrée de l'air et qui dure jusqu'à ce que la pression intérieure de la chaudière soit devenue égale à celle de l'atmosphère. Quand le bruit devient moins strident, le cuiseur ouvre la soupape, — dans les grandes usines, cette soupape est mue mécaniquement — une petite bouffée d'air crève la masse dure formée par les cristaux amoncelés et la masse s'écoule dans une gouttière peu profonde qui la conduit dans des bacs, où le refroidissement s'accomplit très vite.

Certaines fabriques suivent une marche un peu différente. On introduit d'abord dans la chaudière environ les deux cinquièmes de la masse totale, puis l'on évapore jusqu'à la preuve du crochet léger, qui a lieu ordinairement, quand le sirop est descendu à quelques centimètres au-dessus du premier serpentin d'en bas. Cette preuve se prend avec la sonde, l'échantillon doit être aussi faible que possible; le sirop est visqueux et adhère fortement aux doigts qu'on ne doit pas avoir mouillés. On écarte légèrement et rapidement le pouce de l'index, il se produit un filet qui se rompt et dont la partie supérieure remonte en formant une spirale dont l'extrémité libre se courbe en crochet.

Ce résultat atteint, on donne trois ou quatre tours de volant au robinet d'alimentation et on laisse couler pendant quatre ou cinq secondes, suivant l'état de la concentration ; on attend de nouveau le point de cuite, ce qui a lieu au bout de quatre ou cinq minutes ordinairement, puis on introduit une nouvelle charge égale à la première et l'on continue l'évaporation avec la même addition intermittente de sirop. Chaque charge renferme à peu près 2 0/0 du volume total et dès la cinquième ou la sixième, les grains commencent à se montrer; il ne faut pas serrer la cuite, d'abord pour éviter la cristallisation d'une trop grande

quantité de grains, il vaut mieux avoir pour les premiers
essais une preuve légère et augmenter le serrage à mesure
que la chaudière se remplit, on obtient des cristaux plus
nerveux et plus réguliers, se laissant mieux séparer des
sirops.

Après la vingtième charge, le grain a le plus souvent
atteint une grosseur convenable; il ne doit pas se briser
dans les doigts, même sous l'eau; il est inutile de le grossir
davantage. On termine la cuite par l'alimentation continue.
Le cuiseur prendra toujours des preuves dont chacune
devra être plus forte que celle qui la précède, la dernière
produisant une goutte restant sur le pouce et qui, en écar-
tant l'index, ne montrera que très peu de sirop clair.

En résumé, la cuite consiste à concentrer une petite
quantité de sirop jusqu'à un point où la formation des cristaux de sucre devient possible; ces cristaux sont d'abord
nombreux, mais très petits, puis, par des additions successives de sirop, ils se nourrissent, deviennent durs, sans
augmenter beaucoup en nombre.

La cuite doit être conduite régulièrement, lentement;
pour obtenir tout d'abord le grain, il faut un vide que l'on
augmente au fur et à mesure que l'opération s'avance, et,
pour terminer, nous l'avons vu, on supend l'action de la
chaleur pour serrer avec un vide plus fort.

C'est une opération délicate et, dit M. Horsin-Déon, s'il
est facile de faire du grain dans les chaudières closes, il est
difficile de faire tout le grain possible. Un bon cuiseur doit
savoir obtenir à volonté des grains fins, moyens ou gros,
d'une belle forme cristalline, s'isolant parfaitement des
sirops et donnant peu de mélasse. Il est évident que pour
arriver à ce résultat l'éducation d'un cuiseur ne peut
être seulement théorique ; avant de devenir ouvrier habile, il doit s'habituer à suivre les progrès de la concentration, à prendre des preuves; et toutes les règles établies

à l'avance, quels qu'en soient le bon ordonnancement et la clarté, ne peuvent remplacer ici la pratique.

Toutefois, il peut être intéressant de savoir par quels moyens un cuiseur arrive au but au mieux des intérêts du fabricant.

Afin d'obtenir des cristaux nerveux et forts, il faut que les sirops qui arrivent à la concentration soient assez étendus. La durée de l'évaporation sera plus longue; pour le même motif, les preuves prises au moment de la formation du grain seront légères et la dernière forte et serrée, la cuite étant menée lentement et avec tranquillité. Au contraire, si l'on veut des grains fins, les sirops introduits dans la chaudière seront déjà assez concentrés, l'évaporation sera menée plus rapidement, les premières preuves prises plus fortes et les additions successives de sirop plus fréquentes et par petite quantité.

Il convient d'ajouter à ces remarques que si le vide est grand tout d'abord et la pression de la vapeur de chauffage basse, on peut introduire dans la chaudière de cuite des sirops concentrés et faire malgré cela un grain nerveux. Ceci résulte de ce que l'évaporation se produit à température moins élevée; cette manière d'opérer est recommandée par quelques praticiens habiles.

Pour obtenir de gros cristaux, Jandik fait pénétrer dans la chaudière du sucre pulvérisé.

Dans la pratique on a donné des noms aux différentes façons de cuire. Ainsi, on nomme *cuite sèche*, celle qui est poussée assez loin pour ne laisser dans la masse que 5 à 6 0 0 d'eau, elle est employée pour les sirops de bonne qualité, et *cuite ordinaire*, celle dans laquelle il reste encore 10 à 12 0 0 d'eau.

Cuite légère ou *creuse*. C'est une ancienne désignation servant à l'époque où l'on se servait de formes pour l'égouttage; une cuite était dite légère quand le sirop coulait assez rapidement des formes, et *pleine* ou *lourde*, lorsque cet écoulement se produisait avec lenteur.

Il peut arriver que le grainage ne se produise point, que la surface de la masse reste stagnante des heures entières, c'est un accident très souvent sans remède, qui provient de la trop grande alcalinité des jus. MM. Cuisinier et Leplay ont recommandé dans ce cas le bicarbonate de soude qui provoque la précipitation de la chaux sous forme de carbonate. C'est la cuite *plate*.

Quand on prend la preuve avant la fin de la cuite, il arrive que les grains triturés sous l'eau entre les doigts ne s'isolent pas bien, que le sirop qui les englobe ne se dissout que difficilement; on a ce qu'on appelle une cuite *grasse*. Pour corriger cet inconvénient, on ouvre complètement le robinet d'alimentation, puis on le ferme brusquement au bout de quelques secondes, il se produit une sorte d'ébullition tumultueuse, un remous violent qui entraine les matières graisseuses à la surface, on continue d'évaporer jusqu'au même point de serrage et on recommence.

La preuve prise entre les doigts file parfois beaucoup et ne se délaye pas aisément avec l'eau, on a une cuite *gommeuse*; il faut éviter de serrer trop fortement dans ce cas, les grains restent à la partie inférieure tandis que la matière visqueuse remonte à la surface, il suffit alors d'opérer une séparation des couches, l'inférieure se turbine bien.

Quand l'ébullition dans les chaudières se produit d'une façon trop tumultueuse, on verse de l'huile dans l'entonnoir fermé par le robinet à beurre; la mousse s'abat alors et ne menace plus d'engorger les tuyaux d'évaporation.

Empli. — En sortant de la chaudière, la masse cuite se rend par une large gouttière dans des bacs de peu de profondeur, situé dans une pièce appelée l'*empli*. Toutefois, il est impossible en une seule opération d'extraire tout le sucre; en effet, les cristaux qui composent cette masse sont entourés d'un sirop devenu incapable de cristalliser et d'augmenter les cristaux déjà formés, parce qu'il a retenu en solution toutes les matières étrangères.

Par un premier égouttage, les ouvriers séparent les cristaux qui constituent ainsi un sucre de *premier jet*, et font écouler le sirop qui sera concentré, et donnera lieu à une deuxième cristallisation et à un nouvel égouttage, d'où un sucre de *second jet*, puis un sucre de *troisième jet*. On pousse rarement plus loin.

L'aspect de la masse cuite dans les bacs d'empli permet déjà au fabricant de se faire une idée du rendement au premier jet; si cette masse est sèche, c'est-à-dire, si en la frappant fortement avec la main, il ne reste fixé sur celle-ci ni sucre ni mélasse, la cuite est bonne; mais, au contraire, si la main pénètre dans la masse et s'y fige, la cuite est défectueuse.

Pendant les quelques heures qu'a duré le refroidissement, la masse cuite a pris trop de consistance pour être envoyée directement à l'égouttage ou essorage, on la transforme en une pâte à laquelle on donne plus de fluidité, par l'addition de 5 0/0 de sirop de premier égout ou d'un mélange de sirop et d'eau. Cette opération s'exécute dans le malaxeur. Des ouvriers munis de pelles ou de pioches, suivant la dureté de la masse, extraient celle-ci des bacs d'empli et l'envoient dans la trémie du malaxeur.

Cet appareil consiste en une auge terminée par un fond semi-circulaire, et dans laquelle tourne lentement un axe armé de lames disposées en hélice, dont le but est de triturer la masse sans briser les cristaux. Au bout de quelques instants, et après l'addition du sirop, la masse s'est transformée en une bouillie parfaitement homogène et de la consistance voulue pour l'essorage. Un tiroir placé au fond de l'auge permet par son ouverture de charger des poches qui transportent aux turbines le contenu du malaxeur par un petit chemin de fer aérien.

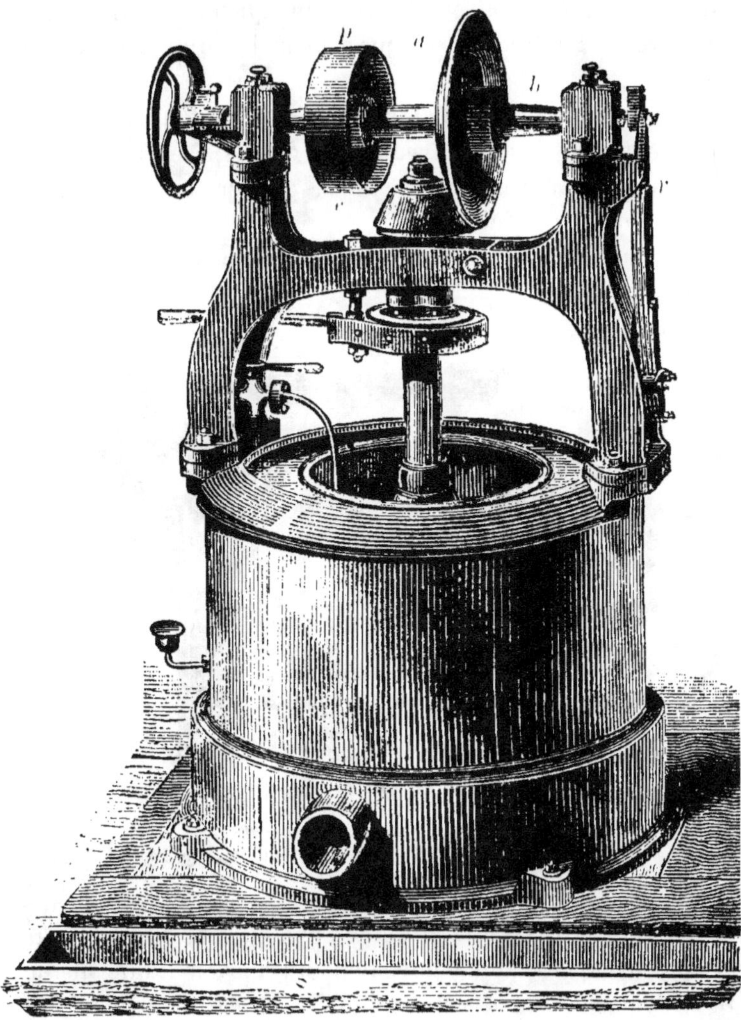

Fig. 22. — Turbine (Gail et Cie).

Turbine. — L'essorage se pratique au moyen des turbines; il consiste, ainsi que son nom l'indique, à isoler le sucre des mélasses ou des sirops d'égout. Les turbines ou centrifuges sont construites sur le même principe que les appareils qui furent employés, dans quelques usines allemandes, à l'extraction du jus ; mais les dimensions sont réduites.

Il existe un certain nombre de modèles de turbines : les unes reçoivent leur mouvement en dessus, c'est le système français, les autres, en dessous, comme les centrifuges allemands ou anglais.

Ces turbines (fig. 22) tournent avec une grande vitesse,

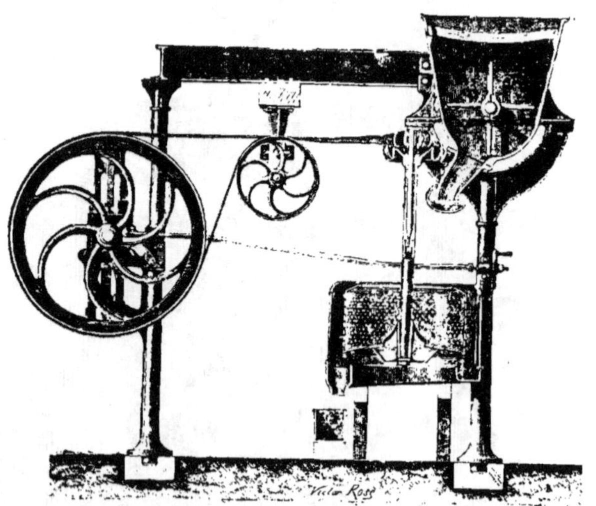

Fig. 23. — Turbine avec malaxeur (Cail et Cie).

environ 1.200 tours à la minute ; l'axe qui porte le tambour reçoit en général son mouvement au moyen d'un cône de frottement a afin d'occasionner moins de bruit et d'éviter les accidents dus à la rapidité de la rotation. La pression du cône a contre le cône c est facilitée par le ressort r qui n'agit que lorsque le centrifuge est en mouvement. Une poulie *p* fait tourner l'arbre *b*; quant au tambour, caché dans la figure en question il se voit très bien, figure 23. Il se compose d'une toile métallique en laiton à mailles très serrées; il est ouvert par le haut et fermé en bas par une armature métallique qui le maintient solidement fixé à l'axe de rotation. Autour de ce tambour en existe à quelques centimètres, un second à parois pleines, faisant corps avec le bâti de la turbine et destiné à recueillir le sirop et les cristaux qui traversent la toile métallique pendant la rotation. Ce second tambour est muni inférieurement d'une dépression en forme de canal, chargée de rassembler les produits expulsés et de les envoyer dans un récipient au moyen d'une ouverture *o* (fig. 22).

La figure 23 montre la coupe d'une turbine Weston. Il est inutile d'entreprendre la description de cet appareil, la gravure en question faisant suffisamment comprendre le but de ses différents organes.

L'appareil étant prêt à fonctionner, on amène la poche qui porte la masse malaxée au-dessus du tambour et l'on vide cette poche; ou bien l'ouvrier chargé des turbines, ouvre la tubulure que possède le malaxeur Weston. La masse tombe et se dépose en couche au fond du tambour. Le chargement opéré, la turbine est mise en mouvement. En vertu de la force centrifuge, la matière vient s'étaler contre les parois de la toile métallique sous une épaisseur uniforme, le sirop seul et les grains fins traversent le grillage. Ceci prouve l'utilité de faire pendant la cuite des grains réguliers et d'une grosseur convenable; car le sucre cristallisé qui s'écoule avec les égouts de premier jet perd par le fait même, une partie de sa valeur.

On laisse tourner la turbine pendant quelque temps encore pour purger les cristaux autant que possible, du sirop qui les imprègne, puis on l'arrête à l'aide d'un frein, et l'on enlève la croûte de grains au moyen de pelles en bois ou en

cuivre. — Le sucre obtenu de la sorte a une teinte jaunâtre
due à une petite quantité de mélasse colorée qu'il est impossible d'enlever par un simple turbinage. On prépare ainsi
environ 66 à 68 0/0 de sucre blond livrable directement au
commerce. Cette quantité dépend évidemment de plusieurs
circonstances et une même masse cuite, turbinée dans deux
appareils différents, pourra ne pas donner un rendement
pareil, cela provient de la quantité de sirop ajoutée au malaxeur ou de la température de la salle où se trouve les
turbines, la fluidité de la matière augmentant avec la température et le tambour retenant d'autant mieux les matières
solides que la masse est plus sèche.

Clairçage. — Quand on veut fabriquer du premier coup
du sucre blanc, on procède au clairçage des cristaux étalés
sur la toile du tambour de la turbine. Cette opération consiste à faire arriver dans le tambour en mouvement soit du
sirop de second jet, soit de l'eau ou même de la vapeur. Le
sirop ou l'eau sont amenés par un petit tuyau que l'on peut
voir dans la fig. 22, et sont projetés contre les cristaux qu'ils
lavent en dissolvant la couche colorée qui les recouvre; le
liquide, qui passe dans l'enveloppe du tambour, va rejoindre
les égouts de premier jet si l'on se sert de sirop et, si l'on
emploie l'eau pure ou la vapeur, il sert de clairce pour une
opération ultérieure.

Quand le sucre doit être tout à fait blanc. on clairce toujours à la vapeur; mais il importe que celle-ci soit aussi
sèche que possible pour que son action se limite seulement
à la couche qui colore les grains et afin d'éviter de faire
passer dans les égouts trop de sucre. Dans ce but, on la
laisse séjourner dans une caisse où toutes les particules
humides se déposent. La vapeur est introduite, soit au
moyen d'un tuyau s'ouvrant près de l'axe par une série de
petits trous, soit par un dard que l'ouvrier tient à la main.

Le clairçage achevé, on arrête la turbine et l'on vide le tambour, la dessication des cristaux se termine sur le plancher d'une grande salle chauffée avec des poêles. Lorsque le sucre est parfaitement sec, on le met en sacs et on l'envoie à la raffinerie. Il constitue alors le sucre de *premier jet* et se présente en cristaux blancs réguliers, craquant sous la dent. Il peut être livré directement à la consommation, mais le plus ordinairement on l'envoie au raffinage pour être mis en pain.

Le clairçage du sucre provoque une perte qui n'est pas sans importance, aussi, avec une masse cuite de bonne qualité, on n'obtient guère en moyenne que 60 0/0 d'un sucre titrant 98 à 99° au saccharimètre. Beaucoup de fabricants préfèrent s'en tenir aux cristaux jaune paille, produits sans clairçage ou en clairçant à peine; de cette façon ils gagnent du temps, se débarrassent de près de 5 0/0 de mélasse et perdent moins de sucre. Il est bien certain que ces deux manières de travailler dépendent des nécessités du commerce. Du reste, aujourd'hui, on ne vend plus qu'à l'analyse et la couleur du produit est de peu d'importance au point de vue du raffinage.

Composition du sucre blanc de premier jet :

Sucre	98, à 99,20
Cendres.	0,5 à 0,10
Eau	0,65 à 0,20
Inconnue	0,85 à 0,50

Composition du sucre blond :

Sucre.	91 à 96
Cendres	1,90 à 1,27
Eau	4,50 à 1,50
Inconnue	2,60 à 1,23

On retire du premier turbinage 40 0/0 d'un sirop d'égout d'une teinte jaunâtre, généralement claire, d'une densité de 35° Baumé environ, contenant encore beaucoup de sucre qu'il importe d'extraire, et la presque totalité des matières étrangères appartenant au jus primitif. Ce sirop doit être envoyé de nouveau à la chaudière à cuire pour y subir une évaporation de 10 à 12 0/0. Il est reçu dans une citerne, d'où une pompe l'extrait, pour l'envoyer dans un bac réchauffeur. Là on le chauffe rapidement et on lui fait subir un écumage. Il est ensuite filtré sur du noir et conduit dans le bac d'attente d'une chaudière à cuire.

Comme ce sirop a retenu toutes les impuretés on ne peut, que dans des occasions très rares et lorsque les jus sont très purs, pratiquer la cuite en grains ; ordinairement, on cuit au filet.

Le point délicat de la cuite au filet est la mise en route de la concentration par suite de la tendance à mousser que présente le sirop avant d'entrer en ébullition. A cause de cela, il faut n'introduire tout d'abord que peu de mélasse, d'autre part, il y a intérêt à opérer une première charge aussi forte que possible, le cuiseur se trouve donc dans la nécessité de prendre une moyenne. L'ébullition étant établie, la concentration se poursuit comme à l'ordinaire, l'alimentation a lieu soit par charges successives, soit par l'introduction d'un filet continu de sirop. Il faut veiller toutefois à ce que la partie introduite ne puisse par sa quantité suspendre l'ébullition et arrêter la cuite.

On reconnaît que l'on est parvenu au point de cuite quand la preuve donne un filet long et persistant et que la goutte ne se dissout pas facilement dans l'eau.

Cette masse réduite de 12 0/0 cristallise, mais au bout d'un temps plus ou moins long, suivant la quantité d'impuretés qu'elle contient. Pour assurer une bonne cristallisation on l'envoie, aussi chaude que possible, dans de grands bacs rectangulaires très profonds, situés dans l'empli, dont la température est maintenant entre 35 et 40°.

Avant de vider la chaudière, on arrête la pompe aspirante et l'on *casse le vide*, la masse se réchauffe rapidement jusqu'à 75 ou 85°, température à laquelle elle arrive dans les cristallisoirs de l'empli où le refroidissement a lieu très lentement.

Quand on juge que la cristallisation est suffisamment effectuée, les bacs sont vidés, la masse est portée aux malaxeuses puis aux turbines. Le sucre obtenu dans cette opération est du *sucre de deuxième jet*. Ce sont des cristaux plus petits que ceux de la première cuite, blonds ou brun clair, que l'on expédie toujours aux raffineurs.

Les sirops d'égout du deuxième jet sont ordinairement cuits une troisième fois et soumis à une lente cristallisation dans des bassins ordinairement en maçonnerie situés dans l'empli. Toutefois, pour pouvoir turbiner la masse qui en provient, il faut attendre souvent jusqu'au commencement de la campagne suivante. Le produit extrait du tambour de la turbine est du sucre de *troisième jet* que l'on dissout et que l'on recuit à nouveau ou que l'on ajoute aux seconds produits avant que ceux-ci ne cristallisent.

Les égouts du troisième jet ne donnant plus de sucre cristallisé par une nouvelle concentration, sont vendus aux distillateurs sous le nom de mélasses pour être transformés en alcool, ou traités d'une façon spéciale, afin de séparer le sucre des substances étrangères qui en empêchent la cristallisation.

D'après M. Walkoff, 100 kilog. de masse cuite de bonne qualité donne :

60 kilog. de sucre blanc de premier jet.
  9 k. 100   —   de second jet.
  3 k. 500   —   de troisième jet.
20 k. de mélasse.
  7 k. 400 de matières perdues.

Formes. — Avant l'emploi exclusif des turbines pour l'égouttage et le claircage du sucre on se servait de *formes* et de *caisses.*

Les formes étaient des récipients coniques en tôle galvanisée que l'on remplissait avec la masse cuite et que l'on posait sur des vases la pointe en bas. Pendant la cristallisation, l'écoulement du sirop était empêché par un tampon d'étoffe placé à la partie inférieure de la forme qui était munie d'une ouverture. Au bout de vingt-quatre heures ou plus, on enlevait le tampon et on perçait la croûte avec une alène, le sirop non cristallisé s'échappait ainsi par son propre poids.

Pour faciliter l'égouttage, on disposa ensuite les formes sur un long tube portant des ouvertures dans lesquelles se plaçaient les formes, le vide était pratiqué dans le tube avec une pompe et la pression atmosphérique agissant sur la base des formes déplaçait très rapidement le sirop d'égout.

Dans la suite on imagina d'employer la force centrifuge pour l'égouttage du sirop dans les formes. Les turbines construites pour cet usage recevaient leur mouvement en dessous, et au lieu d'un tambour, portait un appareil dans lequel les formes étaient fixées la pointe en dehors : les sirops s'assemblaient dans l'enveloppe extérieure et de là s'écoulaient par une gouttière comme dans les turbines ordinaires.

Les *caisses de Schutzenbach* qui vinrent après les formes, consistaient en des récipients quadrangulaires dont le fond était formé par une toile métallique. La masse cuite chauffée à 78° abandonnait le sucre cristallisé sur le grillage. Un agencement particulier permettait de placer plusieurs caisses, les unes sur les autres.

On claircait déjà avec les formes et les caisses.

CHAPITRE XI

FABRICATION DU SUCRE DE CANNE

Moulins à canne. — Composition du vesou. — Causes d'altération. — Emploi de la bagasse. — Ancienne méthode d'extraction du sucre par les équipages. — Décoloration et purification à l'Ile maurice. — Composition des sucres exotiques. — Liqueurs fermentées provenant de la canne ou des mélasses de cannes.

Généralement, l'extraction du jus de canne à sucre s'exécute à l'aide de moulins plus ou moins puissants. Ces moulins se composent de cylindres lamineurs, entre lesquels passent les tiges; le jus ou *vesou* s'écoule en avant des cylindres, tandis que la matière fibreuse, plus ou moins écrasée et débarrassée du sucre, ou *bagasse* tombe de l'autre côté.

Avant la découverte du sucre de betterave, c'est-à-dire avant que la canne eût à compter avec une exploitation concurrente, les moulins à écraser les cannes conservèrent leurs dimensions primitives. Avant 1813, ils se composaient encore de trois cylindres, placés verticalement suivant trois parallèles, auxquels le mouvement était communiqué par des bêtes de somme et un système de roues dentées. Plus tard, afin d'utiliser les forces de la nature, on construisit des moulins dont les rouleaux étaient disposés horizontalement, et l'eau et le vent furent employés comme force motrice.

Aujourd'hui les moulins construits pour les nouvelles usines fonctionnent tous à l'aide de la vapeur.

Le moulin à canne ordinaire, se compose de trois cylindres reux, en fonte, dont les axes sont engagés dans un solide bâti métallique de telle manière que les coussinets sont placés aux trois sommets d'un triangle. Ces cylindres sont cannelés et ont un diamètre de 60 centimètres à un mètre; des vis de pression permettent de les rapprocher les uns des autres à volonté.

Deux de ces rouleaux sont situés sur un plan parallèle au sol, le troisième étant placé un peu au-dessus des premiers et entre les deux : le mouvement de ces cylindres est commandé par une série de roues dentées que fait mouvoir une machine à vapeur.

Les tiges de cannes arrivent, transportées par une chaîne sans fin, entre les deux premiers rouleaux dont l'écartement est d'à peu près un centimètre et demi; elle perd dans ce premier écrasement une partie de son jus qui s'écoule dans sorte de bassin placé au-dessous des cylindres. La bagasse, dirigée par une plaque courbée concentriquement au cylindre le plus élevé, pénètre entre celui-ci et le dernier dont l'écartement est d'à peu près un demi-centimètre; une nouvelle quantité de jus s'écoule et la bagasse s'éloigne du moulin, au moyen d'une nouvelle chaîne sans fin, qui la prend à sa descente d'un tablier en tôle dont le dernier rouleau est muni.

Le vesou est enlevé du bassin inférieur par le tuyau d'une pompe attelée au moulin.

Quant aux rouleaux qui commandent les chaînes sans fin, amenant et emportant la canne et la bagasse, ils sont mis en mouvement par une chaîne d'Archimède mue au moyen des dents de roues solidaires des cylindres inférieurs.

Actuellement, le rendement des moulins à cannes est très variable et dépend de la façon dont l'écrasage est conduit.

Avec les premiers moulins, ceux qui marchaient à l'aide de bêtes de somme, de l'eau ou du vent, on ne pouvait recueillir plus de 45 à 60 0 0 du poids des cannes en vesou, par suite de l'insuffisante résistance des organes et de l'irré-

Fig. 24. — Moulin à canne avec broyeur-défibreur (Cail et Cie).

13

gularité de la marche, il est aisé d'atteindre une moyenne de 75 0/0 et même davantage, suivant la qualité des cannes.

Il arrive parfois, cependant, qu'avec un moulin puissant on n'obtient pas un rendement en rapport avec la dépense de force, cela provient du mode d'alimentation. Un moulin doit être l'objet d'une surveillance incessante; il est important qu'une grande quantité de cannes arrivent en même temps entre les deux premiers cylindres, afin d'occuper complètement l'espace compris entre eux; dans ces conditions le jus est refoulé dans toute l'étendue de la ligne d'écrasement. Au contraire, quand l'alimentation est insuffisante, il se produit au moment du passage des cannes, des espaces vides par où s'infiltre le vésou qui imbibe à nouveau la bagasse, au lieu de s'écouler complètement en avant du cylindre.

Le Dr Icery rapporte qu'il a vu de puissants moulins mus par une force normale de 60 à 80 chevaux-vapeurs ne pas produire plus d'effet qu'un moulin trois ou quatre fois moins fort et ne donner en vesou que 55 0/0 du poids des cannes manipulées. Le rendement est donc particulièrement conditionnel de la façon dont la pression est surveillée. Partout où elle ne se trouve pas régulièrement exécutée, quelle que soit la force employée, on ne retirera de l'usage des grands appareils que l'avantage de traiter journellement une plus forte proportion de cannes.

Pour faciliter l'alimentation des moulins, on les fait ordinairement accompagner d'un broyeur défibreur dont le but est d'exécuter un broyage préparatoire. En effet, les tiges ayant été écrasées une première fois, forment une couche plus uniforme et la pression se produit plus régulièrement et avec plus d'énergie. D'après M. E. Kopp, une presse dont les cylindres atteignent un diamètre de 1 mètre sur une longueur de 2 mètres produit de 300,000 à 400,000 litres de jus par jour.

Le rendement de 75 0/0, obtenu dans les moulins ordinairement en usage aujourd'hui, peut être encore augmenté soit en chauffant les cylindres au moyen de la vapeur; la canne devient moins flexible et laisse plus facilement s'écouler le vesou; soit en injectant de la vapeur humide dans la bagasse avant son arrivée aux deux derniers cylindres.

Ce perfectionnement indiqué déjà par Payen a été appliqué dans le moulin à pression multiple de Lahaye et Brissonneau dans lequel la canne circule entre cinq rouleaux, c'est-à-dire est soumise à quatre pressions successives. Entre chaque pression on projette sur la bagasse maintenue à l'abri du contact de l'air, de l'eau ou de la vapeur qui, agissant par endosmose, épuise les tiges d'une façon plus complète.

Vesou. — Lorsqu'il provient de cannes bien mûres traitées par une pression légère, le vesou est peu coloré quoique toujours opalescent; mais à mesure que la pression augmente ou que la qualité des cannes diminue, il devient plus trouble, son opalescence s'accentue et il prend une teinte jaune verdâtre allant en croissant à mesure que sa pureté s'affaiblit.

Quand on essaya de donner aux moulins à cannes, une force compressible plus grande, on croyait généralement que les dernières portions du jus extraites de la canne avaient la même composition que le vesou qui s'écoulait sous un effort moins grand, quelques personnes même attribuaient à ce surcroît de jus une richesse saccharine plus grande. Les recherches de plusieurs agronomes et industriels conduisent à une opinion diamétralement opposée. La proportion de sucre diminue à mesure que le degré de compression augmente et les autres substances : principes azotés, sels minéraux, etc., subissent un mouvement en sens inverse, c'est-à-dire augmentent avec la pression.

Tableau dressé par M. Boname :

Vesou extrait de 100 kg. de cann.	55 »	18 »	6 »
Sucre en volume	19 »	18.50	17.90
Mat. organ. par litre de vesou. .	5.880	8.130	9.230

Ce résultat provient sans doute de la différence de constitution des divers organes de la tige. La partie médulaire moins ligneuse et plus facile à épuiser par compression, contient un jus d'une richesse supérieure à celui des cellules de l'écorce et de la couche subcorticale qui retiennent le suc dont elles sont imprégnées avec plus d'énergie.

C'est probablement aussi à cause de cette différence de composition entre le vesou extrait sans grands efforts mécaniques, et celui qui sort en dernier lieu des puissants moulins d'aujourd'hui, qu'avec les mêmes moyens d'évaporation, l'extraction du sucre est plus difficile actuellement qu'autrefois, selon la croyance générale.

M. le Dr Icery a étudié tout particulièrement la composition du vesou[1].

Quel que soit le procédé employé pour son extraction de la canne, le vesou entraine toujours avec lui des fragments de tissu et des débris de cellules qui, au bout de quelque temps, forment au fond du vase où le vesou a été recueilli, une couche plus ou moins épaisse suivant le degré de compression auquel la canne a été soumise. Cependant ces matières ne se séparent jamais complètement du liquide, et jusqu'à ce que celui-ci entre en fermentation il conserve toujours son apparence trouble et son aspect opalescent.

En effet, le vesou est formé de deux parties bien distinctes : 1° un liquide tenant en dissolution du sucre crisallisable, des sels minéraux et des principes organiques solubles ; 2° les débris des cellules. Mais en outre il reste

1. *Annales de Physique et de Chimie*, 1865 p. 350.

en suspension dans la partie liquide, sans pouvoir être séparés par les moyens qui servent à éliminer les fragments solides, de petits corps globulaires composés d'une enveloppe mince et transparente qui renferme une sorte de noyau ou matière demi-fluide. Ces corpuscules font partie intégrante du suc de la canne auquel ils donnent l'aspect lactescent qui le caractérise, ils proviennent de la sève et se retrouvent dans la canne à toutes les époques de la végétation. On peut cependant séparer ces globules du vesou, en le filtrant sur du papier Joseph ; alors le jus prend une teinte brune propre au vesou clarifié.

Il semble que c'est à ces corps vésiculaires qu'est due la rapide fermentation du vesou sous l'influence de la chaleur ; car si l'on met d'une part du jus de canne filtré, et de l'autre du jus débarrassé seulement des matières végétales en suspension, ce dernier donne naissance à des bulles gazeuses et arrive au terme de la fermentation quand celle-ci n'a pas commencé pour le premier.

Le vesou contient encore une matière albuminoïde et lorsqu'il est porté à l'ébullition, cette albumine en se coagulant entraîne les globules dans des flocons qui vont à la surface, sous forme d'écumes. Son rôle en cette circonstance est donc de purifier le vesou. Mais l'albumine a aussi une influence au point de vue de l'altération, car c'est à cette substance qu'il faut attribuer la fermentation du vesou après la filtration sur du papier Joseph.

Le vesou ne contient pas seulement du sucre cristallisable, il renferme aussi du glucose et la quantité de ce dernier varie avec la qualité des cannes et la portion des tiges soumises à la pression. Le sucre incristallisable étant très nuisible à la fabrication, il convient d'éviter toutes les causes qui peuvent l'introduire dans le jus, par exemple l'emploi des tiges non complètement mûres, ou celui des cannes qui ont eu une végétation trop luxuriante. Une des conditions importantes pour la fabrication du sucre de canne sera de mettre immédiatement sous les rouleaux du moulin, les cannes coupées avant qu'elles aient subi un commencement d'altération très facile dans les contrées tropicales.

Autres procédés pour l'extraction du vesou. — On a essayé de rendre l'exploitation de la canne à sucre une industrie intermittente et devant fonctionner quatre mois de l'année, en desséchant les tiges récoltées, en les traitant plus tard par l'eau pour dissoudre le sucre; mais ce procédé n'a eu aucun succès.

Quelques tentatives ont été faites aussi à Paris et à la Guadeloupe pour soumettre la canne à l'action de la presse après avoir été réduite en pulpe à l'aide de machines analogues aux haches-pailles. La pulpe peut servir avantageusement comme pâte à papier.

Depuis quelque temps, on parle beaucoup d'appliquer à la canne le procédé de la diffusion qui donne de si beaux résultats pour la betterave, quelques essais ont été faits en Espagne et dans nos colonies ; jusqu'ici les résultats ne paraissent pas très concluants. pendant l'épuisement des cossettes il se produit toujours une notable quantité de sucre incristallisable ; d'autre part la pureté du jus de diffusion est plus grande que celle du vesou de moulins en matières organiques.

« Si la diffusion s'impose pour la création de nouvelles usines, ou pour celles qui possèdent des moyens d'extraction peu énergiques, il n'en est peut-être pas de même pour celles qui ne laissent dans les bagasses que 1,50 de sucre pour 100 de cannes travaillées ; et pour ces dernières, on se méprendrait étrangement si on comptait obtenir avec la diffusion une augmentation dans l'extraction du sucre de 4 à 5 0/0 du poids des cannes, et si on pensait qu'il reste dans la bagasse des moulins, ainsi qu'on le répète souvent, un quart ou un tiers du sucre contenu primitivement dans la matière première[1]. »

Bagasse. — La bagasse ou les débris de cannes broyées et exprimées est d'une grande importance dans les pays où le combustible est si cher; c'est pourquoi dans certaines usines on évite de pousser l'extraction du vesou jusqu'à la dernière limite, et même on prend beaucoup de soin pour ne pas réduire la canne en fragments trop nombreux — autre inconvénient de la diffusion.

La bagasse est employée à la place de la houille, on a construit des fours spécialement destinés à son usage, tel est le four Godillot que construit la maison Cail. Quelquefois elle est envoyée aux foyers en sortant des moulins, mais il vaut mieux la dessécher pour éviter la perte de calorique à cause de la quantité d'humidité qu'elle contient encore.

Des industriels opèrent la dessiccation préalable de la bagasse par la chaleur perdue des foyers et peuvent ainsi se passer presque complètement de houille; d'autres la font simplement sécher au soleil, c'est une coutume très préjudiciable à leurs intérêts.

« J'ai vu, dit Wray dans son manuel du planteur, des périodes très longues de temps pluvieux survenir précisément quand le planteur était le plus pressé de faire sa récolte. Souvent il y a de 20 à 30 hectares de cannes bonnes à couper, ou dont une portion est même déjà gâtée lorsque la pluie survient, soit par torrents et continue, soit seulement par ondées, ce qui suffit pour empêcher la bagasse de sécher; en conséquence, la fabrication du sucre est forcément interrompue, quelque désastreuse que soit cette interruption.

1. *La canne à sucre*, par Ph. Boname p. 250.

« Quelquefois le planteur occupe les travailleurs à proximité du moulin, afin de pouvoir rentrer la bagasse en cas de pluie soudaine, un rayon de soleil brille on en profite pour l'étendre et la faire sécher ; un nuage se montre, tous les bras sont mis en réquisition en un moment ; quelques gouttes de pluie tombent et le nuage passe ; c'était une fausse alerte, chacun retourne à sa besogne. Voici un autre nuage, nouvel enlèvement de la bagasse ; nouvelle dispersion des ouvriers quand le nuage s'est dissipé. En voici encore un ; il tombe quelques gouttes d'eau, les ouvriers sont appelés en toute hâte ; ils accourent de tous côtés ; mais hélas ! il est trop tard. Les ouvriers de la sucrerie, les domestiques même de la maison, sont inutilement mis à l'ouvrage, la pluie tombe par torrents ; en peu de minutes la bagasse est aussi mouillée que si elle venait d'être retirée d'une pièce d'eau. Comme il faut plusieurs jours de soleil pour que ce désastre puisse être réparé, le moulin est arrêté ; les coupeurs de cannes se mettent à une autre besogne et la fabrication du sucre est suspendue au grand préjudice de toutes les parties de l'exploitation. »

À sa sortie des moulins, la bagasse a la composition suivante :

Matières minérales	0,5	à 1
Eau	45	à 50
Ligneux	50	à 55
Sucre	3	à 10

Équipage. — Autrefois et encore aujourd'hui, dans certaines localités, le sucre s'obtient à l'aide de manipulations très primitives. On fait couler le vesou dans une série de chaudières disposées en terrasses où s'effectue la défécation et la concentration. L'ensemble de ces chaudières primitivement en fonte, plus tard en cuivre se nomme l'*équipage.*

Un équipage se compose d'une chaudière appelée la

grande, la plus éloignée du foyer et dans laquelle se fait la défécation. On défèque les jus de canne au moyen de la chaux en ajoutant au vesou 0,2 à 0,3 0/0 de chaux suivant la qualité des jus sous forme de lait. La seconde chaudière, où doit être envoyé le vesou devenu légèrement alcalin après la défécation, se nomme la *propre*, on y fait subir au jus une deuxième ébullition qui a pour but de terminer sa purification. Il se forme de nouvelles écumes qu'on enlève et qu'on met dans la chaudière à déféquer. Ensuite le vesou passe dans le *flambeau*, là il doit être suffisamment clair et limpide, dans le cas contraire on ajouterait une nouvelle quantité de lait de chaux. La quatrième chaudière que les planteurs désignent sous le nom de *sirop* sert à la concentration du vesou qui prend une consistance sirupeuse. Enfin un cinquième récipient, la *batterie*, achève la concentration du sirop jusqu'au point de cuite : cette chaudière est muni d'un agitateur où se déposent des cristaux de sucre dès que le sirop est assez concentré. Ce point obtenu, on suspend l'action de la chaleur et on fait couler la masse dans des bacs dits rafraichissoirs où elle peut cristalliser. Il se forme d'abord une couche de cristaux à la surface, la matière est alors brassée afin de constituer un mélange pâteux et granulé.

Le sucre de canne, ainsi fabriqué, est introduit dans des formes en bois ou des tonneaux dont le fond supérieur a été enlevé, tandis que l'inférieur est percé de quantité de petites ouvertures fermées à fausset. Dès que la cristallisation est terminée, on retire les faussets qui garnissent le fond des tonneaux, la mélasse s'écoule par les ouvertures pratiquées et se recueille dans des récipients *ad hoc* pour être transformée en rhum par fermentation.

Devenue à peu près sèche, la masse cristalline est embarillée et livrée directement au commerce ou aux raffineurs.

Quelque primitive que soit cette manipulation, c'est encore par ce moyen que se fabriquait la plus grande

quantité de sucre de canne en 1882, époque à laquelle Kopp
publiait son article sur le sucre dans le dictionnaire de
de chimie de Wurtz. Cependant à ce moment déjà beau-

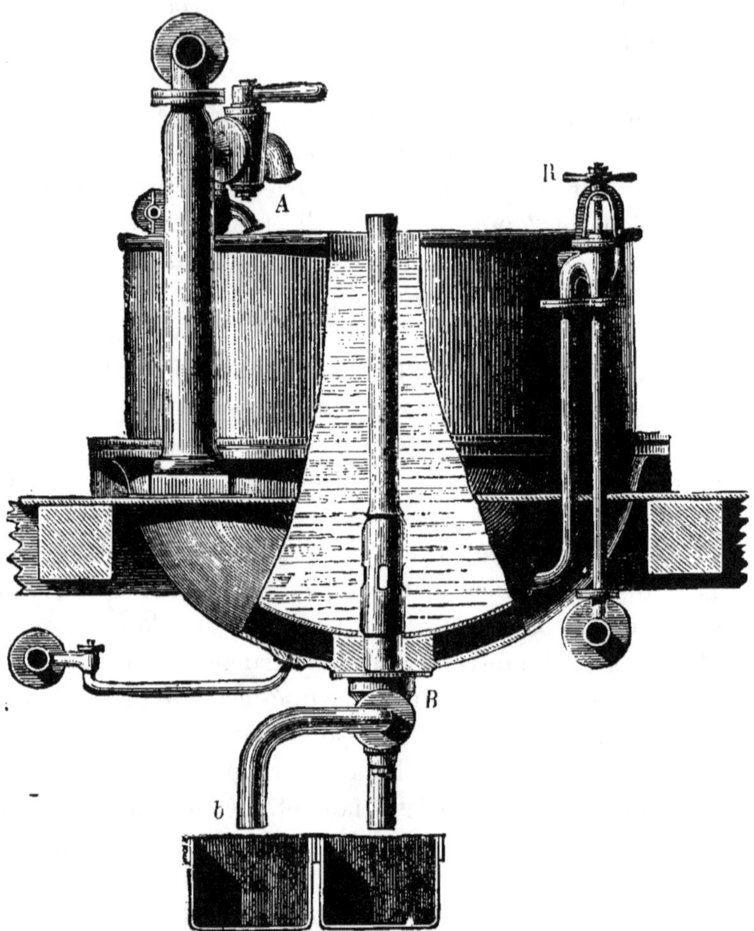

Fig. 25. — Chaudière à déféquer (Cail et Cie).

coup d'usines transformaient leur matériel et adoptaient le
système de Derosne et Cail, particulièrement dans les
colonies françaises, dans l'Amérique centrale et méridio-

nale. Ce procédé diffère très peu de la méthode employée pour l'extraction du sucre des betteraves et nous n'entreprendrons pas de la décrire dans ses détails.

Immédiatement à la sortie du moulin le vesou est porté à la température de 80° pour éviter la fermentation, puis on y ajoute du lait de chaux.

La défécation se pratique dans des chaudières d'un modèle un peu différent de ceux de l'Europe (fig. 25), ce sont des récipients dont le chauffage s'effectue par l'introduction de vapeur d'eau dans un double fond. L'accès de la vapeur se règle facilement au moyen d'un robinet à valve R. Quant à la chaux, elle arrive sous forme de lait par le robinet A qui surmonte la chaudière et qui se trouve adapté à un tuyau desservant toute la batterie des appareils à clarifier. La défécation terminée, le vesou s'écoule par l'ouverture inférieure B dans un tuyau qui le conduit au moyen d'une gouttière b, dans les bacs à décantation, d'où il est extrait pour subir la double carbonatation.

Les écumes provenant de la clarification ont, dans certaines contrées et particulièrement à la Guadeloupe, un intérêt tout spécial; les planteurs les recueillent très précieusement pour la nourriture du bétail. La composition chimique de ces écumes montrent, en effet, qu'elles sont riches en éléments nutritifs, administrées aux animaux fatigués par le travail, ils reprennent rapidement de la vigueur et de l'embonpoint.

Composition des écumes de défécation du vesou :

Eau	60,85
Cellulose	5,08
Matières minérales	6,05
Principes azotés	3,37
Matières grasses	4,61
Sucre	4,85
Matières organiques non azotées	15,19

Ailleurs les écumes sont passées au filtre-presse et lavées sur filtre.

La filtration du vesou déféqué se fait sur du noir animal en grains, dans des filtres absolument pareils à ceux construits pour le jus de betterave. On se sert aussi, pour la clarification, du sulfite de chaux. A Maurice, les trois quarts du sucre fabriqué est expédié à Bombay et en Australie. M. Delteil raconte, dans la *Revue coloniale*, que pour fabriquer le sucre destiné aux Indiens, les Mauriciens se servent de sulfite de chaux ou d'acide sulfureux liquide, étendu de beaucoup d'eau. Cela provient de ce que les marchands arabes ou indiens, qui font le commerce exclusif des sucres pour Bombay, n'ignorent pas que leurs clients refuseraient d'accepter un sucre fabriqué au moyen du noir animal, ces marchands, disons-nous, surveillent la fabrication avec attention. Dans le noir animal, nous ne voyons que du carbone et du phosphate de chaux, pour les peuples de l'Inde, fidèles croyants de la métempsycose, le noir animal revêt un caractère tout particulier et manger du sucre dans la fabrication duquel a été employé le noir serait une profanation. Qui peut dire si ces ossements calcinés n'ont pas appartenu à l'âme d'un brahmane vénéré !

La concentration du jus de canne s'effectue dans l'appareil Derosne et Cail, en faisant arriver le vesou dans une sorte de chaudière à évaporer munie d'un double fond et communiquant, par l'intermédiaire d'un vase de sûreté et d'un long tuyau coudé à plusieurs reprises à angle droit, dans un même plan vertical, avec une machine à faire le vide. Ce serpentin, par où circule la vapeur d'évaporation, est situé dans une large colonne fermée au-dessus de laquelle arrive le vesou qui sort des filtres à noir. Le jus clarifié marquant 9° Baumé pénètre dans des caniveaux percés dans toute leur longueur d'un trait de scie par où il s'écoule sur le serpentin chauffé. Quand le vesou arrive au bas du serpentin, sa densité est de 15° Baumé.

De là, le jus est versé dans la chaudière dont nous venons de parler et où sa concentration est conduite jusqu'à 25° Baumé. Le sirop est envoyé de nouveau aux filtres à noir et finalement dans une chaudière, où il est amené au terme de cuite. La cristallisation s'effectue dans des bacs comme pour le sirop de betterave.

On peut aussi concentrer les jus de canne dans l'appareil à triple effet, c'est même pour le traitement du vesou que fut imaginé, par Rillieux, l'ensemble des récipients chauffés économiquement par la vapeur d'évaporation, qui a pris depuis le nom de triple effet. L'appareil Rillieux a fonctionné dans une sucrerie de la Louisiane pour la première fois.

Par la méthode des équipages, on obtient un rendement de 6 à 8 0/0 en sucre brut et de 3 à 4 0/0 de mélasse, mais en opérant comme il vient d'être dit en dernier lieu, ce rendement peut devenir d'un tiers plus considérable.

Sucre de canne. — Autrefois on ne produisait que des sucres bruts très colorés; mais, peu à peu, on a pris coutume de soumettre au clairçage les produits de la cristallisation des masses cuites. Les turbines les plus employées à cet effet sont celles de Weston.

Composition des sucres claircés, premier jet (Boname) :

Sucre	99,25
Glucose	0,15
Cendres	0,15
Eau	0,20
Divers	0,25

Les sucres de deuxième et de troisième jets ont une richesse saccharine qui varie avec la qualité des sirops, les procédés de fabrication, l'emploi ou non des clairces pour le turbinage.

Il arrive très souvent que le vesou mal clarifié entraîne avec lui des particules solides; et même, quel que soit le soin apporté à la défécation, il est quelquefois impossible d'enlever d'une manière complète les fragments ténus des matières albuminoïdes et granulaires. Il arrive que ces substances se collent aux grains au moment de la cristallisation et altèrent plus ou moins le sucre. Parfois aussi ces débris forment, au moment de la cuite, le point de départ de cristaux auxquels ils communiquent une teinte brune, qui ne saurait être enlevée par un clairçage à la turbine; car cette nouvelle matière colorante fait partie inhérente du cristal et ne peut être soustraite sans destruction du grain.

Composition du sucre turbiné, mais non claircé (Bonamé) :

Sucre.	97 »
Glucose	0,90
Cendres	0,25
Eau	0,90
Divers.	0,95

La quantité de mélasse produite par le vesou est absolument dépendante, toutes choses égales d'ailleurs, de la façon dont il a été traité, de la qualité des cannes et des influences climatologiques; ordinairement cette mélasse a la composition suivante :

Sucre de canne.	33 »
Sucre incristallisable	4,30
Eau	13,71
Cendres	3,55
Caramel, gommes	45,44

La mélasse de canne est généralement traitée à part pour

la fabrication du rhum; après fermentation, il reste des sels minéraux qui sont employés comme engrais. On a essayé, non sans succès, de désucrer ces mélasses par la chaux ou la strontiane.

Les frais occasionnés par les nouvelles méthodes de fabrication ont un peu transformé l'industrie sucrière aux colonies; jadis, chaque planteur fabriquait lui-même son sucre. Mais les frais d'exploitation, devenant de plus en plus dispendieux, il s'est créé de grandes usines montées avec des appareils perfectionnés. Ces sucreries sont des sortes d'usines centrales au milieu des habitations, le planteur y apporte les cannes de sa plantation quand il ne fabrique pas lui-même.

A la Guadeloupe on comptait, en 1883, 1651 habitations sucreries; 62 de ces habitations possédaient des usines à vapeur; 67, des moulins fonctionnant à l'eau; 58, au moyen du vent; 5 employaient encore les bêtes de somme; plus 1451 plantations sans usine, et 8 usines centrales sans plantation.

Les principaux sucres exotiques qui arrivent sur le marché européen sont : 1° *les sucres des Indes occidentales* (Cuba, Saint-Domingue, Guadeloupe, Martinique, etc.); 2° *les sucres américains* (Brésil, Pernambuco, etc.); 3° *les sucres indiens et indo chinois* (Java, Siam, Réunion, Maurice, Canton, etc.)

Ces sucres sont plus ou moins nuancés, depuis le jaune pâle jusqu'au brun, par la présence d'une certaine quantité de mélasse, ils ont une réaction acide et contiennent généralement des débris de cellules de canne. Un des plus recherché est le sucre de la Havane, qui renferme cependant des matières colorantes et azotées, des sels à base de potasse et de chaux, particulièrement des chlorures, des carbonates, des phosphates, du sucre interverti, des acides gras, provenant d'un commencement de fermentation, enfin du saccharate de chaux.

CHAPITRE XII

TRAITEMENT DES MÉLASSES

Composition des mélasses. — Substances mélassigènes. — Osmose. —
Osmogènes. — Procédé employé à Haussy.
Désucrage des mélasses : au moyen de la baryte; au moyen de la
strontiane. — Procédé Scheibler, au moyen de la chaux. —
Procédé par élution, de Scheibler. — Procédé par substitution et
par précipitation, de Steffen.

Après l'extraction du sucre de troisième jet, il reste un
sirop qui contient à lui seul toutes les substances étrangères
qui existaient dans la masse cuite entière. Si l'on essayait
de concentrer une semblable solution pour en isoler de
nouveau du sucre, aucun cristal ne se formerait, mais il y
aurait caramélisation partielle, c'est-à-dire destruction de
la matière sucrée. Ce sirop prend le nom de mélasse.

La mélasse a la composition suivante :

1° Environ 45 0.0 de sucre cristallisable;

2° 10 0/0 de sels minéraux;

3° 25 0/0 de substances organiques diverses : glucose,
alcaloïdes, matières organiques neutres, produits divers de
transformation du sucre; le tout dissous dans 20 0/0 d'eau.

La quantité de mélasse fournie par un jus est en rapport
avec la qualité des betteraves et les soins apportés à la défécation et à la filtration sur le noir; elle varie entre 3 et 3 1/2
0.0 pour des jus ordinaires obtenus par diffusion, mais elle
monte à 4 0/0 pour des jus impurs [1].

1. *Dictionnaire de chimie*, de Wurtz, p. 1474 supp.

En général une betterave riche ne donne pas plus de mélasse qu'une racine pauvre, ceci résulte de ce que la mélasse n'est due qu'à la présence de sels minéraux, de substances organiques qu'on a nommés pour cette raison corps *mélassigènes*. Or, si l'on établit un rapport entre le sucre restant dans la mélasse et celui produit dans les trois premiers jets, on trouve que ce rapport est plus faible pour les betteraves de bonne qualité que pour celles qui sont moins riches. Mais dans les deux mélasses il y a régulièrement 45 0/0 de sucre.

L'influence des substances mélassigènes sur la cristallisation du sucre, montre tout l'intérêt qu'a le fabricant à les éliminer des jus. De nombreuses tentatives ont été faites dans ce sens ; on a proposé de traiter les cossettes avant la diffusion, par du sulfate de fer, des sels d'alumine, etc., afin d'insolubiliser dans le corps même de la betterave, certains corps neutres dont la manière d'agir sur le sucre les rapproche des ferments figurés. Degener a trouvé une matière particulière déviant fortement à gauche la lumière polarisée et dont la présence occasionnerait beaucoup de mélasse, il l'a nommée *Froschlaich* (frai de grenouille). Toutefois les savants qui se sont occupés de la question ne s'accordent pas bien sur la nature des mélassigènes. Ainsi M. A. Girard pense que les sucres réducteurs existant dans la mélasse, sont dus au glucose renfermé dans les jus à l'origine. Degener croit au contraire que le glucose n'a pour effet que de retarder la cristallisation, et que l'inversion du sucre est due à des chlorures alcalins et aux alcalis toujours contenus dans les jus déféqués.

La proportion du sucre relativement élevée **que** renferment les mélasses a donné lieu à de nombreux essais de traitement industriel. Plusieurs ont survécu à l'expérience et constituent des procédés véritablement économiques ; les autres sont trop nouveaux ou soumis à certaines conditions qui en limitent l'emploi ; mais tous sont fondés sur les mêmes principes que ceux qui furent imaginés, vers 1850, par Dubrunfant, c'est-à-dire l'*osmose* et le *procédé à la baryte*.

Osmose. — Sans vouloir refaire la théorie de la dialyse telle que nous l'avons établie au chapitre de la diffusion, nous ajouterons quelques détails à ce qui a été dit, pour mettre mieux en lumière les faits sur lesquels s'est appuyé Dubrunfant quand il fit connaître son procédé de traitement des mélasses : l'*osmose*.

Lorsque dans un vase en forme de cylindre, ayant pour fond une feuille de papier parchemin, ou tout autre membrane poreuse, on place la dissolution d'un sel et une substance qui tout en étant soluble ne cristallise pas, qu'on pose ce vase dans une cuvette contenant de l'eau pure de manière que le papier parchemin plonge dans l'eau ; il s'établit un courant, allant du premier récipient au second, de telle sorte qu'au bout de quelques instants une partie du sel a pénétré dans l'eau pure tandis que le corps incristallisable n'a pas quitté le premier vase.

Certains corps peuvent donc traverser la membrane pendant que d'autres sont incapables de le faire. On a nommé les premiers corps *cristalloïdes*, et les autres *colloïdes*.

Parmi les cristalloïdes il faut encore établir une distinction, quelques-uns traversent très rapidement le septum, d'autres se d.alysent plus lentement. Ainsi le carbonate de potasse se diffuse bien plus vite que le sel marin, et celui-ci que le sucre ; cette variation de vitesse dans le passage a travers la membrane est due au *pouvoir osmotique*.

Si donc on met dans un dialyseur une solution de chlorure de sodium et de carbonate de potasse, au bout de quelques minutes les deux corps ne seront plus dissous dans la même proportion, la liqueur ayant perdu plus du second sel que du premier. Dubrunfant eut l'idée de se servir de cette propriété pour enlever aux mélasses une certaine partie des sels étrangers et des matières organiques qui passent dans les eaux d'*exosmose* — on nomme ainsi les liquides qui reçoivent les sels ayant traversé la membrane.

Les mélasses renferment en réalité peu de colloïdes; et les corps qui peuvent diffuser, le sucre et les sels ont un pouvoir osmotique différent, de telle sorte que dans les eaux d'exosmose il passe 4 parties de sels pour 3 parties de sucre. Or, si l'on admet que 1 de sel empêche la cristallisation de 3,5 de sucre, on a donné, par enlèvement des corps mélassigènes, le pouvoir de cristalliser à $3,5 \times 4 = 14$ de sucre. Il faut compter les 3 parties du sucre ayant passé dans les eaux d'exosmose comme perdues. Ainsi donc, après osmose, la mélasse fournit une solution d'où il est possible d'extraire autant de sucre que d'un sirop de 3e jet et même de 2e jet.

Dans l'industrie la dialyse des mélasses se pratique dans des appareils appelés osmogènes.

Telle est la description de l'osmogène de Dubrunfant, sauf quelques modifications apportées par l'expérience, ainsi que l'a donnée M. de Luynes dans la séance de juin 1869, à la Société d'encouragement.

Le dialyseur Dubrunfant, se compose d'un certain nombre de cadres en bois, formant chambre et placés les uns contre les autres; ces cadres ont 1 mètre de largeur sur 66 centimètres de hauteur et 2 d'épaisseur. Ils sont divisés par des barrettes posées transversalement, en cinq compartiments qui communiquent entre eux par des ouvertures pratiquées alternativement à l'extrémité de chaque traverse.

Chaque face du cadre est recouverte d'une feuille de papier parchemin qui est maintenue par des ficelles.

La mélasse pénètre par la partie inférieure dans le cadre et circule dans les cinq compartiments pour s'écouler par une ouverture supérieure. A côté de ce cadre en existe un second, plein d'eau, construit de la même manière; mais juxtaposé au premier, de façon que la feuille de parchemin du premier constitue la séparation des deux liquides. Ces cadres forment un élément de l'osmogène.

Aujourd'hui l'on construit des appareils renfermant 30 et même 50 éléments.

La condition à remplir pour assurer le bon fonctionnement de l'osmogène, est que tous les cadres à mélasse et tous les cadres à eau puissent se remplir et se vider simultanément. Pour cela les cadres sont percés de deux ouvertures à la partie supérieure et de deux autres ouvertures à la partie inférieure, de façon à constituer quatre canaux, deux pour l'arrivée et la sortie de la mélasse, et les deux autres pour l'arrivée et la sortie de l'eau. Par exemple, du canal de droite de la partie inférieure et du canal de gauche de la partie supérieure, part un petit tube en laiton à chaque cadre impair; par ces ouvertures circulera la mélasse. Une disposition analogue dans les cadres pairs assurera le passage de l'eau.

Ainsi, on peut produire une circulation continue de mélasse et d'eau dans l'appareil, les deux liquides étant toujours séparés par une seule feuille de parchemin. Des robinets permettent d'introduire dans les éléments des quantités variables d'eau ou de mélasse.

La diffusion se faisant plus rapidement à chaud qu'à froid, on chauffe la mélasse à l'ébullition et l'eau à 70°. Un courant s'établit à travers la feuille de parchemin; les sels et les principes les plus diffusibles de la mélasse passent dans l'eau plus rapidement que le sucre. Les eaux d'exosmose, à leur sortie ont une densité de 1/2° à 1 1/2° Baumé, au contraire l'égout est dilué dans des proportions qui varient avec les volumes respectifs d'eau et de mélasse.

Le produit osmosé est recuit, puis envoyé à l'empli, où

au bout de quelques semaines il abandonne de 15 à 25 kilogrammes de sucre par hectolitre. Le liquide restant est passé de nouveau à l'osmogène et ainsi de suite jusqu'à sept fois pour une même mélasse. (Pellet).

Les eaux d'exosmose sont peu colorées, et possèdent un goût franchement alcalin ; elles sont concentrées pour l'extraction des sels de potasse et de soude, qui sont employés en agriculture.

Depuis quelques années, les recherches des inventeurs, tendent à supprimer la production de la mélasse. Dubrunfaut a proposé l'osmose calcique. Il défèque les égouts du premier jet, et il les soumet à la dialyse, le liquide osmosé est carbonaté et devenu assez pur, mélangé directement avec les sirops de la betterave. Cependant ce procédé ne s'est pas maintenu en présence des propriétés mélassigènes de la chaux caustique et de la faculté qu'elle a, de favoriser le développement des ferments.

On a remplacé la chaux par le chlorhydrate d'ammoniaque, et à ce sujet, voici comment s'exprime M. Tardieu dans la *Sucrerie indigène* du 8 janvier 1884, après avoir vu fonctionner le procédé dans une usine du Nord.

« Le principe et le but du procédé sont toujours les mêmes, on change la nature des sels organiques contenus dans les sirops d'égout, en les transformant en sels minéraux, par contact avec le chlorure d'ammoniaque avant de les faire passer dans l'osmogène, il se produit pendant l'osmose du chlorure de potassium ou de sodium, qui se diffuse très rapidement, surtout à l'état naissant et en même temps des sels d'ammoniaque (ceux-ci, s'ils ne sont que peu diffusibles, ne nuisent pas à l'osmose), des chlorures diffusibles par leur action sur le papier parchemin ; et on les élimine ensuite au moins en très grande partie, par le traitement calco-carbonique, qu'on fait subir au jus froid mélangé au sirop osmosé : les sels de chaux à acide carbonique sont décomposés, et l'ammoniaque se dégage. On fait aussi rentrer constamment les égouts de premier jet, dans le travail courant, et on arrive à en produire sauf un léger résidu de mélasse, qu'un seul type de sucre de premier jet cuit en grains. »

M. Tardieu donne ensuite quelques détails sur l'application du procédé Cuisinier à Haussy.

En sortant des turbines, les égouts de premier jet sont envoyés dans une chaudière où, à l'aide d'un serpentin, on chauffe à la vapeur jusqu'à ébullition. On met dans la chaudière en même temps que le sirop, à peu près 1 0/0 de chlorhydrate d'ammoniaque. Dès que la température de 100° est atteinte, on suspend l'arrivée de la vapeur et l'on envoie le mélange dans les bacs d'alimentation des osmogènes où l'on maintient la liqueur bouillante. L'eau qui sert à l'osmose, est elle-même chauffée à 70° et l'on en fait circuler dans les cadres de l'osmogène 10 à 12 volumes pour 1 volume de sirop.

En sortant des cadres, le liquide osmosé est refroidi et mélangé au jus de betterave dans la proportion de 16 0/0 environ en volume et l'on procède à la double carbonisation.

Les jus filtrés dans des poches Puvrez sont envoyés aux appareils de concentration.

Il arrive cependant que l'osmose et la défécation ne peuvent enlever complètement les substances mélassigènes, et que pour éviter une concentration de ces corps dans les sirops, il faut de temps à autre abandonner le produit de l'osmose, et traiter les égouts de premier jet par double carbonisation sans être additionnés. A Haussy, cela se pratique tous les huit jours.

Procédé à la baryte. — Le but de l'osmose est d'enlever aux mélasses les sels et les matières organiques qui empêchent la cristallisation du sucre, au contraire dans le procédé à la baryte, qui est le type de tous les procédés de désucrage, on cherche à faire entrer le sucre dans une combinaison insoluble, d'où on l'extrait par un traitement ultérieur.

M. Péligot a constaté que le sucre formait des combinai-insolubles dans l'eau bouillante, avec les terres alcalines : baryte, strontiane et chaux. Mais ces combinaisons bien définies, n'ont pas lieu dans la même proportion.

Si dans un sirop partagé en trois parties égales, on verse de la baryte, de la strontiane et de la chaux en quantité telle, qu'il y ait une molécule de terre alcaline pour une molécule de saccharose, et qu'on fasse bouillir, on recueillera un précipité dans chaque ballon, précipités qui donneront les résultats suivants à l'analyse :

1° Saccharate monobarytique;
2°   —   bistrontique;
3°   —   tricalcique;

En un mot, la même quantité de terre alcaline isole pour la baryte une partie de saccharose, pour la strontiane la moitié et pour la chaux un tiers. Il résulte donc de ce fait qu'il faudra deux traitements avec la strontiane et trois avec la chaux pour désucrer complètement le sirop. On pourrait objecter à cela, qu'il suffirait de mettre trois fois plus d'oxyde de calcium dans la liqueur; mais industriellement, il est impossible de dissoudre dans un sirop contenant une molécule de saccharose plus d'une molécule de chaux. L'emploi de la chaux exigeant trois séries de dissolution, de décantation, etc., est donc impossible. Nous verrons plus loin, que la difficulté a été tournée dans le procédé Steffen.

C'est pour la raison qui vient d'être exposée, que Dubrunfaut s'est arrêté à la baryte; d'ailleurs le sucre isolé dans ces conditions est plus pur que celui qui est obtenu avec la chaux.

On opère soit avec le sulfure de baryum, soit avec la baryte caustique obtenue en calcinant avec du charbon du carbonate de la baryte naturel connu des minéralogistes sous le nom de *witherite,* mais mieux avec cette dernière. La baryte caustique est dissoute dans l'eau bouillante de manière à former une solution de 30° Baumé environ, et on verse cette solution encore chaude dans un récipient où l'on concentre la mélasse à la température de 95° à 100°. La quantité de baryte est telle qu'il y a un petit excès d'alcali. Il se produit un précipité qu'on lave ensuite à l'eau bouillante.

Le saccharate de la baryte bien lavé, est mis en suspension dans l'eau, et décomposé par un courant d'acide carbonique ; il se forme du carbonate de baryte insoluble et le sucre mis en liberté se dissout dans l'eau. On envoie ensuite la bouillie aux filtres-presses qui laissent couler un sirop d'une densité de 10° Baumé environ, rendu un peu louche par de la baryte et du carbonate de baryte dissous ou en suspension. Pour le purifier, on emploie le sulfate d'alumine, il se précipite du sulfate de baryte et de l'alumine.

Ce sirop peut être traité séparément, ou bien on le fait rentrer dans la marche générale, en le mélangeant avec le jus de betterave.

Procédé à la strontiane. — En 1866, Jünemann prit un brevet pour le désucrage des mélasses par la strontiane, son procédé ne diffère pas de ce qui vient d'être dit pour la baryte. Par le mélange du sirop d'égout et d'une solution d'hydrate de strontiane à chaud, il se précipite du saccharate bistrontique que l'on décompose ensuite par un courant d'acide carbonique.

En 1886, M. Scheibler de Berlin en prit un autre pour un procédé à la strontiane, qui diffère essentiellement de celui de Jünemann. Quand on traite le saccharate bistrontique par l'eau froide, ce sel se dédouble en hydrate de strontiane presque insoluble à froid, et en saccharate monostrontique soluble.

Voici comment opère M. Scheibler :

L'hydrate de strontiane est dissout dans une grande cuve munie d'un agitateur et d'un serpentin à vapeur pour le chauffage. Quand le liquide est en ébullition, on ajoute peu à peu la strontiane jusqu'à ce que la solution ait une richesse de 20 à 25° Baumé.

Ce résultat atteint, on force l'introduction de la vapeur et l'on met l'agitateur en mouvement pendant que la moitié de la mélasse est versée dans la cuve, le reste étant mis par petites portions en même temps qu'un peu d'hydrate de strontiane. La précipitation est terminée quand on a mis pour 1 partie de saccharose environ 2 parties 1/2 d'hydrate de strontiane. L'eau mère ne contenant plus alors qu'une faible quantité de sucre.

Le précipité de saccharate bistrontique qui s'est rapidement rassemblé au fond, est une poudre granuleuse, lourde, brune lorsqu'elle n'a pas été essorée; mais d'une teinte paille quelquefois légère lorsqu'elle a été lavée.

Le lavage s'effectue sur les plaques d'un filtre à vide, avec une solution de strontiane à 10 0/0. Le liquide de lavage qui passe librement à travers l'étoffe, la toile métallique, et les trous de la plaque de fonte qui forme la partie supérieure de la caisse vide, sert dans une opération suivante en place d'une lessive fraîche.

Le saccharate de strontiane est enlevé au moyen de pelles en bois et envoyé dans un local spécial appelé rafraîchissoir et où la température est maintenue aussi basse que possible — environ 10° centigr. — Dans ces conditions le saccharate se dédouble en hydrate de strontiane cristallisé, et en une combinaison monostrontique de sucre qui se dissout.

Au bout de deux à trois jours, la réaction est terminée, l'hydrate est recueilli, turbiné, lavé à l'eau froide et renvoyé à la cuve.

La solution de saccharate à laquelle on a ajouté les eaux de lavage de l'hydrate est soumise à la carbonatation dans une cuve spéciale. Ce récipient est muni : 1° d'un agitateur ; 2° d'un serpentin pour la vapeur ; 3° d'un tube percé de trous pour l'acide carbonique ; 4° d'un serpentin placé à la partie supérieure et à l'aide duquel, par de nombreuses ouvertures, on peut injecter de la vapeur pour abattre les écumes qui se produisent abondamment pendant la saturation. Le liquide chauffé vers 60° est soumis à l'action de l'acide carbonique jusqu'à précipitation à peu près complète de la strontiane, ce qui a lieu quand la prise d'essai filtrée indique une alcalinité de 0,04 à 0,06 seulement représentée en oxyde de strontium. On porte à l'ébullition et l'on passe au filtre-presse. Immédiatement après la filtration on procède à une deuxième carbonatation suivie elle-même d'un nouveau passage sur le filtre.

Pendant la deuxième saturation, on fait passer l'acide carbonique jusqu'à disparition complète de l'alcali, on amène au bouillon pour décomposer le bicarbonate de strontiane qui aurait pu se dissoudre et l'on filtre.

La liqueur filtrée suit le traitement ordinaire des jus, filtration du noir, concentration dans le triple effet, nouvelle filtration du sirop et cuite. On peut même se dispenser de l'emploi du noir animal, car l'usage de la strontiane présente l'avantage de fournir des sirops clairs.

L'acide carbonique nécessaire à la double carbonatation, est emprunté aux fours à strontiane qui ne diffèrent en rien comme forme des fours à chaux, mais qui sont chauffés plus fortement, le carbonate de strontiane exigeant pour passer à l'état de strontiane caustique une cuisson à 800°. Pour rendre plus rapide la décomposition du carbonate ou malaxe les tourteaux avec des débris organiques, comme la sciure de bois, le charbon et le goudron et on les façonne en briquettes.

En 1882, l'inventeur du procédé que nous venons de décrire, introduisit de nouvelles modifications dont l'idée lui fut donnée par les propriétés de la solution sursaturée de saccharate monostrontique.

Scheibler avait remarqué qu'en dissolvant dans un sirop contenant 25 0/0 de sucre, et chauffant vers 75° centigrades une quantité d'hydrate de strontiane représentée par une molécule, on obtenait une liqueur claire à peine troublée par des traces de carbonate strontique, et qui, filtrée à chaud et conservée à l'abri de l'air, restait limpide assez longtemps bien que le saccharate monostrontique formé ne soit soluble que dans 15 ou 20 parties d'eau froide.

On connaît les propriétés des solutions sursaturées. M. Gernez a préparé dans un même milieu et à la même température, soit le soufre qui cristallise dans le système prismatique, soit le soufre octaedrique. Ce savant, dissolvait du soufre dans de la benzine à 80°, et refroidissant la liqueur jusqu'à 15°. Dans ces conditions et en opérant lentement, il se formait une solution sursaturée de soufre que l'on pouvait amener à cristallisation dans l'un ou l'autre système. Si l'on voulait reproduire par exemple, le soufre prismatique, il suffisait de plonger dans la benzine un cristal de cette forme et aussitôt il devenait le point de départ d'une cristallisation en prismes. Au contraire, voulait-on préparer le soufre octaédrique, on plaçait dans la benzine un cristal de ce système et immédiatement la cristallisation s'effectuait.

C'est ce qui arrive pour le saccharate de strontiane. La solution demeure longtemps limpide, puis elle donne naissance à un précipité cristallin qui est tantôt de l'hydrate de strontiane, tantôt du saccharate monostrontique. Par un artifice semblable à celui que M. Gernez a trouvé pour le soufre, on peut provoquer la formation de l'un ou de l'autre de ces deux composés. Il suffit pour cela de placer dans la solution, soit des cristaux d'hydrate, soit du saccharate monostrontique provenant d'une opération précédente.

Scheibler a tiré parti de ce phénomène, et l'a employé pour le traitement industriel des mélasses. Voici l'exposé de sa méthode.

On fait dissoudre à l'ébullition une certaine quantité d'hydrate de strontiane dans à peu près le double de son poids d'eau, puis on verse cette solution ainsi préparée dans une quantité équivalente de mélasse; immédiatement la température s'abaisse, et le précipité de saccharate bistrontique qui se forme à l'ébullition ne se produit pas. On peut encore projeter dans la mélasse suffisamment étendue d'eau de la strontiane caustique en poudre très fine, telle qu'elle sort des fours à caustification, mais pulvérisée.

Quelle que soit la façon d'opérer, on refroidit la liqueur dans un bac traversé par un serpentin à circulation d'eau froide. Il n'y a pas de précipitation, et si l'on abandonnait la dissolution à elle-même, ce serait ordinairement l'hydrate de strontiane qui cristalliserait. Mais si l'on agite tout en semant une petite quantité de cristaux de saccharate à un seul équivalent de strontiane, on détermine aussitôt la formation de ce dernier sel. La précipitation est complète au bout de douze à vingt-quatre heures, il reste une masse semi-solide que l'agitation transforme en une bouillie épaisse; il ne reste plus qu'à faire la séparation par les moyens ordinaires, turbine, filtre à vide, filtre-presse, etc., on lave à l'eau froide saturée d'hydrate de strontiane.

Le saccharate monostrontique qui se dépose dans les liqueurs concentrées a l'aspect mamelonné des choux-fleurs; par l'agitation, on obtient une poudre grenue et blanche qui, décomposée, fournit un sirop d'une pureté telle qu'il est inutile de le passer sur les filtres à noir.

Le procédé n'isolant tout d'abord, que les 2/3 ou les 3/4 du sucre suivant la durée de l'opération, ou la température à laquelle on opère, on termine le désucrage en ajoutant un peu de strontiane et en provoquant la précipitation d'un sel bibasique par l'ébullition. Par le refroidissement dans des bacs, le dépôt du précipité est rapide. Les eaux mères traitées par un courant d'acide carbonique et après addition d'un carbonate alcalin pour la strontiane engagée dans des combinaisons organiques, sont, après dépôt du carbonate de strontiane et décantation, évaporées pour l'extraction des sels de potasse et d'ammoniaque qu'elles contiennent.

Le saccharate bistrontique est employé dans un nouveau traitement de la mélasse, il s'y dissout facilement. On provoque dans une semblable solution la formation du sel monobasique, en additionnant le mélange d'un poids d'hydrate de strontiane tel, qu'il y ait un équivalent de sucre pour un équivalent de strontiane.

En résumé, la présente méthode se borne à préparer des saccharates mono et bistrontique : le premier est traité directement par l'acide carbonique, et évaporé comme un jus très pur : le second, mélangé à la mélasse avec une petite quantité d'hydrate, reforme le premier sel et ainsi de suite.

Scheibler prétend que ce nouveau procédé présente sur celui qui précède les avantages suivants :

1° Suppressions d'appareils encombrants et coûteux, puisqu'il s'agit d'abaisser la température d'un liquide et non celle d'un magma cristallin épais ;

2° Réduction à un tiers environ de la quantité de strontiane nécessaire pour isoler la même quantité de sucre ;

3° Plus grande pureté des jus sucrés ;

4° Possibilité d'appliquer ce procédé aux mélasses des raffineries et aux mélasses de sucre de canne des colonies, que ces dernières contiennent ou non une proportion élevée de sucre interverti [1].

Procédés à la chaux. — Tels qu'ils viennent d'être exposés, les procédés à la strontiane et à la baryte constitueraient d'excellentes méthodes de désucrage, mais au point de vue économique, ils ne sont guères praticables industriellement. La strontiane et la baryte sont en réalité, des terres alcalines relativement peu abondantes et qui, par suite d'un emploi général, atteindraient rapidement un prix exhorbitant; car, si théoriquement, on doit retrouver à la fin des opérations, la quantité de l'une ou de l'autre de ces deux terres, engagées dans les combinaisons, il s'en faut que dans la pratique on atteigne un pareil résultat. Le plus souvent il faut compter sur une perte d'au moins 10 0/0. Donc ces méthodes ne peuvent être employées que sur les lieux de gisement de la *strontianite* et de la *witherite*; de plus la calcination de ces carbonates exige une forte dépense de chaleur, la baryte encore plus que la strontiane.

La chaux ne présente pas les mêmes inconvénients, partout il est possible de se procurer ce corps à bon compte; le calcaire étant une des roches les plus abondantes de notre globe et sa calcination se faisant dans les fours les plus élémentaires. Une seule difficulté se présentait, nous l'avons expliquée au commencement de l'exposition des méthodes de désucrage. Actuellement il semble que cette difficulté ait disparu par l'emploi de divers procédés dont le dernier surtout est remarquable. Placés par ordre chronologique ces procédés sont les suivants :

1° Procédé par élution de Scheibler;

2° — substitution de Carl Steffen et Drucker;
3° — précipitation de Carl Steffen.

1. *Moniteur scientifique*, du Dr Quesneville. 3e série, t. XIII. p. 690.

Élution de Scheibler. — Le traitement que Scheibler fait subir au saccharate de chaux, et qui constitue la particularité de ce procédé, est un lavage à l'alcool.

L'élution fut en vogue pendant quelques années dans les sucreries de la Bohème et en Autriche; depuis son introduction dans l'industrie, ce procédé a subi de nombreuses modifications sur lesquelles nous ne nous étendrons pas, d'autant plus qu'il est en partie remplacé par le procédé de Steffen.

La grande difficulté consistait à préparer un saccharate assez sec pour subir utilement le lavage à l'alcool.

A Picek, en Bohème, on concentre la mélasse jusqu'à ce qu'elle ne renferme plus que 6 à 8 0/0 d'eau; puis, dans la liqueur bouillante, on verse un lait épais de chaux en quantité telle qu'il y ait une partie d'oxyde de calcium pour deux parties de mélasse. La masse agitée et refroidie devient épaisse et dure; il suffit alors de la broyer pour la traiter par l'alcool.

On peut encore opérer à froid, comme le fait M. Riedel, en mélangeant une partie de chaux caustique avec deux parties de mélasse réduite à consistance sirupeuse et en ajoutant deux parties d'alcool à 90 0/0. Le magma devient subitement grenu.

Un point essentiel dans l'élution, c'est d'opérer le lavage à l'alcool dans des appareils d'une étanchéité parfaite, afin d'éviter les pertes d'un dissolvant aussi cher que celui qui est employé.

Substitution de Steffen. — C'est en 1878 que MM. Carl Steffen et Drucker, de Vienne, prirent un brevet pour un procédé dont le principe est fondé sur ce fait, que les saccharates mono et bicalcique se transforment à chaud en sel tribasique insoluble.

On opère dans une série de cuves, dans lesquelles la

mélasse est diluée et où l'on fait arriver un lait de chaux d'une densité de 30° Baumé; la température ne doit pas être supérieure à 20°. Peu à peu la chaux se dissout et au bout de dix heures de contact elle a entièrement disparu. On chauffe alors à 110° la solution sucro-calcique et le saccharate tribasique se sépare sous forme d'un précipité peu coloré qu'on passe au filtre-presse.

Par ce premier traitement on ne peut isoler que le tiers environ du sucre contenu dans la matière première. On fait arriver une nouvelle quantité de mélasse jusqu'à ce que le titre primitif en saccharose soit rétabli et l'on renouvelle l'addition du lait de chaux. Après une ébullition à 110°, semblable à la première, il se précipite de nouveau du saccharate tricalcique. On continue ainsi jusqu'à ce que les eaux mères soient tellement enrichies en sels et en matières mélassigènes qu'il devient impossible d'en extraire du sucre; enfin, dans une dernière opération, on traite le sirop très impur par un excès de chaux et le résidu liquide est rejeté.

Le saccharate calcique, tel qu'il sort des filtres-presses, est délayé dans l'eau de manière à former un liquide d'une densité de 10° Baumé et soumis à la carbonatation, ou bien transformé en une bouillie épaisse de 30° Baumé qui sert à la défécation du jus frais.

Un peu plus tard, Steffen remarqua que si l'on mettait de la chaux finement pulvérisée dans une solution de saccharate monobasique, préparée en versant un lait de chaux dans la mélasse froide et convenablement agitée, il se formait immédiatement un sel tricalcique par fixation du sucre, sans que la chaux ajoutée entrât en dissolution.

Cette réaction est la base du nouveau procédé de Steffen, dit procédé par *précipitation*, lequel se pratique industriellement de la façon suivante.

Précipitation de Steffen. — On prépare la chaux au fur et à mesure des besoins, avec du calcaire très pur, et on l'emploie pulvérisée aussi finement que possible et exempte d'hydrate. En sortant des fours, la chaux est donc envoyée à un moulin spécial, qui transforme les fragments en poudre fine.

La réaction a lieu dans un appareil appelé mélangeur à froid, qui se compose d'un grand cylindre métallique portant une enveloppe concentrique et un serpentin à la partie inférieure, dans lequel peuvent circuler de l'eau froide pour opérer à température aussi basse que possible, de plus, un agitateur muni de palettes, tourne très rapidement dans l'intérieur pour mettre constamment en contact toute la surface des grains de chaux avec la solution sucrée. Avant d'introduire la mélasse dans le mélangeur, on l'étend d'eau, de façon à faire une liqueur contenant à peu près 7 0/0 de sucre.

L'agitateur étant en mouvement et la mélasse à une température inférieure à 20° centigrades, on fait arriver par petites portions la chaux pulvérisée, jusqu'à ce que la quantité introduite soit dans la proportion de 130 0/0 de sucre.

Au bout d'une heure au plus, le saccharate tricalcique s'est formé en une poudre grenue qui se précipite, facilement mélangée, avec un excès de chaux. On passe au filtre et on lave ; les eaux de lavage servent à étendre la mélasse dans une opération suivante.

Un semblable traitement désucre, pour ainsi dire, complétement la mélasse et il ne reste plus dans l'eau de l'appareil mélangeur que 0,6 0/0 de sucre. D'autre part, le sucre retiré de la combinaison calcique est d'aussi bonne qualité que celui qui est préparé par la strontiane, et quand les opérations sont bien conduites, il marque 98 ou même 99° au saccharimètre.

Pour extraire le sucre du saccharate, on concasse les tourteaux venant de la filtration et on projette la matière pulvérulente dans des bassins contenant du jus sucré. Il se produit une décomposition, les deux tiers de la chaux combinée et la portion qui était restée libre s'engagent dans une nouvelle combinaison sucrée, mais, de telle manière, que finalement dans le bassin où la réaction a eu lieu, il n'y a plus que 20 à 25 parties de chaux pour 100 parties de sucre. Une pareille liqueur entre dans les conditions ordinaires de traitement des jus déféqués.

L'expérience a montré que les liquides soumis à la saturation renferment 91 à 93 0/0 du sucre contenu dans la mélasse et qu'au bout du compte, il était possible de fabriquer 88 0/0 de sucre cristallisé.

Le procédé par précipitation de Steffen qui, en 1882, fonctionnait déjà dans deux sucreries, à Gaudersheim et à Sarstedt, est très avantageux, il est économique, en ce sens qu'il n'exige que peu de combustible, la précipitation du saccharate ayant lieu à froid, la matière préparée est de bonne qualité et l'on assure qu'il pourrait être appliqué au traitement direct des jus frais.

« Le nouveau procédé Steffen résout de la façon la plus heureuse le problème de la séparation du sucre des mélasses. Est-ce à dire que l'on ne puisse attendre mieux? Certainement le plus grand pas est fait et, sauf quelques perfectionnements de détail, le procédé à la chaux par précipitation, doit remplacer tous les autres procédés de désucrage; osmose, traitement à la baryte, à la strontiane, élution, etc. [1] »

---

1. *Dictionnaire de chimie*, de Wurtz. supp. p. 148.

CHAPITRE XIII

RAFFINAGE DU SUCRE

Composition des sucres bruts. — Dépotage des emballages. — Fonte
et clarification. — Décoloration des sirops. — Cuite et réchauffage. — Mise en formes. — Opalage. — Clairçage. — Plamotage. —
Etuvage. — Habillage. — Traitement des bas produits. — Question du raffinage. — Fabrication des mélis. — Raffinage en
fabrique. — Sucre candi.

Le suc brut, tel qu'il sort des fabriques, ne peut être livré
directement à la consommation que dans des cas assez
rares ; c'est lorsqu'il est en cristaux bien nets, durs, brill-
lants, presque incolores, d'une saveur douce et sucrée sans
arrière-goût, ces propriétés caractérisent généralement le
sucre de premier jet. Cependant la consommation du sucre
cristallisé n'a pas encore pris, quelle que soit sa pureté, un
grand développement ; cela tient à l'habitude que l'on a con-
tracté de considérer seulement comme sucre, le produit
blanc et compact vendu sous le nom de sucre en pain. On
a tenté de mettre le sucre de premier jet en masses de
formes diverses en l'humectant légèrement et le tassant
dans des formes ; le sucre tapé est difficilement accepté par
le public.

Il n'en est pas de même pour les sucres de deuxième et
troisième jets, ils sont trop impurs pour être livrés au commerce en grains. Ils contiennent :

1° De la saccharose libre et solide ;
2°   —   sous forme de sirop ;

3° Du glucose et du sucre interverti ;

4° Des saccharates alcalins et gommeux ;

5° Des matières organiques ; débris de parenchyme, fragments de matière globulaire, ferments divers, etc.,

6° Des sels à acides organiques et minéraux ;

7° De l'eau hygroscopique.

Ces sucres se nomment cassonades ou moscouades et se présentent sous forme d'une poudre sableuse plus ou moins colorée par la mélasse qui leur communique une saveur légèrement saline et une odeur un peu âcre pour les sucres de betterave, plus agréable pour ceux de canne. La nature des impuretés qui souillent les cassonades n'est pas la même pour les produits de la canne et ceux de la betterave. La cassonade de canne contient, en général, peu de sels minéraux, mais une assez forte proportion de glucose ; la cassonade de betterave renferme peu de glucose, mais comparativement beaucoup plus de sels. De plus le sucre de canne est presque toujours acide tandis que le sucre indigène a une réaction alcaline due à la chaux. Pour cette cause les raffineurs mélangent les deux qualités.

Le raffinage a pour but de donner au sucre une forme facilement acceptée par le commerce et de l'isoler complètement des matières étrangères qui ont pour effet d'altérer ses propriétés organoleptiques et de provoquer sa prompte fermentation.

Le raffinage du sucre brut comprend les opérations suivantes :

1° Dépotage et dégraissage des emballages ;

2° Fonte du sucre ;

3° Clarification et décoloration ;

4° Cuite à cristallisation ;

5° Réchauffage de la cuite ;

6° Mise en formes du sucre cristallisé et opalage ;

7° Égouttage et clairçage ;
8° Plamotage et lochage ;
9° Étuvage et habillage.

Dépotage et dégraissage des emballages. — Tel qu'il
arrive aux raffineries, le sucre est enfermé dans des barriques, des caisses ou des sacs ; il est reçu dans une pièce
sèche, spacieuse, bien aérée où par un repos de quelques
jours le sucre liquide s'écoule des emballages et se réunit
dans une gouttière centrale, grâce au dallage en pente que
possède la chambre d'arrivée. Tous les récipients sont ensuite vidés et le sucre placé dans une autre salle également dallée, située non loin de la chaudière et appelée *bac
à sucre*. Les sacs sont brossés et lavés à l'eau chaude ; les
barriques et les caisses sont grattées et soumises à l'action
de la vapeur. Cette opération s'exécute dans une aire circulaire en maçonnerie, recouverte d'une feuille de cuivre
convexe au milieu et relevée sur les bords ; une cloche en
cuivre étamé, commandée par une chaine qui passe sur une
poulie, peut recouvrir les emballages à dégraisser : un jet
de vapeur partant d'un tuyau terminé en pomme d'arrosoir
est amené au milieu de l'aire et dissout le sucre qui avait
résisté au grattage. Les eaux de condensation, après s'être
réunies dans la gouttière formée par la feuille de cuivre,
vont rejoindre celle du lavage des sacs pour être envoyées
à la fonte.

Fonte du sucre. — Avant d'exécuter la partie du raffinage appelée improprement la fonte du sucre, les raffineurs
doivent faire le dosage saccharimétrique du produit brut
afin d'assurer une bonne marche aux opérations.

Les sucres bruts de mauvaise qualité sont, avant d'être
dissous, mélangés avec du sirop étendu d'eau, puis soumis
à un clairçage qui, en supprimant une partie des matières

étrangères, occasionne une notable économie sur le noir employé à la décoloration et à la filtration.

D'après un ouvrage publié il y a quelques années en Angleterre, les raffineurs de ce pays trouvent plus d'avantages à traiter les sucres d'une teinte grisâtre que ceux qui possèdent le ton ordinaire jaune paille, la première nuance disparaissant plus facilement que la deuxième.

Les chaudières à fondre sont entièrement pareilles, à la dimension près, aux chaudières qui servent dans les sucreries, à la défécation du jus. Elles sont en cuivre et possèdent un double fond pour le chauffage à la vapeur.

On les remplit d'abord aux trois quarts d'eau, on chauffe légèrement et on y verse, par 1.000 litres de capacité, de 750 à 800 kilogrammes de sucre brut, de façon à former un sirop ou clairce marquant 30-32° Baumé à 40° centigrades. La température est ensuite élevée doucement.

Clarification et décoloration. — Quelleque soit la qualité du sucre brut, le sirop est toujours plus ou moins coloré et louche : pour le clarifier, on se sert de noir fin et de sang de bœuf ; ces deux substances sont ajoutées en même temps dans la chaudière, à raison de 3 à 5 0/0 pour le noir, et pour le sang de 1 à 2 litres pour 100 litres de sirop. On brasse énergiquement pendant l'addition des clarifiants. Le noir s'unit aux impuretés, et l'albumine du sang en se coagulant par la chaleur, emprisonne les molécules étrangères à la clairce, le tout vient s'assembler par l'ébullition en une écume épaisse, qui se détache de plus en plus des parois de la chaudière à mesure que la clarification s'avance. Lorsque cette écume est devenue cohérente, on arrête le brassage et on laisse reposer quinze à vingt minutes, puis on fait passser la clairce dans les filtres Taylor où elle abandonne le noir fin et les écumes. Ces filtres sont composés par des sacs étroits en toile de coton, fixés par leur partie supérieure à des trous circulaires, percés dans le fond d'une sorte de bassin où arrive le sirop.

Dans quelques raffineries on fait usage en place de filtres Taylor, de débourbeurs dans lesquels la filtration au lieu de s'accomplir de l'intérieur à l'extérieur, se fait en sens inverse. Ce débourbeur consiste en une caisse ou auge en tôle ayant 1 mètre de largeur, 1 mètre de hauteur et 2 mètres de longueur, et muni d'un double fond portant deux rangées d'ouvertures circulaires. On place dans la bache, des sacs en toile pelucheuse de coton de telle sorte que les bords supérieurs de ces sacs sont fixés à des liteaux en bois et portent à la partie inférieure une douille métallique qui s'engage à frottement dans les ouvertures du double fond. Les parois de ces sacs sont maintenues par un grillage métallique. La clairce arrive dans l'auge par un robinet, une partie des substances solides qu'elle contient se dépose sur le double fond, et le sirop clarifié traverse la toile pour pénétrer par les douilles entre les deux fonds du débourbeur, d'où un conduit l'emmène au réservoir des filtres à noir en grains.

Le but de la filtration sur le noir en grains, est d'achever la décoloration commencée par le noir fin. Il est important d'effectuer cette filtration sans retard, alors que la clairce est encore chaude, le sirop est plus fluide et l'action du noir plus efficace.

On opère comme dans les sucreries, avec des filtres ouverts ou fermés et, dans ceux-ci, à une pression de deux ou trois atmosphères ; la seule différence consiste dans la dimension des filtres. Les appareils des raffineurs mesurent de 8 à 12 mètres de hauteur.

Afin d'assurer l'épuisement rationnel des propriétés du noir, on verse d'abord sur les filtres neufs le sirop à claircer les pains ou clairce, puis une clairce à cuire, enfin une clairce plus impure, servant à faire des pains de deuxième qualité ou *lumps*.

Dès que l'on s'aperçoit que la décoloration se fait d'une façon incomplète, on arrête le passage des claires, on lave le filtre et on le décharge pour révivifier le noir tout comme dans les fabriques.

Cuite à cristallisation. — La claire décolorée et clarifiée par le passage sur les filtres à noir en grains, est envoyée dans des chaudières, à cuire absolument semblables à celles qui servent pour la fabrication du sucre.

La cuite des claires donne lieu aux mêmes observations, et se conduit de la même manière que la cuite des sirops, elle se pousse d'autant plus loin que les matières premières étaient plus impures ou altérées.

Par suite du vide créé au moyen de la pompe à air, l'ébullition de la masse cuite se produit entre 67 et 69°. Dès que le point de cuite est atteint, on envoie la claire à la cristallisation, mais auparavant on élève sa température dans un réchauffoir jusqu'à 80°.

Réchauffage de la cuite. — Le réchauffoir est une chaudière en cuivre à double fond qui est placée à peu de distance de l'appareil à cuire avec lequel il communique par une gouttière. Le chauffage se fait à la vapeur. Quand toute la masse cuite est dans la chaudière à réchauffer et pendant que la température s'élève, on mouve avec soin et l'on mouve plus ou moins suivant que le but est de faire du sucre compact à grains fins ou du sucre à gros grains.

Si la cuite a été trop serrée, on peut ajouter à ce moment de l'eau ou de la claire.

Après un repos plus ou moins long, les grains de sucre commencent à apparaître à la surface de la claire, il se forme une mince couche cristalline, que l'on enfonce dans la masse en la mouvant à plusieurs reprises, pour rendre la cristallisation plus homogène.

L'aspect des grains, dans le réchauffoir, peut servir à faire connaître si les opérations du raffinage ont été jusque-là bien conduites. La masse doit être d'un jaune plus ou moins foncé, une teinte grise ou verdâtre indique-rait une clarification défectueuse ou une mauvaise révivi-fication du noir, ou enfin un commencement de fermentation. Les pains obtenus avec une semblable cuite sont de mau-vaise qualité et gris.

Mise en formes du sucre cristallisé et opalage. — En sortant du réchauffoir où s'opère la cristallisation, la masse doit être mise dans des formes; c'est-à-dire dans des cônes ouverts à la base et portant un trou au sommet. Ces formes, qui autrefois étaient presque toutes en terre cuite, sont aujourd'hui le plus souvent en tôle zinguée ou émaillée, rare-ment en cuivre. Les formes sont de diverses grandeurs.

La masse cristalline est puisée dans le réchauffoir à l'aide d'une cuiller sphérique, le *puisoir* ou *percheux*, ayant 25 centimètres de diamètre et armé d'un long manche en bois; elle est versée dans des bassines en cuivre appelées *becs de corbin*, à cause de la forme allongée de la partie antérieure. C'est avec ces becs de corbin, qui sont munis de poignées en fer solidement rivées, que les ouvriers remplis-sent les formes, les becs sont placés sur des barres de fer portant des crochets qui les maintiennent à côté du réchauf-foir. Ce système de suspension se nomme le *canapé*.

Les formes sont disposées à côté les unes des autres, par rangées rectilignes, mais renversées de façon que le sommet s'engage dans une ouverture qui les maintient verticales. La salle dans laquelle les formes sont placées se nomme *l'empli*, la température doit y être entretenue entre 25 et 30°.

L'ouvrier chargé du remplissage des formes bouchent d'abord l'ouverture qu'elles portent au sommet, soit avec un fausset, soit seulement au moyen d'un morceau d'étoffe humecté et roulé en forme de tampon.

Il apporte ensuite le bec de corbin rempli de masse cristallisée et remplit plusieurs formes à moitié seulement, puis il mouve avec un couteau en bois de plus d'un mètre de longueur, aplati vers une extrémité, sauf la pointe, et terminé en manche de l'autre.

Il achève de remplir les formes avec une nouvelle charge du bec de corbin. Ce remplissage à différentes reprises assure la distribution uniforme des cristaux aussi bien que le mouvage ou *opalage*.

Pour opaler, l'ouvrier plonge et relève le couteau suivant l'axe de la forme, il fait ensuite plusieurs fois glisser le couteau sur la paroi de celle-ci afin de bien détacher les cristaux : car partout où il y a adhérence entre le sucre et la forme, le pain reste taché. Quand la cristallisation est sur le point d'être terminée, que la masse est plus consistante, il faut plonger vivement le couteau successivement contre toutes les parties de la paroi et le relever suivant l'axe.

L'empli où a lieu l'opalage se maintient naturellement à la température de 25° par la seule chaleur dégagée pendant la cristallisation.

Égouttage et clairçage. — Après six à douze heures de séjour dans l'empli le sucre est suffisamment pris en masse cristalline, les formes doivent être transportées dans les greniers. Ce sont des pièces placées aux étages supérieurs, basses, carrelées et dont la température est soigneusement maintenue jour et nuit, entre 28 et 30°, par des tuyaux placés contre les murs et où circule la vapeur perdue des machines.

Les greniers communiquent avec l'empli par des ouvertures placées dans le plancher, au-dessus les unes des autres, d'environ un mètre carré de surface et entourées

d'un garde-fou; c'est par ces ouvertures, appelées *tracas*,
que passe la chaîne sans fin qui monte les formes pleines.

Dans les greniers les ouvriers disposent les pains sur des
caisses rectangulaires dont le couvercle porte des trous
coniques dans lesquels s'engage le sommet des formes. Le
fond de ces caisses est composé d'une série de quatre plans
triangulaires garnis de zinc et se terminant par une ouverture centrale par où, grâce à la pente ménagée, s'écoulent
les sirops verts.

Avant de placer les formes sur les caisses à égoutter, on
a soin d'enlever le tampon de linge ou *tape* et d'introduire
par l'orifice une alène ou *prime*, afin de faciliter l'écoulement du liquide. Au bout de douze heures de séjour dans
les greniers la base du pain ou *patte* est devenue sèche et
blanche, et le sucre contenu dans les formes prend le nom
de sucre vert égoutté.

Afin d'enlever les dernières traces de sirop impur, on
soumet les pains à deux ou trois clairçages successifs.

Le clairçage est une opération très simple, fondée sur une
propriété des solutions saturées. On dit qu'un dissolvant
est saturé d'un corps soluble quand il ne peut plus en dissoudre une nouvelle quantité; mais une telle solution ne
perd pas pour cela la faculté de dissoudre une autre substance. Ainsi, pour raffiner le salpêtre qui, à l'état brut
renferme différents sels étrangers, on verse sur les cristaux
contenus dans une caisse, dont le fond est garni de trous,
une solution saturée de nitrate de potasse; les impuretés
seules se dissolvent. Il en est de même pour le raffinage du
sucre; lorsqu'on verse de la clairce pure dans des formes qui
contiennent du sucre cristallisé souillé par des sirops
colorés, celles-ci disparaissent avec le liquide qui s'écoule
et le sucre reste intact. Il est important de faire le dernier
clairçage avec une clairce très pure.

Le clairçage des pains ainsi exécuté demande six à sept

jours, aujourd'hui il se fait plus vivement au moyen de la *sucette*. Cet appareil se compose d'un tuyau garni de tubulures à entonnoir armées d'un robinet. Sur chacune de ces tubulures, et au moyen d'une rondelle en caoutchouc, peut s'appliquer l'orifice des formes. Une machine à faire le vide aspire l'air par le tuyau et provoque ainsi un clairçage forcé, un bac se trouve entre la sucette et la machine où se rassemblent les sirops impurs.

Le clairçage complet à la sucette se pratique en une heure au plus.

Plamotage et lochage. — Les pains étant égouttés, on nettoie les bases soit à la main avec un couteau, soit à l'aide d'une machine spéciale (plamotage), et quand la masse s'est complètement solidifiée, on prend la forme à la main, on la renverse sur un billot en bois contre lequel on la frappe doucement jusqu'à ce que le pain se détache (lochage). Les têtes sont retranchées, et à l'aide d'un appareil particulier, on refait une nouvelle pointe.

Étuvage et habillage. — En sortant des formes le sucre est humide et friable et ne pourrait être conservé si on ne le soumettait à une dessication convenable. Pour cela on le place dans une étuve chauffée à 50 ou 55° au moyen d'un courant d'air chaud.

Cette étuve est placée près des greniers, elle règne ordinairement dans toute la hauteur du bâtiment. C'est une tour carrée, de 6 à 8 mètres de longueur à la base sur 4 à 5 mètres de largeur. Les murailles de cette étuve sont très épaisses pour que la température ne subisse pas les variations de l'extérieur.

L'air qui circule dans l'étuve pénètre par le bas où existe un système de chauffage consistant en tuyaux en cuivre ou en fonte dans lesquels passe la vapeur. Cet air chaud parcourt l'étuve en suivant une marche ascendante et par son contact avec les pains emporte au dehors l'eau qu'ils contiennent encore.

L'intérieur de l'étuve est divisé par des claies en vingt ou vingt-cinq étages, distants les uns des autres de 70 à 75 centimètres. Ces claies reposent sur des solives scellées dans le mur, un tracas qui règne dans toute la longueur de l'étuve permet à l'ouvrier de monter ou de descendre les pains sur des étagères.

Au niveau de chaque étage du grenier existe une baie de communication avec la tour, cette baie est fermée par une porte hermétiquement close dès que le passage des pains est effectué.

Une semblable étuve peut contenir de deux à quatre mille pains.

L'étuvage dure six à dix jours, suivant la grosseur des pains, la nature du sucre et l'état hygrométrique de l'air.

Avant de retirer les pains, il faut les laisser se refroidir lentement, sans cela il se produirait un retrait brusque qui pourrait les fendre et leur faire perdre la sonorité que le commerce recherche. L'accès de la vapeur est arrêté peu à peu et les portes sont ouvertes graduellement.

En sortant de l'étuve, les pains sont portés dans la pièce à plier, où ils sont pesés et revêtus d'une enveloppe en papier fort, vio'et pour l'exportation et bleu pour le commerce local.

Il arrive quelquefois que les pains de sucre ont une teinte jaunâtre, alors, pour les faire paraître absolument blancs, on a soin de peindre les murs de la pièce à plier d'un blanc légèrement violeté.

Traitement des bas-produits

Le sucre en pains, fabriqué de la façon qui vient d'être décrite, se nomme raffiné; mais il existe des sucres inférieurs connu sous les noms de *lumps, bâtardes, farines* ou *vergeoises*.

Lumps. — Les lumps sont des sucres obtenus par l'emploi de matières premières de mauvaise qualité, de déchets divers, de sirops qui proviennent du turbinage préalable des cassonades très impures. Ces différents produits sont fondus comme pour les raffinés, seulement la masse cuite est mise dans des formes plus hautes et claircée avec des claires moins pures.

Les pains ne sont pas soumis à la sucette, on se contente d'enlever la partie de la tête qui est trop colorée pour la refondre.

Bâtardes. — Les bâtardes se rapprochent beaucoup des lumps, les uns et les autres sont moins claircés que les raffinés, mais les bâtardes subissent en général un clairçage de plus que les lumps.

Vergeoises. — Les vergeoises constituent une sorte de poudre d'un blanc roux provenant de sucre moins claircés que les lumps et les bâtardes et pulvérisé par des moulins à rouleaux.

Mélasses. — Le dernier produit du raffinage est une mélasse brun foncé, épaisse et visqueuse, marquant 42 à 44° Baumé, elle contient moins de matières salines que la mélasse de fabrique et possède une saveur plus agréable, on ne peut plus en retirer qu'une petite quantité de sucre par concentration. La mélasse des raffineries est livrée directement à la consommation ou vendue aux distillateurs pour la fabrication de l'alcool.

Fabrication des mélis

Quelques sucreries de l'Allemagne, de l'Autriche et de la Russie, au lieu d'envoyer raffiner leurs produits dans des usines spéciales, préparent directement avec le jus de betterave du sucre raffiné consommable. Quand ce sucre provient directement de la concentration des jus de betterave, il prend le nom de *mélis brut*, mais s'il est obtenu par la cristallisation du mélis brut mélangé à du jus frais, on l'appelle *mélis mixte*.

Les mélis bruts exigent des jus très purs et ne peuvent se fabriquer qu'au commencement de la campagne.

Du raffinage en fabrique. — Il parait constant que les Arabes furent les premiers qui raffinèrent le sucre. Moïse de Chorène parle des belles fabriques de sucre de la province de Cherasan en Perse. L'art du raffinage pénétra en Europe par les Vénitiens, qui adoptèrent la forme de cône désignée sous le nom de pain de Venise.

En 1573 et en 1597, nous voyons plusieurs raffineries se créer en Allemagne, à Dresde, à Augsbourg; en 1648 en Hollande. Onze ans plus tard, les Allemands portèrent cette industrie en Angleterre où elle a prospéré d'une façon si remarquable que d'après un rapport publié en 1887 par le bulletin du ministère des finances, il existe 4.484 raffineries. Les colonies françaises apprirent à raffiner le sucre des Hollandais et des Portugais, plus tard des usines se créèrent en France, à Orléans en particulier.

« Avant que l'on eut découvert l'existence du sucre cristallisable dans la betterave. Avant la création de cette grande et belle industrie agricole qui a pour but son extraction de cette racine, il était assez naturel que des établissements particuliers se chargeassent en Europe, de purifier les produits obtenus par des procédés assez grossiers, que le commerce nous apportait du dehors, de même qu'on purifie en France dans des fabriques de produits chimiques, les soufres bruts que nous recevons du midi de l'Italie. Mais s'il avait existé dans notre pays des gisements exploitables de cette substance, aurait-on jamais eu l'idée de faire deux industries distinctes, de l'extraction du minerai du sein de la terre suivie d'une purification grossière et de son raffinage définitif? Le fabriquant d'acide sulfurique, s'aviserait-il de livrer à un autre les produits de ses chambres pour faire de leur concentration une industrie particulière? Évidemment non, ce serait de la part du premier renoncer gratuitement à une part légitime de ses bénéfices et augmenter inutilement le prix des produits et le temps qu'exige leur préparation. Eh bien, c'est justement ce que fait maintenant l'industriel qui livre des sucs bruts à un raffineur. Nous n'avons jamais bien compris la raison de cet arrangement et nous la comprenons encore moins maintenant que des procédés perfectionnés permettent aux fabricants de sucre indigène, ainsi qu'à ceux des colonies qui veulent bien suivre les progrès que leur indique la métropole, d'obtenir immédiatement du sucre grainé d'une parfaite blancheur, et qui, malgré les préjugés résultant d'un ancien usage, entrera bientôt dans la consommation à l'exclusion du sucre en pain [1]. »

Ces mots écrits, il y a une vingtaine d'années, sont encore vrais aujourd'hui. Évidemment la transformation de l'indus-

---

1. Zoega. — *Guide du fabricant de sucre et du raffineur.*

trie sucrière n'est pas aussi simple que cela semble à première vue. D'abord une seule sucrerie ne peut fournir en une campagne assez de matières pour travailler tout le reste de l'année au raffinage de son propre produit, et il serait nécessaire, si l'on voulait éviter le chomâge d'acheter d'autres sucres bruts.

Les raffineries doivent de plus être situées près des grandes villes, c'est-à-dire à proximité des lieux de consommation. Cette condition n'est guère possible pour les sucreries qui ont leur place marquée au milieu des cultures de betteraves.

Cependant, depuis quelques années, plusieurs tentatives ont été faites pour substituer aux raffineries seules, le raffinage en fabrique.

Procédé Reischauer. — A Brieg en Silésie, on fond le sucre brut de manière à produire un sirop marquant 25° Baumé, et on filtre sur le noir employé en grande quantité.

La cuite est menée de telle façon que le sirop conserve la même fluidité quelques heures après la sortie de la chaudière. Le produit est porté aux turbines et soumis pendant vingt minutes à un clairçage pratiqué avec une petite quantité de sirop pur. On retire des turbines un sucre complètement blanc et friable qu'on place dans une machine spéciale; cet appareil du système Reischauer transforme le sucre turbiné en prismes de 28 centimètres de long.

Après un étuvage de dix heures, il est débité en morceaux.

Procédé Mérijot. — En France le raffinage en fabrique s'est pratiqué avec succès pour la première fois dans l'usine de Bourdon (Puy-de-Dôme) pendant la campagne 1877-78, d'après le procédé Mérijot.

Le sucre brut est fondu et clarifié, le sirop passé au filtre Taylor et sur le noir en grains.

Après le rechauffage de la cuite, on verse la masse dans des moules en forme de pyramide tronquée, qui sont portés à l'empli pendant six heures.

On pratique l'opalage comme dans les formes ordinaires des raffinés.

La masse étant suffisamment solidifiée, on porte les moules dans une turbine d'un modèle particulier mue en dessous. La charge d'une turbine est de six moules. Ils sont arrangés dans le tambour de manière que la grande face libre est tournée vers l'axe.

Le clairçage se fait à la vapeur débarassée d'eau de condensation et au bout de quelques secondes après le premier tour, il sort un jet de sirop vert, qui devient en peu de temps incolore. A ce moment, le turbinage est terminé et il ne reste plus qu'à retirer le sucre et à le porter dans une étuve.

Le sucre obtenu par le procédé Mérijot, est blanc et a l'aspect des raffinés de bonne qualité.

Fabrication du sucre candi. — On désigne sous le nom de sucre candi, les gros cristaux que l'on obtient en laissant au repos un sirop concentré.

Les candis sont de trois sortes :

1° Les candis *blancs* fabriqués avec le sucre en pains ordinaires;

2° Les candis *pailles*, provenant du sucre brut de betterave;

4° Les candis *roux*, dont la matière première est la cassonade du Brésil.

Le sucre candi se prépare de la même façon que le raffiné. La cuite est amenée jusqu'à la preuve du soufflé; c'est-à-dire qu'en prenant du sirop dans une écumoire et en soufflant dessus avec force, il se forme à chaque trou des bulles de 12 à 15 millimètres de diamètre. Il y a la preuve du petit soufflé et la preuve du grand soufflé, suivant la grosseur des bulles.

La cristallisation se fait dans des terrines en cuivre, percées dans leur paroi de petits trous par lesquels peuvent passer des fils de chanvre ou de lin. Un papier collé extérieurement empêche la déperdition de la masse cuite contenue dans les terrines.

Ainsi préparés, des cristallisoirs sont remplis de sirop et portés sur les étagères d'une étuve chauffée à 60° pendant trois jours. Après un laps de temps trois fois plus considérable, la cristallisation est achevée. On retire les terrines et et on perce la croute cristalline, le sirop qui enveloppe les cristaux, s'écoule et le sucre candi lavé à l'eau tiède et desséché peut être livré au commerce.

CHAPITRE XIV

SACCHARIMÉTRIE

Importance de la saccharimétrie. — Rayon de lumière polarisée. — Saccharimètre de Soleil ; saccharimètre à pénombre de Laurent. — Liqueur de Fehling. — Dosage du sucre par fermentation ; dosage direct. — Densité des jus. — Analyse des racines. — Jus sucrés. — Analyse des sucres bruts ; des mélasses.

La saccharimétrie est l'application des différents procédés connus pour le dosage exact du sucre de canne pur contenu dans une solution ou dans un produit brut.

C'est une partie très importante de l'industrie sucrière ; c'est à elle que doit être attribué le plus grand nombre des perfectionnements introduits dans la fabrication du sucre depuis la création de cette industrie. C'est la saccharimétrie qui indique les pertes à éviter, qui tient constamment au courant l'industriel et l'agriculteur sur la richesse des matières mises en œuvre, depuis la formation du sucre dans la racine ou la tige des végétaux, jusqu'à la livraison des sucres raffinés au commerce. Aussi lui avons-nous consacré un chapitre dans lequel nous nous sommes efforcé d'enlever tous les détails par trop techniques propres à cette partie de notre travail.

Plusieurs méthodes se présentent pour l'analyse des sucres :

1° La voie mécanique ;

2° La voie chimique ;

3° La voie physique.

Comme le procédé fondé sur les lois de la physique est le plus délicat, le plus rapide et le mieux employé actuellement, nous commencerons notre étude par lui.

Les appareils qui servent en cette circonstance sont les saccharimètres et les polarimètres dont le principe est basé sur les lois de l'optique.

L'idée qui a présidé à la construction de ces sortes d'instruments est la rotation qu'éprouve le plan d'un rayon de lumière polarisée en traversant certains milieux.

Polarisation de la lumière. — Qu'est-ce que la lumière polarisée? Nous allons essayer d'en donner une idée à nos lecteurs.

Lorsqu'on fait arriver un petit faisceau de lumière parallèle sur un corps transparent que les minéralogistes désignent sous le nom de spath d'Islande et qui cristallise en rhomboèdre, le faisceau lumineux traversant le solide y

Fig. 26. — Marche d'un rayon lumineux dans les cristaux de spath.

subit non seulement la loi ordinaire de la réfraction simple, c'est-à-dire une petite déviation; mais il se trouve partagé en deux rayons à la sortie du cristal, l'un étant plus dévié que l'autre. La fig. 26 représente cette double réfraction :

Appelons O le rayon réfracté ordinaire, et E, le rayon réfracté extraordinaire; supposons maintenant que, par un mécanisme facile à imaginer, nous fassions tourner le rhomboèdre du spath autour de lui-même et recevons les rayons réfractés sur un écran; l'image qui se formera sur celui-ci est représentée par la fig. 27, où les deux rapports accuseront la même intensité, quelle que soit la position du rhomboèdre dans son mouvement rotatif. Maintenant arrêtons l'un de ces rayons, le rayon E par exemple, au moyen d'un écran opaque comme le représente la fig. 26, et rece-

vons le rayon ordinaire sur un deuxième rhomboèdre de
spath d'Islande ; il se produira un phénomène analogue à
celui qui s'est opéré par le passage de la lumière naturelle
dans le premier cristal ; il y aura une seconde double réfraction, c'est-à-dire production de deux faisceaux diversement
réfractés qui pourront s'imprimer sur un écran par la
rotation du deuxième rhomboèdre. Mais là seulement se
bornera l'analogie, car les intensités de ces rayons O' et E'
varient avec la position du spath et l'on démontre, dans les
cabinets de physique, que la somme des intensités des deux

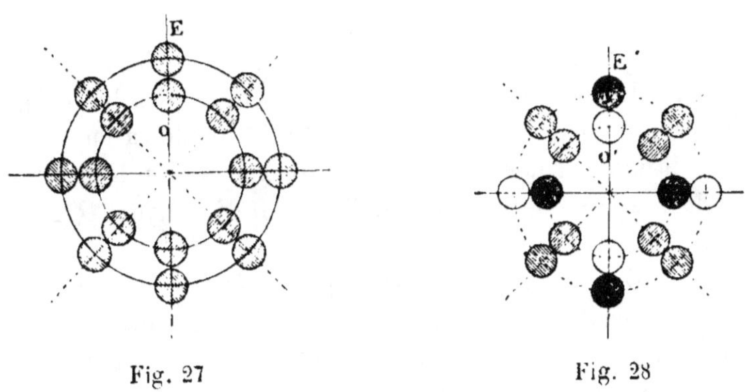

Fig. 27   Fig. 28

rayons réfractés est égale à celle du rayon incident, cette
intensité pouvant être maximum pour l'un des rayons et
nulle pour l'autre. En un mot, un écran noir donnerait
l'image de la fig. 28.

Il découle de cette expérience que le rayon O, provenant
d'une première réfraction, ne possède plus les mêmes propriétés qu'un rayon de lumière naturelle, celui-ci pouvant
donner deux rayons réfractés dont l'intensité est la même
pour toutes les positions du rhomboèdre, et, celui-là, produisant par double réfraction des rayons dont l'intensité
varie de l'obscurité à l'intensité totale du rayon incident,

suivant l'amplitude de la rotation du rhomboèdre : on dit que ce rayon O se compose de lumière *polarisée*.

Le phénomène de la double réfraction découvert vers le milieu du XVIIe siècle, par le danois Érasme Bartholin, étudié depuis par plusieurs physiciens resta longtemps sans application pratique, quand une première expérience d'Arago, suivie de près par des recherches de Biot, amenèrent la découverte de la polarisation rotatoire et de faits susceptibles de procurer un profit immédiat.

On savait avant Arago qu'une lame d'un cristal à un axe [1], taillée perpendiculairement à cet axe, et placée entre les deux rhomboèdres que nous appellerons, pour éviter toute confusion, l'un, le rhomboèdre ε *polariseur*, et l'autre, le rhomboèdre ε' *analyseur*. On savait, dis-je, que le rayon polarisé n'éprouvait aucune modification, qu'il restait dans le même plan, qu'en un mot cette interposition était incapable de faire varier l'intensité des rayons O' et E', l'analyseur restant immobile.

En 1811, Arago découvrit que le cristal de roche ou quartz faisait exception à cette règle, il reconnut que si l'on recevait sur l'analyseur un rayon polarisé qui a traversé une lame de cristal, l'onde lumineuse donnait deux images, ordinaire et extraordinaire, toutes deux colorées de teintes complémentaires [2]. Il n'y avait plus extinction d'un rayon quand l'intensité de l'autre avait atteint un maximum, et en faisant tourner l'analyseur, il se produisait un changement successif de nuances donnant, à tour de rôle, les

---

1. Les minéralogistes ont partagé tous les cristaux en six systèmes cristallins ; parmi ces systèmes quelques-uns sont à un axe d'autres à plusieurs axes.

Ex.: Le quartz qui cristallise dans le système hexagonal n'a qu'un axe.

2. C'est-à-dire qu'étant superposées, elles reproduisaient la lumière blanche.

teintes de l'arc-en-ciel et toujours complémentaires pour les
deux images. Arago a défini ce phénomène en disant que
chacun des rayons simples qui compose le rayon incident
demeure polarisé; mais que son plan de polarisation a
éprouvé une rotation différente pour chaque couleur, de là
le nom de polarisation rotatoire.

Biot reprit l'étude de la lumière polarisé et la compléta
expérimentalement; il montra que le quartz ne possédait
pas exclusivement la propriété d'imprimer une rotation au
plan de polarisation de la lumière. et que cette propriété
était commune à beaucoup de substances liquides telles que
les huiles essentielles, l'essence de térébenthine, la dissolution du sucre, etc.

Servons-nous d'un rayon simple au lieu de lumière
blanche naturelle; par exemple de celui qui sortira d'un
verre rouge éclairé par le soleil ou qui sera donné par la
flamme d'une lampe à alcool salé; faisons passer ce rayon
à travers un polarisateur, plaçons sur le prolongement du
rayon ordinaire réfracté un analyseur et orientons celui-ci
de telle façon que les deux images se reproduisent sur un
écran avec une teinte d'égale intensité. A ce moment, si
nous interposons entre l'analyseur et le polariseur une
plaque de quartz, il se produit un changement d'intensité
dans la teinte des deux disques et il devient nécessaire,
alors, de faire tourner d'un certain angle l'analyseur pour
reproduire l'égalité.

Biot a reconnu :

1° Qu'un rayon simple, c'est-à-dire l'un des rayons
faisant partie du spectre, se polarise comme la lumière
blanche.

2° Que lorsqu'on opère en lumière blanche les deux
disques sont toujours teints de couleurs complémentaires, à
l'exception d'un point de la rotation où ces disques prennent une nuance gris de lin, appelée teinte sensible, et

qu'un petit mouvement de l'analyseur suffit pour faire disparaître.

3° Que l'angle, dont il faut tourner l'analyseur pour rétablir la teinte sensible sur les deux disques, quand l'interposition d'une substance active a fait varier cette teinte, angle qui représente la rotation du plan de polarisation est proportionnel à l'épaisseur de la plaque interceptée, et pour une même épaisseur est caractéristique de la nature de cet objet.

4° Que certaines substances exigent une rotation de l'analyseur dans le sens de la droite, elles sont dites *dextrogyres*; pour d'autres, il faut accomplir un mouvement inverse, celles-ci sont *levogyres*.

5° Lorsqu'on interpose entre l'analyseur et le polariseur plusieurs substances dextrogyres et levogyres, le sens de la rotation est indiqué par le signe de la somme algébrique du pouvoir rotatoire de toutes ces substances. Si la somme de rotation des corps levogyres est égale à la quantité correspondante des corps dextrogyres, les effets se neutralisent et l'on n'observe aucun changement.

Le pouvoir rotatoire du quartz est lié à sa forme cristalline; ainsi, du quartz fondu au chalumeau n'agit pas sur la lumière polarisée. D'autres corps n'ont aussi de pouvoir rotatoire que sous la forme cristalline, et on a même cherché à découvrir un rapport possible entre la forme des cristaux et le pouvoir actif de ceux-ci. Ceci semblerait indiquer que le pouvoir rotatoire d'un corps dépendrait de l'orientation de ses molécules.

Cependant, pour beaucoup de composés organiques, le pouvoir rotatoire existe, qu'ils soient amorphes ou en solution dans un liquide inactif. On dit alors qu'il est moléculaire. En effet, dans une dissolution, les molécules du corps solide se trouvent dispersées d'une façon uniforme dans toute la masse du dissolvant, et d'autant plus nombreuses que la densité de la solution est plus élevée.

La loi qui fait dépendre l'amplitude de la rotation, de l'épaisseur de la plaque de quartz, étant la même pour les substances dissoutes; en un mot, une dissolution active produisant une déviation à droite ou à gauche d'autant plus grande, que la couche liquide traversée est plus large et la solution plus dense, il est naturel de penser que toutes les molécules d'un même corps possèdent un pouvoir rotatoire uniforme. Ce pouvoir s'appellera le pouvoir rotatoire *moléculaire*.

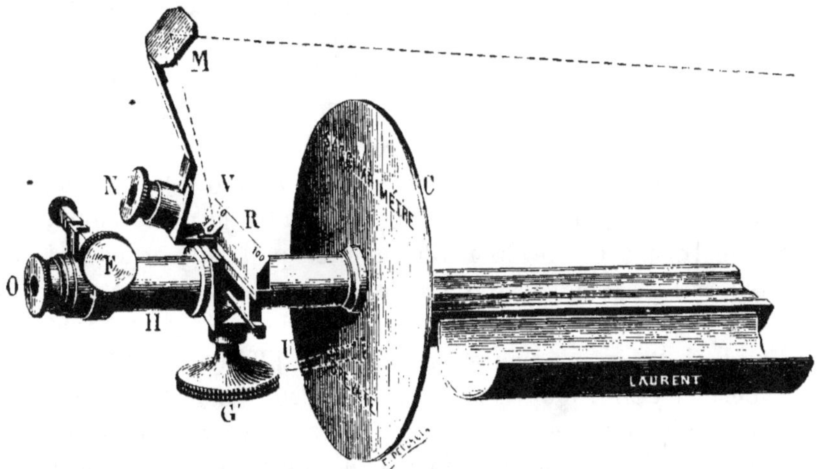

Fig. 29. — Saccharimètre Laurent.

Tels sont les faits qui ont guidé les constructeurs pour la fabrication des saccharimètres.

Parmi ces instruments, le saccharimètre de Soleil fut presque exclusivement employé en France, pendant assez longtemps; mais aujourd'hui on lui préfère le polarimètre de Laurent. Nous allons décrire ces deux appareils.

Le saccharimètre se compose de trois parties bien distinctes :

1° D'un tube fixe contenant le polariseur et invisible dans la fig. 29.

2° D'un tube en laiton creux, de 20 centimètres de longueur terminé de part et d'autre par un disque en verre, et servant à tenir la solution sucrée ou l'eau distillée; ce tube se place dans la rainure que l'on aperçoit à droite de la figure.

3° D'une monture H portant l'analyseur et une lunette de Galilée servant à mettre au point.

Le saccharimètre de Soleil est basé sur la compensation, c'est-à-dire sur l'emploi d'une substance active qui a pour effet de produire sur la lumière polarisée, une action inverse de celle qui est obtenu avec le corps qu'on veut analyser.

La lumière est fournie par une lampe modérateur placée à l'extrémité droite, de telle façon qu'un jet de lumière puisse traverser l'axe du saccharimètre.

Pour régler cet appareil, on remplit d'eau distillée le tube creux qui est mobile et on le place entre le polariseur et l'analyseur. On regarde à la lunette, qu'il faut régler à sa vue s'il y a lieu, on voit un disque divisé en deux parties égales par une ligne noire. Les moitiés de ce disque, peuvent être de la même teinte ou de teintes différentes; dans ce dernier cas, il faut établir l'égalité. Pour cela, le constructeur a disposé vers la partie antérieure du saccharimètre un bouton G' qui fait augmenter ou diminuer, par son mouvement l'épaisseur d'une lame compensatrice composée de deux fragments de quarts, taillés en biseau. Pour faciliter cette manœuvre et pour servir de point de repère, on a fixé à chaque fragment de quartz une règle en ivoire R; sur l'une se trouve des divisions, partant d'un point zéro, sur l'autre il n'y a qu'un zéro seul V.

A l'aide du bouton G', on fait donc coïncider les zéros de la règle du compensateur, on doit alors constater la parfaite égalité de teinte de tout le disque, teinte que nous avons déjà désignée sous le nom de *gris de lin*. S'il en était autrement, on ferait marcher le mouton G' jusqu'à l'apparition de la teinte sensible, et l'on rétablirait la coïncidence des zéros au moyen d'un petit bouton placé près de la règle.

L'appareil est réglé et l'on peut mettre à la place de l'eau distillée, la solution de sucre à analyser.

Polarimètre. — Cet instrument, comme le précédent, possède un polariseur, un analyseur et une partie évidée, servant à placer un tube en laiton creux dans lequel on doit placer les dissolutions à doser. Il en diffère par la coloration du disque ; certaines personnes étant peu aptes à saisir les légères différences de teintes qui se produisent à l'approche de la compensation. Dans le polarimètre de Laurent, les deux disques sont éclairées par une lumière monochromatique jaune.

Voici du reste, l'instruction établie par le constructeur Duboscq pour l'emploi du saccharimètre à pénombre ; instruction qui, accompagnée de la figure 30, tirée du catalogue Rousseau, nous dispensera d'entrer dans de plus longues explications.

« Pour régler l'appareil, il faut avoir soin de mettre l'indicateur sur le zéro de la division et de bien s'assurer que les deux pénombres du disque d'observation soient bien de même obscurité, ce qui s'obtient en faisant tourner le bouton moleté placé sur le côté de la lunette, soit de gauche à droite, soit de droite à gauche.

« On ne doit opérer qu'en employant la flamme d'une lampe à gaz brûlant à bleu ; on rend cette flamme jaune et éclairante au moyen du sel (chlorure de sodium), que l'on brûle dans la petite corbeille de platine. A cet effet, on fond du sel marin dans un creuset et on le coule ensuite en plaque sur un plan de fer ; on casse des petits morceaux de sel fondus que l'on place un à un dans la corbeille (si l'on employait du sel ordinaire, il ne resterait pas dans la flamme, il projetterait en l'air).

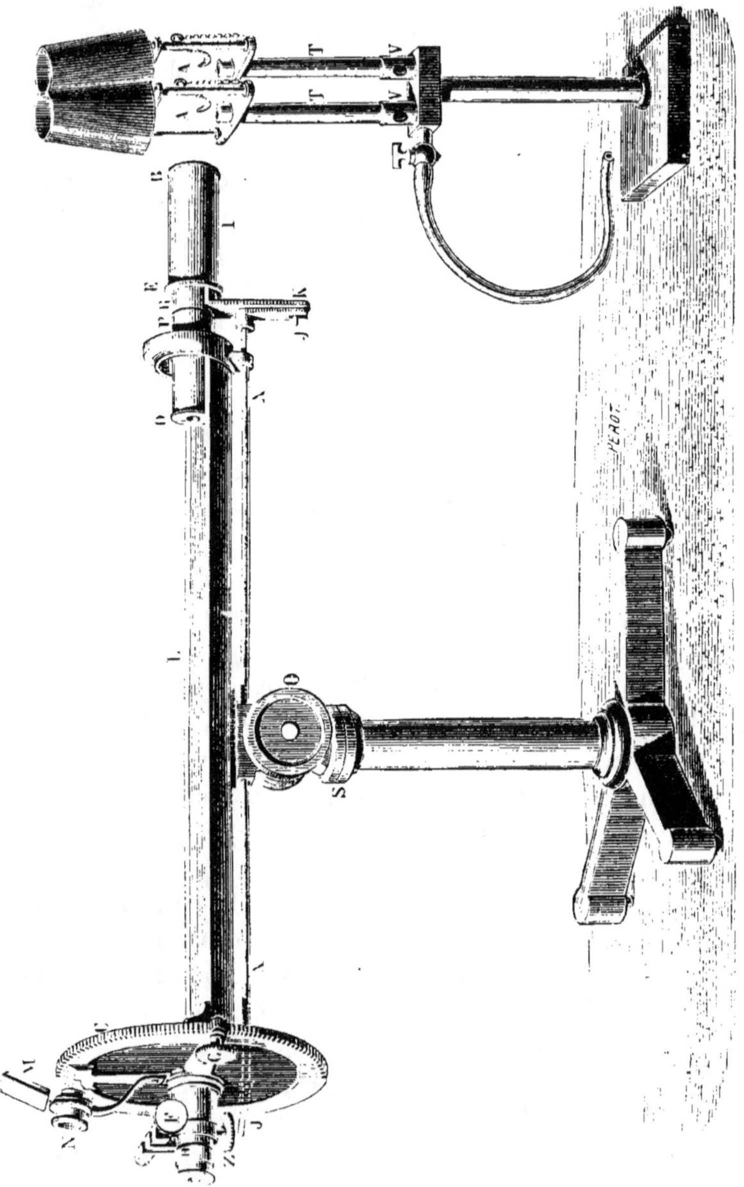

Fig. 30. — Polarimètre (catalogue Rousseau).

« On place ensuite le tube contenant le liquide, comme on le fait pour le saccharimètre de Soleil ; on voit alors une des pénombres d'un gris clair et la seconde d'un autre gris ; on tourne l'alidade au moyen du bouton moleté à pignon, du côté du sucre cristallisable, on retrouve par ce mouvement, une nouvelle égalité des pénombres ; et le nombre de divisions parcourues indique en centième le sucre cristallisable.

« Dans le cas où le gaz ferait défaut, on peut le remplacer par une lampe à esprit de vin. Exclure toute flamme lumineuse sans le secours du sel : en un mot, il faut une flamme monochròmatique. »

Le polarimètre est le seul instrument en usage dans l'administration, et la méthode employée est la suivante :

On sait qu'une lame de quartz de un millimètre d'épaisseur, placée entre l'analyseur et le polariseur, provoque une déviation du plan de polarisation de 67° 18′ vers la droite. MM. A. Girard et de Luynes ont trouvé que la quantité du sucre nécessaire, pour former dans 100 centimètres cubes d'eau une solution qui, placée dans le tube du saccharimètre, produirait la même déviation, est de 16^{gr},190.

Afin de faciliter le choix d'un échantillon moyen. Il faut prendre 80^{gs}950 de sucre, quantité qui représente cinq fois celle qui est nécessaire pour une prise d'essai ordinaire, on dissout ce sucre à froid dans 180^{cc} d'eau distillée, on décante après repos dans un vase de la capacité de 250^{cc} et on lave à plusieurs reprises le premier vase, les eaux de lavage sont réunies pour compléter les 250^{cc} ; le tout est agité, après avoir ajouté de l'eau, s'il y a lieu.

Cette solution est laissée à reposer un quart d'heure, puis on en prend 50^{cc} (cette quantité représente exactement les 16^{gr},19 du sucre à analyser) dans un petit ballon jaugé à 100 ^{cc}, on rince le ballon de 50^{cc} et l'on réunit les eaux de lavage au deuxième ballon pour compléter les 100^{cc}.

Table de Frèze pour déterminer la richesse saccharine du jus de betterave et autres liquides sucrés, au moyen du polarimètre.

Degrés bruts.	Degrés corrigés.	Quantités de sucre 0/0 rapportées au volume.	Poids spécifiques de la solution.	Quantités de sucre 0/0 rapportées au poids.
8. »	8.8	6.6	1.0255	6.44
8.25	9.07	6.8	1.0263	6.63
8.50	9.35	7.01	1.0271	6.83
8.75	9.62	7.22	1.0279	7.02
9	9.90	7.43	1.0287	7.22
9.25	10.17	7.63	1.0295	7.41
9.50	10.45	7.84	1.0303	7.61
9.75	10.72	8.04	1.0311	7.80
10. »	11. »	8.25	1.0319	7.99
10.25	11.27	8.45	1.0326	8.18
10.50	11.55	8.66	1.0335	8.38
10.75	11.82	8.87	1.0343	8.58
11. »	12.10	9.08	1.0351	8.77
11.25	12.37	9.28	1.0358	8.96
11.50	12.65	9.49	1.0366	9.15
11.75	12.92	9.69	1.0374	9.34
12. »	13.20	9.90	1.0382	9.54
12.25	13.47	10.10	1.0390	9.72
12.50	13.75	10 31	1.0398	9.92
12.75	14.02	10.52	1.0406	10.11
13. »	14.30	10.73	1 0414	10.30
13.25	14.57	10.93	1.0422	10.49
13.50	14.85	11.14	1.0431	10.68
13.75	15.12	11.34	1.0438	10.86
14. »	15.40	11.55	1.0445	11.06
14.25	15.67	11.75	1.0453	11.24
14.50	15.95	11.96	1.0461	11.43
14.75	16.22	12.17	1.0469	11.62
15. »	16.50	12.38	1.0477	11.82
15.25	16.77	12.58	1.0485	11.99
15.50	17.05	12.79	1.0493	12.19
15.75	17.32	12.99	1.0501	12.37
16. »	17.60	13.20	1.0509	12.56
16.25	17.87	13.40	1.0517	12.74
16.50	18.15	13.61	1.0524	12.93
16.75	18.42	13.82	1 0533	13.12
17. »	18.70	14.03	1.0541	13.31

Degrés bruts.	Degrés corrigés.	Quantités de sucre 0/0 rapportées au volume.	Poids spécifiques de la solution.	Quantités de sucre 0/0 rapportées au poids.
17.25	18.97	14.23	1.0548	13.49
17.50	19.25	14.44	1.0556	13.68
17.75	19.52	14.64	1.0564	13.86
18. »	19.80	14.85	1.0572	14.04
18.25	20.07	15.05	1.0580	14.23
18.50	20.35	15.26	1.0588	14.41
18.75	20.62	15.47	1.0596	14.60
19. »	20.90	15.68	1.0604	14.79
19.25	21.17	15.88	1.0611	14.97
19.50	21.45	16.09	1.0619	15.15
19.75	21.72	16.29	1.0627	15.33
20. »	22. »	16.50	1.0635	15.51
20.25	22.27	16.70	1.0643	15.69
20.50	22.55	16.91	1.0651	15.88
20.75	22.82	17.12	1.0660	16.06
21. »	23.10	17.33	1.0667	16.24
21.25	23.37	17.53	1.0674	16.42
21.50	23.65	17.74	1.0682	16.61
21.75	23.92	17 94	1.0690	16.78
22. »	24.20	18.25	1.0698	16.97
22.25	24.47	18.35	1.0706	17.14
22.50	24.75	18.56	1.0714	17.32
22.75	25.02	18.77	1.0722	17.51
23. »	25.30	18.98	1.0729	17.69
23.25	25.57	19 18	1.0738	17.86
23.50	25.85	19.39	1.0748	18.04
23.75	26.12	19.59	1.0753	18.22

Pour se servir de cette table on prend cent cent-cubes de jus sucré que l'on filtre après adition de 10 cent-cubes d'une solution de sous-acétate de plomb, obtenu en dissolvant 50 gr. d'acétate de plomb neutre dans 900 gr. d'eau, et faisant digérer pendant une demi-journée avec 50 gr. de litharge fraichement préparée.

Soit 16° la rotation imprimée au plan de polarisation par une colonne de 20 centimètres, la table donne comme degré corrigé 17° 60 ; ce serait la déviation que l'on aurait obtenue si l'on avait employé un tube de 22 centimètres.

Ce resultat indique que les 100 centimètres cubes de la liqueur renferment 13 gr. 20 de sucre ou que 100 gr. de jus en renferment 12 gr. 58.

Avec le saccharimètre la richesse en saccharose est indiquée par la graduation de l'instrument; pour avoir la quantité de sucre par litre de solution on se reporte à la table ci-après :

1	1,62
2	3,24
3	4,86
4	6,48
5	8,10
6	9,72
7	11,34
8	12,96
9	14,58

Il arrive souvent que les solutions de sucre sont colorées, il devient alors difficile de faire une bonne observation dans un saccharimètre, cette solution étant vue sous une épaisseur de 20 centimètres. Il importe d'éviter cet inconvénient, pour cela on additionne le liquide d'un peu de tannin et de sous-acétate de plomb; les impuretés se trouvent éliminées en majeure partie sous forme d'un précipité volumineux qu'on sépare du liquide par filtration.

Il existe trois méthodes de dosage du sucre de canne par des procédés empruntés aux lois de la chimie.

1° En se basant sur la solubilité de l'hydrate de chaux dans le sucre de canne, c'est le procédé Péligot.

On prend 10 grammes du sucre à essayer qu'on fait dissoudre à froid dans 75^{cc} d'eau, on broie ensuite ce sirop avec 10 grammes de chaux éteinte, pendant huit à dix minutes, et l'on filtre à deux reprises différentes. Il s'est formé un saccharate de chaux soluble. Avec une pipette on prend

10^{cc} de cette solution et on les met dans deux ou trois déci-
litres d'eau colorée avec de la teinture de tournesol : enfin,
on sature exactement la chaux avec une liqueur titrée
d'acide sulfurique; la quantité de chaux étant connue, celle
du sucre l'est aussi par un simple calcul.

2° Au moyen des liqueurs titrées et en particulier de la
liqueur de Fehling.

Cette méthode est fondée sur un certain nombre d'observations faites par Frommerz.

Le sucre de canne n'agit pas sur le bioxyde de cuivre en
suspension dans une liqueur alcaline; mais il réduit cet
oxyde dès qu'il a été interverti ou transformé en glucose.

La quantité d'oxyde de cuivre réduit à l'état d'oxydule
est proportionnelle à la quantité de sucre contenu dans la
liqueur examinée.

Pour exécuter un dosage de ce genre, on prépare d'abord
le réactif de la façon suivante : Dissoudre 34^{gr},65 de sulfate
de cuivre parfaitement pur dans 200^{cc} d'eau distillée; préparer, d'autre part, une solution de 173 grammes de tar-
trate de soude et de potasse dans 480^{cc} d'une lessive de
soude ayant 1,14 de densité; verser peu à peu la solution
cuivrique dans la liqueur alcaline et étendre de façon à
obtenir un litre de réactif.

Cette liqueur, qu'on désigne sous le nom de réactif de
Fehling, doit être conservée à l'abri de la lumière qui
l'altère.

Avant de s'en servir, il est nécessaire de titrer la liqueur
de Fehling.

On prend un gramme de sucre de canne pur et sec qu'on
fait dissoudre dans un ballon contenant 90^{cc} d'eau additionnée de un centimètre cube d'acide sulfurique; on fait
bouillir pendant quelques minutes et on refroidit rapidement la solution qui est restée incolore. On ajoute ensuite
assez d'eau pour former 100^{cc}. L'acide est en quantité suffi-

sante pour intervertir le sucre de canne, mais ne peut troubler le dosage par suite de la forte alcalinité du réactif cupropotassique.

On mesure à l'aide d'une pipette 20^{cc} de la liqueur de Fehling, et on les verse dans un matras en verre avec 50^{cc} d'eau; on fait bouillir et on laisse tomber goutte à goutte la solution de sucre interverti contenu dans une burette. Il se précipite de l'oxydule rouge et, la liqueur réduite, perd peu à peu sa coloration. Il s'agit de bien saisir le moment où la couleur bleue ou verte du réactif a complètement disparue; pour cela, on enlève de temps en temps le ballon du feu, l'oxydule tombe au fond et laisse le liquide limpide, on place alors le ballon entre l'œil et une feuille de papier blanc, la teinte se distingue d'une façon très nette.

Quand la décoloration est complète, on lit sur la burette le nombre de divisions de la liqueur sucrée employées, ces divisions représentent des centimètres cubes et chacun contient, sous forme de sucre interverti, 0^{gr},01 de saccharose ou sucre de canne. Ce sera ensuite chose aisée que d'établir le titre de la liqueur de Fehling; en effet, si nous appelons N le nombre des divisions ou des centimètres cubes de la burette, nous aurons $N \times 0,01 =$ la quantité de sucre de canne correspondant à vingt centimètres cubes de liqueur de Fehling.

Le titrage étant établi, il devient facile de doser le sucre contenu dans une liqueur quelconque, en opérant de la même manière.

Supposons qu'il s'agisse d'analyser un sucre ne contenant pas de glucose, mais des matières étrangères; on pèsera deux grammes de sucre, qui seront dissous dans 100^{cc} d'eau, et le sirop sera traité comme précédemment. Les 20^{cc} de la liqueur de Fehling seront décolorés par N divisions de la burette, c'est-à-dire que si l'on représente par x la quantité de saccharose qui correspond à un centimètre cube du réactif titré, on aura, pour chaque division de la burette $\dfrac{20\,x}{N}$ et pour les cent divisions ou les deux grammes de sucre brut $\dfrac{20\,x \times 100}{N}$.

D'autres liqueurs titrées sont en usage pour le dosage du sucre, mais leur emploi est très limité.

La troisième méthode de dosage du sucre, par la voie chimique, est fondée sur la faculté que possède le sucre de canne d'éprouver la fermentation alcoolique après avoir subi l'action des ferments.

C'est la méthode la plus ancienne et celle qui fut employée par Lavoisier.

Dans la décomposition du sucre par fermentation, il se forme de l'acide carbonique, de l'alcool ordinaire, plus une faible quantité de glycérine et d'acide succinique. D'après les formules de ces différents corps, on a trouvé que cent parties de glucose donneraient théoriquement 48,89 parties d'acide carbonique ; dans la pratique on n'obtient que 47 parties à cause des produits secondaires déjà désignés.

On prend environ 3 grammes du sucre à analyser, on les dissout dans 12 grammes d'eau ; cette solution, mélangée avec 20 grammes de levure de bière, est ensuite placée dans un petit appareil en verre, semblable à ceux que l'on emploie pour le dosage de l'acide carbonique. Le tout est pesé et placé dans un endroit convenablement chauffé. Quant, au bout de plusieurs jours, le dégagement d'acide a cessé, on aspire de l'air à travers l'appareil et l'on pèse de nouveau ; la quantité de glucose sera donnée par le poids de l'acide carbonique trouvé, multiplié par le rapport p. 100. Le glucose obtenu, il devient facile d'en déduire le poids du sucre de canne correspondant.

Voie mécanique

Sans parler de l'ancien procédé de Margraff, qui consistait à doser l'extrait sec abandonné par l'alcool, qui avait séjourné sur de la pulpe de betterave parfaitement sèche, il existe un certain nombre de méthodes employées dans l'industrie sucrière, et qui ont le mérite, sinon de fournir des résultats précis, du moins celui de donner des renseignements comparatifs, ce qui suffit le plus souvent.

C'est ainsi que M. Vilmorin, se préoccupant de doter les départements du Nord d'une variété de betteraves riches en sucre, opérait par solution; il prélevait, à l'aide d'un emporte-pièce et sur chaque racine, un morceau de petite dimension qu'il plaçait dans une dissolution de sel. Il arrivait que, par suite de la variation de densité des betteraves, ce morceau plongeait plus ou moins profondément dans le bain; M. Vilmorin considérait les racines les plus profondes comme les meilleures et les réservait pour la reproduction.

« Le procédé le plus simple pour déterminer le titre saccharimétrique des betteraves, dit M. Péligot[1], consiste à prendre la densité du jus provenant du râpage d'un certain nombre de racines. On sait que cette densité est due tant au sucre qu'aux autres matières organiques et minérales qui existent dans la plante. Ces matières ayant une influence considérable sur le rendement du sucre, on a cherché à en faire la part en dosant le sucre par les procédés ordinaires et en retranchant de la densité totale du jus, celle qui n'appartient qu'au sucre; la différence est due aux matières étrangères. »

· M. Durin a indiqué l'essai qui suit pour l'achat des betteraves : 20 à 30 racines prises dans chaque livraison sont

---

1. *Traité de chimie analytique,* p. 439.

coupées par moitié dans le sens de la longueur; on râpe une moitié de chaque betterave, la pulpe est ensuite pressée et le jus mis au repos jusqu'à éclaircissement. On en prend la densité à 15° autant que possible. Cette densité est comprise pour le nord de la France, entre 1035 et 1065.

Je suppose que la densité se trouve inférieure à 1035, la règle empirique de M. Durin consiste à multiplier par 1,8 les deux derniers chiffres. Exemple : soit la densité 1034, on a $34 \times 1,8 = 61,2$. C'est dire qu'un litre de ce jus renferme 61gr,2 de sucre.

Entre 1035 et 1045, le multiplicateur doit être 1,9; de 1045 à 1055, il est égal à 2; enfin, pour les densités supérieures à 1055, on multiplie par 2,08.

Si l'on compare ces résultats avec un tableau donnant la richesse des solutions de sucre pur et leur densité correspondante, ce sera chose facile que d'établir la proposition des matières étrangères contenues dans le jus.

Le procédé Durin ne s'applique du reste qu'aux betteraves destinées à être traitées industriellement, les racines sauvages ou fourragères contenant trop de sels minéraux pour donner des résultats exacts.

L'extraction du sucre de betterave ne devient seulement profitable, avons-nous dit, que lorsque la densité du jus marque 1.045 ce qui indique une richesse de 9 0/0 de sucre.

Il est naturel de penser que l'analyse mécanique des cannes à sucre donne des renseignements plus directement comparables; car le vesou que l'on en extrait est pour ainsi dire formé d'eau et de sucre.

Applications

Analyse de la canne à sucre. — On prend 20 à 30 grammes d'un échantillon convenablement choisi, on le dessèche dans une étuve chauffée à 110° et on traite le résidu par l'alcool qui laisse insolubles les matières ligneuses et albuminoïdes. Le sirop évaporé laisse le sucre à l'état cristallisé.

Comme nous venons de le dire, la densité du vésou avant sa décomposition, qui est rendue très active par l'élévation de la température, est un bon moyen de se rendre compte de la richesse de la canne à sucre. Cette densité étant par exemple de 1.083 à 17° 5 correspond à une richesse de 20 0/0.

Le polarimètre donne des résultats très précis.

Analyse de la betterave. — Cette analyse peut être pratiquée, soit par les agriculteurs producteurs de semences, ainsi qu'on l'a vu dans le chapitre IV, dans le but de garder pour la reproduction les racines les plus riches; soit par les fabricants eux-mêmes, qui autrefois achetaient les betteraves au poids et qui aujourd'hui, sous l'empire de la législation actuelle, les achètent au titre.

Pour pratiquer ce genre d'analyse, on coupe le collet qui contient beaucoup de sels minéraux, après avoir lavé la racine; on râpe et on exprime le jus dans un nouet de toile. 5 grammes de ce jus sont mis à bouillir dans un ballon avec quelques gouttes d'acide sulfurique, le sucre cristallisable qui est seul contenu dans le jus frais de betterave est interverti. On le dose après avoir étendu la liqueur jusqu'à la jauge de 100ᶜᶜ. Ce dosage se fait avec la liqueur cupro-potassique de préférence.

Analyse des mélasses. — Les mélasses et les cassonades étant généralement très colorées, il faut traiter leurs solutions dans l'eau par le sous-acétate de plomb, jusqu'à ce qu'il ne se forme plus de précipité.

Ces mélasses se composent d'un mélange de glucose, de

sucre cristallisable et de sels minéraux ; on dose d'abord la glucose directement avec le réactif de Fehling, puis on intervertit le sucre de canne par l'ébullition avec un acide et on procède à un second dosage au moyen de la même liqueur : la différence des résultats donne le sucre de canne.

Analyse des sucres bruts. — Cette analyse emprunte son importance à l'influence qu'exerce la glucose et les matières étrangères sur le rendement au raffinage ; ainsi l'on estime qu'au raffinage, il se produit une quantité de mélasse représentée par le produit des cendres du sucre brut multiplié par quatre, plus celui de la glucose par deux.

L'analyse d'un sucre brut se compose des opérations suivantes :

1° Dosage du sucre cristallisable ;
2° Dosage de la glucose ;
3° Détermination de l'eau ;
4° Incinération.

Dosage du sucre cristallisable. — Le sucre brut arrive aux raffineries dans des sacs ou dans des caisses : par suite du séjour dans ces récipients ou par les tassements qui se produisent pendant le voyage, une partie de ce sucre s'est liquifié, et sous forme de sirop est tombé au fond des vases, donnant à la masse une composition très variable. Il importe, pour la rectitude de l'analyse, que l'échantillon soit pris d'une façon intelligente ; pour cela on prélève une petite quantité de sucre brut dans chaque sac ou dans chaque caisse, en ayant soin de prendre cet échantillon à la sonde dans la partie centrale de la masse. Les prélèvements sont ensuite réunis et rendus par le mélange et la trituration parfaitement homogènes, la masse obtenue représente la composition moyenne de la livraison.

On dose le sucre cristallisable dans les sucres bruts du commerce, presque uniquement à l'aide du saccharimètre ; on pèse 16ᵍʳ,19 de l'échantillon moyen, on les dissout dans 60ᶜᶜ d'eau qu'on décolore avec l'acétate de plomb et qu'on filtre, s'il y a lieu ; la solution est additionnée d'eau jusqu'à concurrence de 100ᶜᶜ et placée dans le tube de l'instrument mesureur. — Une deuxième observation est nécessaire, mais après intervertion et en employant un tube de 22 centimètres à cause de l'acide introduit dans la solution sucrée.

Dosage du glucose. -— Ce dosage se fait directement au moyen de la liqueur de Fehling.

Dosage de l'eau. — On opère avec une étuve ordinaire chauffée à l'aide du gaz et munie d'un régulateur de température. L'échantillon (5 grammes), est enfermé dans une capsule en platine et chauffe à 105° ou 110°. La dessication dure près de deux heures, elle est terminée quand la capsule ne change plus de poids.

Dosage des cendres. — On prend l'échantillon qui a été desséché dans l'opération précédente, on l'additionne avec une vingtaine de gouttes d'acide sulfurique ; la capsule étant placée à l'entrée de la mouffle d'un fourneau à gaz, on chauffe d'abord au rouge sombre et on a soin ensuite, à mesure que la température s'approche du rouge vif, et tout en enfonçant la capsule dans la mouffle, d'éviter la fusion qui emprisonnerait des parcelles de charbon, et le boursoufflement qui occasionnerait des pertes. Les cendres convenablement grillées, sont blanches avec quelques points rouges. On admet que les substances minérales du sucre brut, composées de carbonate et de chlorure, représentent les 9/10 des sulfates obtenus par l'incinération.

Pour terminer le chapitre relatif à la saccharimétrie, nous

donneront le pouvoir rotatoire des matières sucrées principales :

$$
\begin{array}{ll}
\text{Glucose} & +\ 56^{\circ} \\
\text{Lévulose à } 14^{\circ} & -\ 106 \\
\qquad\text{» } \quad \text{à } 90 & -\ 53 \\
\text{Saccharose} & +\ 73.8 \\
\text{Lactose} & +\ 59^{\circ}
\end{array}
$$

Si l'on remarque que par l'action des acides, la saccharose se transforme en un mélange contenant en équivalent de lévulose qui est un sucre fortement lévogyre, on comprendra pourquoi on nomme la substance qui en résulte *sucre interverti*, c'est-à-dire dont le pouvoir rotatoire passe du sens droit au sens gauche.

CHAPITRE XV

SUCCÉDANÉS DE LA CANNE ET DES BETTERAVES

Erable à sucre. — Récolte de la sève. — Production du sucre. —
Palmiers à sucre. — Variétés diverses ; géographie ; récolte du
jagre ; fermentation du *callou* ou vin de palmiers. — Importance
économique des palmiers à sucre. — Sorgho : Description ; culture ; essais industriels.

Nous venons de voir dans les chapitres précédents, les
méthodes employées pour l'extraction du sucre soit de la
canne, soit des betteraves ; mais il existe d'autres végétaux
dont l'exploitation fournit du sucre cristallisé. Cette exploitation est particulière à certaines contrées et n'emprunte
ses avantages qu'à des raisons économiques.

Les végétaux susceptibles de fournir du sucre dans ces
conditions spéciales sont :

1° Une variété d'érable, dénommée l'érable à sucre ;

2° Un certain nombre de palmiers, qui croissent à Java
et dans les contrées avoisinantes ;

3° Une plante récemment acclimatée dans le midi de la
France, le sorgho.

Nous consacrons ce chapitre aux industries encore primitives qui ont pour but la production du sucre cristallisable avec ses succédanées.

Sucre d'érable

L'érable à sucre (*acer saccharimum*) appartient à un
genre dont nous avons plusieurs représentants en Europe :

c'est un arbre qui, placé dans de bonnes conditions, atteint des dimensions quelquefois considérables; il est assez commun dans le nord et l'ouest des États-Unis où il forme des bois entiers; le plus souvent il est dispersé au milieu d'autres arbres, mais d'une façon assez régulière pourtant, circonstance qui rend son exploitation plus facile. L'érable à sucre atteint la hauteur du chêne vert, et le tronc mesure parfois deux à trois pieds de diamètre. Il se plait particulièrement dans les sols riches. En France où il croît très bien, et donne un bois recherché des ébénistes pour la belle teinte rouge qu'il prend en vieillissant, il exige des terres légères et ombragées. Cet arbre porte des feuilles vertes en dessus et en dessous, assez grandes, partagées en lobes aigus et dont le pétiole, quand il a été brisé, ne laisse exsuder aucun suc ainsi que cela se remarque pour quelques uns des érables qui végètent dans nos climats. La floraison de l'érable a lieu au printemps avant l'apparition des feuilles.

Il est nécessaire de laisser l'érable prendre son développement complet, ce qui demande généralement plus de vingt ans, avant de commencer son exploitation. Celle-ci se fait en recueillant la sève de l'arbre, qu'on évapore ensuite jusqu'à consistance sirupeuse et production d'un sucre brut.

La saison la plus favorable est le commencement du printemps, en février, mars ou avril. La sève de l'érable est claire et limpide, un peu sucrée, elle découle par des incisions faites dans l'écorce jusqu'au bois; ces incisions se font successivement.

Les hommes qui exploitent les érables à sucre, commencent à perforer l'arbre sur le côté qui regarde le sud, la sève s'écoule pendant cinq ou six semaines par un tuyau légèrement incliné, arrangé de façon à ne point pénétrer tout à fait au fond du trou et communiquant avec un vase. Quand la première incision commence à se tarir, ces hommes en pratiquent une deuxième sur le côté du nord et ainsi de suite.

Le rendement en sucre des érables à sucre, est très variable, et dépend des conditions atmosphériques en grande partie; il est d'autant plus abondant que les jours sont plus chauds et les nuits plus fraîches; cependant l'écoulement du suc cesse entièrement pendant les nuits où il gèle, même après une journée très chaude. La quantité de sève recueillie en vingt-quatre heures, varie de 1 à 18 litres : on cite des cas extraordinaires où ce rendement atteignait le chiffre de 104 litres en vingt-quatre heures, d'où l'on retirait $2^k,250$ de sucre cristallisé. Un arbre qui a des dimensions ordinaires peut émettre 113 litres dans les saisons favorables, c'est-à-dire $2^k,500$ de sucre solide.

On voit que la sève de l'érable à sucre renferme à peu près de 2,50 0/0 de son poids en sucre brut. Cette sève fermente très facilement, et dans certaines contrées des États-Unis, on s'en sert pour préparer une liqueur fermentée analogue au *flangourin* et au *chicha* obtenus avec le jus de canne dans l'Amérique méridionale.

L'extraction du sucre de l'érable se fait très simplement, on soumet le jus à l'ébullition très rapidement à cause de son altération facile; pendant la cuisson et à mesure que le liquide épaissit on brasse énergiquement pour éviter qu'il ne brûle. Lorsque le mélange a pris la consistance sirupeuse, qui indique une évaporation suffisante, on coule le sirop dans des moules d'écorces de bouleau.

Après le refroidissement, on trouve un sucre presque transparent, brun, d'une odeur et d'une saveur agréable, et qui renferme une petite proportion de mannite. La mélasse produite dans cette fabrication, est relativement considérable à cause de la mannite et des sels de potasse qui préexistent dans la sève.

L'extraction du sucre d'érable se fait assez grossièrement

dans les forêts mêmes, sans installation manufacturière, dans des chaudières en fer contenant au plus 150 litres. On ne raffine pas le sucre obtenu, ce raffinage ferait perdre une quantité relativement considérable de sucre.

On a remarqué que la teneur en sucre de la séve de l'érable augmentait à mesure que s'élevait le point de l'incision, ce qui ferait supposer que le sucre ne se forme pas dans la racine de l'arbre, mais dans le tronc; cependant à partir d'un certain endroit, où la richesse de la sève est au maximum, sa composition ne varie plus.

Les incisions répétées semblent ne pas faire souffrir l'arbre d'une façon bien évidente, on cite un érable qui a encore donné de la sève après une exploitation de quarante-deux ans.

Depuis longtemps déjà, on fait usage du sucre d'érable aux États-Unis. Un historien de la Virginie, Bererley, avance que les Indiens se servaient de sucre avant l'arrivée des Européens : d'autres écrivains prétendent au contraire, qu'ils ignoraient absolument son existence ou, au moins, que peu de tribus en avaient connaissance. Quoiqu'il en soit, le sucre d'érable est d'une grande ressource pour les populations dont l'éloignement des villes ne permet pas de se procurer facilement le sucre de canne, et à un prix convenable.

La culture de l'érable à sucre, a pris une certaine extension, en 1840 la récolte fut de 15.912.000 kilogrammes; en 1880 de 100 millions de kilogrammes.

On a remarqué que l'érable produit davantage par la culture; dans les forêts, on isole ces arbres en abattant les arbres voisins dont le feuillage empêche l'accès du soleil, ou bien on les transplante, encore jeunes, dans un terrain cultivé. Avec des soins on arrive facilement à obtenir une récolte plus abondante, et renfermant 3 0/0 de sucre.

Les États qui produisent la plus grande quantité de sucre

d'érable sont ceux de New-York, de l'Ohio, de l'Indiana et du Vermont.

Sucre de jagre ou de palmier

Dans le sud de l'Indoustan, dans la presqu'île de Malacca, au Cambodge et dans les iles de la mer de la Sonde, à Borneo, Java, Sumatra, croissent plusieurs espèces de palmiers, dont l'exploitation fournit un sucre appelé *jagre* ou *jaggery*, très estimé des indigènes.

En général, tous les représentants de la famille de palmiers donnent des matières sucrées, mais quelques-uns seuls en produisent assez pour donner lieu à une exploitation régulière dans quelques contrées.

Ces palmiers sont le *borassus flabelliformis* ou palmier de Palmyre, ainsi que le nomment les Anglais de Ceylan; le *caryota urens*, le *cocos nuxifera*, qui est particulièrement exploité aux Maldives, dans le royaume de Guzerate, sur la côte de Coromandel, à Ceylan, où on l'emploie de préférence pour faire une liqueur fermentée, préférant fabriquer du sucre avec la sève du *caryota* et du *borassus*; le palmier nipah, dont le jagre est le sucre le plus estimé des Javanais; le *borassus gommuti*, qui est exploité, non seulement pour son suc, mais pour sa moelle, très analogue au sagou, ayant toutefois un goût particulier, estimé des indigènes seulement, et pour une substance filamenteuse préférable aux fibres du cocotier pour faire des cordages, et qui se trouve à l'insertion des branches; enfin, le dattier ordinaire ou *Phœnix dactylifera*, le *sagus Rumphii* et le palmier d'Aren.

Le *borassus flabelliformis*, dont le nom tamoul est *panéi*, abonde sur la côte de Coromandel et à Ceylan. Son exploitation est faite d'une manière suivie par les indigènes et même par les Français qui ont établi, près de Gondelour, une usine d'où il sort chaque année plus de huit cents tonneaux de sucre de jagre. Le *caryota urens* croît surtout dans le Travancore et fournit principalement du sagou.

Pour fabriquer le jagre du cocotier, on évapore le *callou* ou vin de palmier; Hooker donne les détails suivants sur cette industrie [1] :

« Dès qu'un arbre montre ses premières fleurs, on s'assure, en coupant un pédoncule jeune, s'il est apte ou non à donner du vin de palmier. Dans le cas où la plaie laisse échapper un liquide, c'est signe que l'arbre est vinifère, et cette propriété, qui donne un prix que n'ont pas les individus de la même espèce dont les incisions restent sèches, et qui ne sont bons qu'à donner des fruits. Les pieds vinifères sont alors livrés aux *Tiars* et aux *Shanars* qui extraient le suc.

» Dans une bonne terre, les arbres fournissent du vin toute l'année, mais, dans un sol maigre, ils sont épuisés après six mois. Un travailleur habile peut en exploiter de trente à quarante à la fois, et paye pour chacun d'eux un *fanam* à un *fanam* et demi. Dès que le spadice ou pédoncule floral est à moitié développé tandis que la spathe reste fermée, le Tiar coupe la pointe de ce dernier organe, serre le bout amputé au moyen d'une ligature faite avec la feuille du palmier, et frappe avec un petit bâton la surface de la portion restante du spadice. L'opération se répète quinze jours durant, et chaque jour on enlève une tranche mince du moignon. Alors la blessure commence à saigner, et l'on en reçoit le suc dans un petit vase fixe au-dessous d'elle; ce suc ou callou des indigènes est nommé *toddy* par les Anglais. Chacun des jours suivants, on rafraîchit la coupe par l'abcission d'une tranche mince; mais, une fois l'écoulement établi, on cesse de battre les spadices. On recueille,

1. *Journal of Botany and newgarden miscellay*, p. 23. — 1850.

à part, jour par jour, ce jus écoulé; le cocotier, durant sa période de fertilité, développe un spadice par mois, et comme chaque spadice pleure abondamment pendant trente jours, au bout de ce temps, il s'en trouve juste un nouveau qui le remplace; cependant, il continue à larmoyer un mois encore, avant de se dessécher, en sorte qu'on voit d'ordinaire sur le même arbre deux vases collecteurs et jamais plus. »

Les arbres sont exploités, en général, pendant six mois pour leur suc et six mois pour leurs fruits. Un beau cocotier peut fournir, d'après M. Martin, 500 livres de callou, l'exsudation se fait plus abondamment le jour que la nuit.

On ajoute au callou, aussitôt la récolte faite, un peu de chaux pour prévenir la fermentation que la chaleur ne tarderait pas à faire éprouver au liquide, surtout lorsqu'il n'est pas évaporé de suite.

Cette évaporation se fait dans des bassines en fer, chauffées au feu, jusqu'à ce que le suc épaissi se solidifie, quand on en expose une goutte au froid ou qu'on la laisse tomber sur un corps à température basse. Convenablement concentré, le jus est coulé dans des noix de coco dont il prend la forme par le refroidissement, ces pains ronds sont ensuite placés dans un endroit sec, enveloppés dans des feuilles et livrés au commerce.

Le palmier nipah est un petit arbre très rustique et qui végète particulièrement sur les côtes, à l'embouchure des rivières, dans les criques. A marée haute, il arrive souvent que le tronc et une partie des feuilles sont submergés, circonstance qui est cause probablement du goût salé du jagre de nipah. Ce jagre est le plus estimé des Javanais, avons-nous dit, et ils le préfèrent au sucre de canne.

Quand le palmier nipah est parvenu à sa troisième année de croissance, il donne un bourgeon florifère que les indigènes incisent au tiers de sa longueur; ils placent un vase au-dessous de la blessure, et chaque matin, avant le lever du soleil, ils vident le suc écoulé — environ un litre et demi — dans un récipient en bambou. Tous les jours la blessure laisse écouler une égale quantité de liquide, pendant environ trois mois, après quoi, le bourgeon se dessèche, et il y a lieu de pratiquer la même opération sur un autre rameau florifère. Pour éviter la perte du nipah, ce qui ne saurait manquer de se produire si l'exploitation était continuelle, les indigènes cessent au deuxième bourgeon pour recommencer l'année suivante.

Le *borassus gommuti* est un gros palmier qui préfère les côtes basses, les vallées marécageuses. Son exploitation ne commence guère que lorsque l'arbre a neuf ou dix ans, et s'opère à peu près comme celle du nipah. On perce avec un bâton pointu une des spathes au moment où les fruits commencent à se montrer, cette blessure, renouvelée trois jours de suite, laisse écouler un jus que l'on peut évaporer pour faire du jagre, ou laisser fermenter pour faire du *toddy* si estimé des Chinois et l'*arrach* de Batavia.

Le palmier d'Aren ou *sagus Rumphii*, est cultivé avec le plus grand soin par les Javanais, qui prisent fort son sucre et son vin dont le goût, un peu sucré toutefois, se rapproche de notre vin doux. C'est un grand arbre qui croît sur les pentes des côteaux et qui ne donne du jus qu'après dix à onze ans de culture; pour l'obtenir, on ouvre une spathe dès que la fleur commence à marquer, on la frappe avec un bâton et on la secoue vivement afin d'y déterminer une sorte d'inflammation, on recommence cette opération pendant vingt-cinq ou trente jours de suite. On coupe ensuite la fleur et l'on place sur la blessure, pendant quarante-huit heures, une sorte d'emplâtre faite avec des oignons blancs, de la racine de *gingiang* et des feuilles de *tjaraud*.

Pour récolter le jus, on rafraîchit la section du pédoncule

et on y place un long tuyau de bambou préalablement exposé à la fumée pour empêcher la fermentation du jus qui, sans cette précaution, se produirait trop rapidement, sous la double influence du climat et de la présence des matières azotées (de Vrij).

Les Javanais font ensuite bouillir la sève pendant deux heures avec des fèves de *remirié*, dans des chaudières en fer; par un refroidissement de quelques minutes, cette sève, qui a été suffisamment concentrée, se prend en une masse butyreuse que les indigènes battent vivement et enferment dans des formes pour être livrée à la consommation.

Le rendement du sucre de jagre est variable : si le callou ou vin de palmier est de bonne qualité il doit rendre le cinquième de son poids, d'après Bertolacci; d'autre part, Itier estime que le jus de nipah peut donner la moitié de son poids en jagre.

Le suc de palmier est une matière brune ayant une consistance graisseuse, qui contient très peu de cristaux et qui est constituée par du sucre de canne et une mélasse assez abondante. Ainsi que le démontre une expérience pratiquée à Marseille sur une assez forte quantité de ce produit, il a été possible de le raffiner comme du sucre de première qualité.

M. de Vrij a, du reste, prouvé que le sucre de jagre était bien de la saccharose et non du glucose comme l'avançait le professeur Reinwards. Le savant Hollandais a recueilli le suc du palmier d'Aren en le faisant couler directement dans l'alcool, qui provoquait sur-le-champ la coagulation de la matière azotée à laquelle est due la facile interversion du sucre de canne. Ce suc fut ensuite filtré et évaporé jusqu'à consistance sirupeuse et apporté en Europe. Pendant le voyage, la solidification s'opéra, et l'on put apercevoir très nettement des cristaux qui ont été reconnus pour du sucre de canne.

Dans l'Inde et les îles qui sont situées au sud de l'Asie orientale, le jagre a le même emploi que le sucre de canne ou de betterave en Europe. Dans quelques localités on l'ajoute au ciment pour donner à ce dernier plus de cohésion. Cette pratique, si l'on en croit un mémoire de Degoux de Flaix, était fort en usage à Pondichéry avant la fin du siècle dernier.

Plusieurs personnes ont eu l'idée de régulariser la culture du palmier, culture qui semblerait devoir être assez rénumératrice. D'après Itier, un hectare de terre peut contenir 1.300 nipah, soit qu'on les plante régulièrement, soit qu'on exploite un bois de nipah en faisant disparaître ceux qui seraient trop rapprochés les uns des autres : Ces nipah peuvent produire 900 hectolitres de jus, ou 450 hectolitres de jagre dont la valeur en moyenne est de 1.350 francs. Les frais étaient évalués à 770 francs, il reste un bénéfice de 580 francs.

Si l'on considère que ces renseignements vrais à l'époque où ils ont ont été donnés, ne le sont probablement plus aujourd'hui, c'est-à-dire que la production des palmiers a nécessairement augmentée, les débouchés de la matière produite aussi ; qu'il est très possible d'améliorer les procédés d'extraction et de favoriser la culture des nipah, qui n'exigent pas comme la canne à sucre et la betterave un sol ameubli, on se fera aisément à l'idée que créer des riches plantations de palmiers à sucre, n'est pas chose impossible.

De plus, on doit remarquer qu'il n'y aurait pas, comme pour la betterave et la canne, appauvrissement du sol ; car dans les conditions que nous venons d'énumérer, on ne récolte que du sucre, hors cette substance est composée d'oxygène, d'hydrogène et de carbone, c'est-à-'dire de corps puisés uniquement dans l'atmosphère.

Sucre de sorgho

Le succès obtenu par les chimistes vers la fin du siècle dernier et au commencement de celui-ci pour l'extraction du sucre de la betterave, stimula pendant longtemps l'effort des chercheurs : Il s'agissait pour eux de trouver un végétal pouvant fournir du sucre industriellement, et croissant dans les régions tempérées qui sont placées entre les points où est cultivée la betterave et la région où se récolte la canne à sucre. De nombreuses tentatives furent faites sur un certain nombre de plantes. Il y a environ quarante ans, on crut avoir trouvé un végétal remplissant les conditions énumérées plus haut. Cette plante qu'on a nommée canne à sucre de la Chine est le sorgho qui fut importé en France en 1851, à la suite d'un envoi de graines fait à la Société de géographie par M. de Montigny, consul général à Shangaï.

Pendant quelques années, on cultiva le sorgho espérant y trouver une source importante de bénéfices, cette culture se faisait dans le midi de la France et en Algérie; mais comme toutes les choses trop vantées, elle ne devait pas répondre entièrement aux espérances des agriculteurs et des industriels. Soit que le sorgho ne fut pas bien acclimaté, soit que les procédés employés pour la culture, ou pour son exploitation industrielle n'aient pas été ceux qui conviennent à cette plante. Le sorgho tomba rapidement en discrédit, on ne le considéra plus que comme plante fourragère ou seulement capable de fournir de l'alcool.

Cependant M. Leplay et après lui M. Joulie, entreprirent des expériences sérieuses, afin de se rendre compte de la valeur réelle du sorgho. Les résultats qu'ils obtinrent, démontrent que la défaveur dont jouissait cette plante était imméritée. Nous allons dans les quelques lignes qui suivent, relater les points les plus remarquables du travail des deux savants qui se sont occupés de cette question.

Le sorgho est une plante de 2 à 3 mètres de hauteur dans les terrains riches, il forme généralement une touffe de huit à dix tiges droites : ayant assez le port du maïs, mais plus légères ; ces tiges portent des nœuds de distance en distance, mais de plus en plus espacés à mesure qu'on approche du sommet. A chaque nœud prend naissance une feuille d'un beau vert glauque, flexueuse, engaînante, dont la gaine fendue s'élève souvent jusqu'au dessus du nœud supérieur ; ces feuilles mesurent de 40 à 80 centimètres de longueur sur 5 à 8 de largeur vers le milieu, ces dimensions diminuent pour les feuilles du sommet de la plante. La tige conserve pendant toute la période de croissance, une couleur verte bien nette, elle pâlit seulement vers la maturité, puis prend une teinte jaune ; quelquefois à cette époque il se manifeste accidentellement des plaques d'un rouge intense.

Les tiges du sorgho, sont terminées par une flèche qui porte une panicule de fleurs d'abord vertes, virant ensuite en une teinte violacée, puis pourpre sombre.

Le sorgho doit être cultivé d'une façon différente, suivant qu'il est destiné à devenir plante fourragère ou à être traité industriellement, pour l'extraction du sucre ou de l'alcool, nous ne nous occuperons que de la plante industrielle.

Le sol doit être labouré profondément et uni à la herse, on sème en sillon et quand la plante a 1 mètre, on abat le billon contre les tiges pour les butter.

La touffe du sorgho se forme, avons-nous dit plus haut, de 8 à 10 tiges ; mais pour donner plus de vigueur à la plante et pour que toutes les tiges soient mûres à la même époque, il est nécessaire de supprimer les plus faibles, on en laisse généralement 4 ou 5. Cette opération se fait dès que le sorgho a 30 centimètres de hauteur.

Le sorgho met environ cinq mois pour arriver à maturité, il faut le semer en mars ou avril.

Dès qu'on a pu se rendre compte que le sorgho renfermait une assez forte proportion de sucre, on a cherché à connaître l'époque qui conviendrait le mieux pour sa récolte. MM. Leplay et Joulie nous ont renseignés à cet égard.

Dans la première période de sa végétation, le sorgho renferme beaucoup de sucre incristallisable; mais peu à peu, cette quantité diminue à mesure que la proportion de sucre cristallisable augmente, et à l'époque de la maturité des graines, celle-ci atteint son maximum, c'est donc à ce moment qu'il sera bon de procéder à la récolte.

Cette remarque est moins importante lorsqu'il s'agit seulement de la production de l'alcool : car le sucre cristallisable a besoin lui-même d'être interverti pour fermenter, et toute la matière sucrée a la même valeur.

Joulie a trouvé qu'un hectare cultivé dans ces conditions, produisait 5.000 kilogrammes de tiges, lesquelles fournissaient 300 hectolitres de jus, renfermant 13,57 0/0 de sucre cristallisé, soit 4.071 kilogrammes pour les 300 hectolitres, et 1,19 0/0 de sucre interverti, soit 357 kilogrammes pour la même quantité de jus. Si l'on admet pour rester dans le vrai, qu'une partie de sucre réducteur empêche la cristallisation de deux parties de sucre de canne, on trouve qu'un hectare peut fournir un sucre parfaitement cristallisé, la quantité portée sur le tableau ci-après, soit 3.357 kilogr.

Sucre cristallisable   4.071
2 $\times$ sucre réducteur   714
____
3.357 kilogr.

Si, au lieu de sucre, c'est de l'alcool qu'on veut produire, le résultat donné par la théorie sera de 28 hectolitres d'alcool absolu. Un autre expérimentateur, M. Hemet de Toulon a trouvé, dès l'origine de l'acclimation du sorgho, qu'un hectare produisait 1.708 litres d'alcool, tandis que la betterave n'en donne que 1.350 litres.

Disons de suite que l'alcool de sorgho, est un alcool bon goût, pouvant être livré au commerce après une première distillation. Aussi, est-ce un fait bien établi, que le sorgho est au point de vue de la production de l'alcool, une plante donnant de bons résultats. Il n'en est pas de même pour la production du sucre, et l'on peut dire que la fabrication du sucre de sorgho a échoué dans notre pays. A quoi cela tient-il ?

Nous avons vu que le sorgho renfermait d'abord une notable proportion de sucre réducteur; cette quantité diminue il est vrai, mais il en reste toujours assez pour fournir une mélasse trop abondante; de plus, le jus extrait renferme une matière albuminoïde et un ferment particulier qui intervertit très rapidement le sucre de canne, il y a donc nécessité d'opérer sur le champ le traitement du jus. Cette intervertion est si facile, qu'elle se fait même dans la tige du sorgho coupé.

Telles seront donc les conditions obligatoires, pour la réussite de l'industrie sucrière du sorgho : choix d'une variété de plant bien acclimaté ne donnant à la maturité qu'une proportion de sucre réducteur ne dépassant pas 1,5 0/0, espacements dans les semailles permettant des récoltes échelonnées et l'écrasage immédiat des tiges.

On pourrait aussi opérer l'ensilage du sorgho, M. Wray cite les Zoulous et les Cafres qui pratiqueraient cette méthode avec succès malgré la chaleur et l'humidité de leur climat.

Ces conditions remplies, le rendement du sorgho dépasserait certainement celui de la canne dans la Louisiane où elle s'est acclimatée si difficilement. Les feuilles sont un fourrage excellent et la mélasse pourrait, comme la mélasse canne, donner une liqueur alcoolique semblable au rhum.

Le jus s'extrait d'une façon très simple.

On coupe les tiges à 15 ou 20 centimètres du sol, elles

sont ensuite débarrassées de leurs feuilles et de leurs épis, et passées entre les cylindres d'un moulin analogue à ceux qui sont employés pour le traitement de la canne.

Les tiges de sorgho donnent à peu près 60 0/0 de leur poids en jus d'une densité de 1.050 à 1.075. Ce jus est vert glauque et contient une matière azotée qu'il convient d'éliminer très rapidement, parce qu'elle provoque la fermentation visqueuse.

La défécation se fait à froid, car le jus contient en outre une petite quantité de matière amylacée qui, à chaud, se transformerait en amidon soluble. On défèque à la chaux alcoolisée qui donne des résultats excellents.

La liqueur claire est décantée le lendemain, mise dans un appareil à distiller, pour enlever l'alcool et évaporée à la vapeur jusqu'au degré de cuite.

Le sirop est à peine coloré, et donne une abondante et facile cristallisation. Pour faire du premier coup du sucre blanc, il suffit d'introduire un peu de noir animal et de filtrer.

La bagasse du sorgho est susceptible de fournir de l'alcool.

On le voit, cette industrie est possible, et même, elle permet l'espoir d'un succès prochain. Pour éviter les déconvenues, il convient d'après M. Joulie, de créer d'abord une distillerie sur le lieu de production du sorgho, puis quand le jus obtenu aura une composition telle que la fabrication du sucre deviendra rénumératrice, alors seulement on procédera à l'installation d'une sucrerie.

FIN

TABLE DES MATIÈRES